Geiger

Dienstvertrag – freier Dienstvertrag – Werkvertrag

D1719180

Dienstvertrag
freier Dienstvertrag
Werkvertrag

- ➤ Abgrenzung
- ➤ Gestaltungsmöglichkeiten
- ➤ Steuer-, Arbeits- und Sozial-
versicherungsrecht

MMag. Bernhard Geiger

Steuerberater

4. Auflage

Zitiervorschlag: *Geiger*, Dienstvertrag – freier Dienstvertrag – Werkvertrag[4] (2018) Seite

Bibliografische Information der Deutschen Nationalbibliothek

Die Deutsche Nationalbibliothek verzeichnet diese Publikation in der Deutschen Nationalbibliografie; detaillierte bibliografische Daten sind im Internet über http://dnb.d-nb.de abrufbar.

Hinweis: Aus Gründen der leichteren Lesbarkeit wird auf eine geschlechtsspezifische Differenzierung verzichtet. Entsprechende Begriffe gelten im Sinne der Gleichbehandlung für beide Geschlechter.

Es wird darauf verwiesen, dass alle Angaben in diesem Fachbuch trotz sorgfältiger Bearbeitung ohne Gewähr erfolgen und eine Haftung des Autors oder des Verlages ausgeschlossen ist.

ISBN 978-3-7073-3585-9

© Linde Verlag Ges.m.b.H., Wien 2018
1210 Wien, Scheydgasse 24, Tel.: 01/24 630
www.lindeverlag.at
Druck: Hans Jentzsch & Co GmbH
1210 Wien, Scheydgasse 31
Dieses Buch wurde in Österreich hergestellt.

PEFC zertifiziert
Dieses Produkt stammt aus nachhaltig bewirtschafteten Wäldern und kontrollierten Quellen
www.pefc.at

Gedruckt nach der Richtlinie „Druckerzeugnisse" des Österreichischen Umweltzeichens, Druckerei Hans Jentzsch & Co GmbH, UW Nr. 790

Vorwort

Eine in der Praxis im Bereich des Arbeitsrechts wie auch des Lohnabgabenrechts vielfach diskutierte Frage ist die Abgrenzung zwischen echtem Dienstvertrag, freiem Dienstvertrag und Werkvertrag. Das Wirtschaftsleben ist dadurch gekennzeichnet, dass alternativ zum herkömmlichen Dienstvertrag oftmals weitere Formen der Kooperation getroffen werden. Sowohl der freie Dienstvertrag als auch der Werkvertrag haben vor diesem Hintergrund daher eine wesentliche Bedeutung.

Nun verhält es sich freilich so, dass es nicht allein dem Wunsch der Beteiligten überlassen ist, den beabsichtigten Vertrag frei „zu wählen". Letztlich bestimmt sich die Frage, ob ein Dienstvertrag, ein freier Dienstvertrag oder ein Werkvertrag vorliegt, in erster Linie nach den faktischen Gegebenheiten und nach der tatsächlichen Umsetzung in der Praxis.

Die Wahl des „falschen" Vertrags kann sowohl aus abgabenrechtlicher Sicht als auch aus arbeitsrechtlicher Sicht erhebliche Risiken auslösen. Einerseits kann es im Rahmen einer gemeinsamen Prüfung aller lohnabhängigen Abgaben (GPLA) zu einer Umqualifizierung und einer etwaigen Beitragsnachverrechnung und Inanspruchnahme des Dienstgebers im Haftungsweg kommen. Andererseits können vor dem Arbeits- und Sozialgericht (ASG) arbeitsrechtliche Ansprüche durch den vermeintlichen freien Dienstnehmer oder Werkvertrag-Auftragnehmer – ebenfalls resultierend aus der Argumentation, es läge de facto ein (echter) Dienstvertrag vor – geltend gemacht werden.

Ich habe mir zum Ziel gesetzt, durch das nunmehr bereits in vierter Auflage erscheinende Buch, welches in den Vorauflagen von meinem Kollegen, *Dr. Martin Freudhofmeier*, bearbeitet wurde, eine Abgrenzung der drei unterschiedlichen Vertragstypen vorzunehmen, die arbeits- und abgabenrechtliche Unterscheidung darzustellen und nicht zuletzt anhand einer Vielzahl von Fallbeispielen ein praxisnahes Nachschlagewerk zur Verfügung zu stellen. Ziel ist es, anhand der diesbezüglichen Judikatur darzustellen, wie und auf welche Weise Gestaltungen möglich sind, die im Rahmen einer Lohnabgabenprüfung Bestand haben sollen. Das gegenständliche Buch versteht sich daher bewusst als eine Darstellung aus der Sicht des Rechtsanwenders und als Argumentationshilfe für Unternehmer und Berater nicht zuletzt im Rahmen gemeinsamer Prüfungen lohnabhängiger Abgaben (GPLAs) bzw. im Rahmen von arbeitsrechtlichen Auseinandersetzungen.

Das Buch wird abgerundet durch im Anhang beigelegte Muster-Vertragsdokumente.

Im Bewusstsein, dass diese komplexe und in der Praxis bedeutsame Rechtsmaterie ständiger Ergänzung bedarf, bin ich für Anmerkungen und Rückmeldungen zu diesem Buch unter der E-Mail-Adresse bgeiger@deloitte.at dankbar.

Wien, im September 2017   *MMag. Bernhard Geiger*

Inhaltsverzeichnis

Abkürzungsverzeichnis

a.a.O.	am angegebenen Ort
ABGB	Allgemeines bürgerliches Gesetzbuch
Abs.	Absatz
AMPFG	Arbeitsmarktpolitikfinanzierungsgesetz
AMS	Arbeitsmarktservice
AngG	Angestelltengesetz
APSG	Arbeitsplatzsicherungsgesetz
ArbAbfG	Arbeiterabfertigungsgesetz
ArbVG	Arbeitsverfassungsgesetz
ARG	Arbeitsruhegesetz
ASchG	Arbeitnehmerschutzgesetz
ASG	Arbeits- und Sozialgericht
ASGG	Arbeits- und Sozialgerichtsgesetz
ASoK	Arbeits- und SozialrechtsKartei
ASRÄG	Arbeitssozialrechtsänderungsgesetz
ASVG	Allgemeines Sozialversicherungsgesetz
AÜG	Arbeitskräfteüberlassungsgesetz
AuslBG	Ausländerbeschäftigungsgesetz
AVRAG	Arbeitsvertragsrechtsanpassungsgesetz
AZG	Arbeitszeitgesetz
BAG	Berufsausbildungsgesetz
BAO	Bundesabgabenordnung
BEinstG	Behinderteneinstellungsgesetz
BGBl.	Bundesgesetzblatt
B-KUVG	Beamten-Kranken- und Unfallversicherungsgesetz
BMASK	Bundesministerium für Arbeit, Soziales und Konsumentenschutz
BMF	Bundesministerium für Finanzen
BMSG	Bundesministerium für soziale Sicherheit und Generationen
BMSVG	Betriebliches Mitarbeiter- und Selbständigenvorsorgegesetz

BPG	Betriebspensionsgesetz
BSVG	Bauern-Sozialversicherungsgesetz
bzw.	beziehungsweise
DB	Dienstgeberbeitrag zum Familienlastenausgleichsfonds
dgl.	dergleichen
d.h.	das heißt
DHG	Dienstnehmerhaftpflichtgesetz
DLS	Dienstleistungsscheck
DLSG	Dienstleistungsscheckgesetz
DRdA	Das Recht der Arbeit
DZ	Zuschlag zum Dienstgeberbeitrag zum Familienlastenausgleichsfonds
EFZG	Entgeltfortzahlungsgesetz
E-MVB	Empfehlungen zur Einheitlichen Vollzugspraxis der Versicherungsträger im Bereich des Melde-, Versicherungs- und Beitragswesens
EO	Exekutionsordnung
EStG	Einkommensteuergesetz
EStR	Einkommensteuerrichtlinien
etc.	et cetera
EU-VO	EU-Verordnung
EVÜ	Europäisches Schuldvertragsübereinkommen
EWR	Europäischer Wirtschaftsraum
ff.	fortfolgend
FJ	Finanzjournal
FLAG	Familienlastenausgleichsgesetz
FSVG	Freiberufliches Sozialversicherungsgesetz
GewO	Gewerbeordnung
GKK	Gebietskrankenkasse
GlBG	Gleichbehandlungsgesetz
GPLA	Gemeinsame Prüfung lohnabhängiger Abgaben
GSVG	Gewerbliches Sozialversicherungsgesetz
HausgG	Hausgehilfengesetz
HBGl-SZhlg	Höchstbeitragsgrundlage Sonderzahlungen
h.L.	herrschende Lehre

HVSVT	Hauptverband der Sozialversicherungsträger
i.d.F.	in der Folge
i.d.R.	in der Regel
i.d.Z.	in diesem Zusammenhang
IESG	Insolvenzentgeltsicherungsgesetz
i.H.v.	in Höhe von
insb.	insbesondere
i.S.d.	im Sinne des
KautSchG	Kautionsschutzgesetz
KEG	Kommanditerwerbsgesellschaft
KFG	Kraftfahrzeuggesetz
KG	Kommanditgesellschaft
KJBG	Kinder- und Jugendlichen-Beschäftigungsgesetz
KommSt	Kommunalsteuer
K-SVFG	Künstler-Sozialversicherungsfondsgesetz
LGBl.	Landesgesetzblatt
LSDB-G	Lohn- und Sozialdumping-Bekämpfungsgesetz
LStR	Lohnsteuerrichtlinien
lt.	laut
MSchG	Mutterschutzgesetz
OEG	Offene Erwerbsgesellschaft
OGH	Oberster Gerichtshof
OLG	Oberlandesgericht
p.a.	pro anno
PatG	Patentgesetz
Pkt.	Punkt
p.m.	pro Monat
rd.	rund
RdW	Recht der Wirtschaft
rk.	rechtskräftig
Rz.	Randziffer
SVA	Sozialversicherungsanstalt
SZhlg.	Sonderzahlung
u.a.	unter anderem
UFS	Unabhängiger Finanzsenat

UrlG	Urlaubsgesetz
UStG	Umsatzsteuergesetz
usw.	und so weiter
v.a.	vor allem
VfGH	Verfassungsgerichtshof
vgl.	vergleiche
VKG	Väterkarenzgesetz
VwGH	Verwaltungsgerichtshof
wbl	Wirtschaftsrechtliche Blätter
WKG	Wirtschaftskammergesetz
Z	Ziffer
z.B.	zum Beispiel

1. Allgemeines

1.1. Echter Dienstvertrag

1.1.1. Gesetzliche Grundlagen

Der echte Dienstvertrag ist – ebenso wie der Werkvertrag – bereits im Allgemeinen bürgerlichen Gesetzbuch (**ABGB**) normiert. Gemäß § 1151 Abs. 1 erster Halbsatz ABGB entsteht ein Dienstvertrag dann, wenn sich jemand auf gewisse Zeit zur Dienstleistung für einen anderen verpflichtet.

In § 1153 ABGB ist geregelt, dass – sofern sich aus dem Dienstvertrag oder aus den Umständen nichts anderes ergibt – der Dienstnehmer die Dienste in eigener Person zu leisten hat und der Anspruch auf die Dienste nicht übertragbar ist.

Gemäß § 1154 Abs. 1 ABGB ist – wenn nichts anderes vereinbart oder bei den Diensten der betreffenden Art üblich ist – das Entgelt nach der Leistung der Dienste zu entrichten.

Damit enthält das ABGB bereits die zwei grundlegenden Charakteristika des echten Dienstvertrags:

- das Wesen des Dauerschuldverhältnisses einerseits und
- das Wesen der persönlichen Abhängigkeit (persönlichen Leistungsverpflichtung) andererseits.

Detaillierter fällt die Definition des Begriffs echter Dienstnehmer in § 4 Abs. 2 Allgemeines Sozialversicherungsgesetz (**ASVG**) aus. Demnach ist Dienstnehmer, wer in einem Verhältnis persönlicher und wirtschaftlicher Abhängigkeit gegen Entgelt beschäftigt wird. Hierzu gehören auch Personen, bei deren Beschäftigung die Merkmale persönlicher und wirtschaftlicher Abhängigkeit gegenüber den Merkmalen der selbstständigen Ausübung der Erwerbstätigkeit überwiegen. Als Dienstnehmer gilt jedenfalls auch, wer nach § 47 Abs. 1 i.V.m. Abs. 2 EStG lohnsteuerpflichtig ist.

Gemäß § 47 Abs. 2 EStG liegt ein Dienstverhältnis im Sinn des **EStG** dann vor, wenn der Arbeitnehmer dem Arbeitgeber seine Arbeitskraft schuldet. Nach der Legaldefinition des EStG ist dies dann der Fall, wenn die tätige Person in der Betätigung ihres geschäftlichen Willens unter Leitung des Arbeitgebers steht oder **im geschäftlichen Organismus** des Arbeitgebers dessen **Weisungen zu folgen** verpflichtet ist.[1]

---

1   Vgl. *Ortner/Ortner*, Personalverrechnung in der Praxis[23], 2012, 151.

Arbeitsrechtlich unterscheidet man im Bereich der Dienstnehmer die Arbeiter einerseits und die Angestellten andererseits. Der Begriff Arbeiter ist in keiner gesetzlichen oder kollektivvertraglichen Grundlage des österreichischen Rechts definiert. Das Gesetz enthält lediglich eine Definition des Angestellten. Angestellter ist gemäß § 1 Abs. 1 AngG somit derjenige, der im Geschäftsbetrieb eines Kaufmanns[2] kaufmännische Tätigkeiten, höhere nichtkaufmännische Tätigkeiten[3] oder Kanzleitätigkeiten erbringt. Alle anderen Berufsbilder ergeben im Umkehrschluss eine Einstufung als Arbeiter.[4]

Der Dienstvertrag kommt durch die Stellung eines Angebots und durch die Annahme desselben zu Stande. Für den Abschluss eines Dienstvertrags sind vom Gesetz grundsätzlich keine Formvorschriften vorgesehen. Der Abschluss ist daher grundsätzlich formfrei. Der Dienstvertrag kann mündlich, schriftlich oder allenfalls auch durch konkludentes Verhalten, somit schlüssig zustande kommen. Gesetzlich vorgesehen ist jedoch die Aushändigung eines schriftlichen Dienstzettels. Darunter ist die schriftliche Wiedergabe des mündlich vereinbarten Vertragsinhalts zu verstehen. Der Dienstzettel hat damit nur deklaratorische Wirkung – der Dienstvertrag hingegen als rechtsbegründender Vertrag konstitutive Bedeutung.[5] Ausgestaltung und Inhalt des Dienstzettels sind gemäß § 2 Abs. 1 Z 1–13 AVRAG gesetzlich definiert und vorgegeben. Hinzuweisen ist in diesem Zusammenhang darauf, dass der Dienstnehmer mit der Unterschrift auf dem Dienstzettel lediglich bestätigt, diesen entgegengenommen zu haben, nicht jedoch auch mit dem Inhalt des Dienstzettels einverstanden zu sein. In der Praxis ist daher jedenfalls der **Abschluss eines Dienstvertrags** in Schriftform aus Beweisgründen zu empfehlen.

1.1.2. Dauerschuldverhältnis

Aus den genannten gesetzlichen Kriterien ergibt sich daher zunächst, dass der echte Dienstvertrag ein **Dauerschuldverhältnis** ist. Der Dienstnehmer schuldet kein abgrenzbares Werk, sondern ein Wirken. Geschuldet wird daher kein Erfolg, sondern lediglich das Zurverfügungstellen der Arbeitskraft des Dienstnehmers. Die Verpflichtung, dem Dienstgeber die Arbeitskraft zur Verfügung zu stellen,

---

2   Dem Geschäftsbetrieb eines Kaufmanns gleichgestellt sind gemäß § 2 Abs. 1 AngG Unternehmungen jeder Art, die der Gewerbeordnung unterliegen, Banken, Sparkassen und Versicherungen, Kanzleien der Rechtsanwälte und Notare, Ärzte und Zahntechniker.

3   Insbesondere die Frage, wann eine Tätigkeit eine Tätigkeit höherer nichtkaufmännischer Art ist, hat in der Vergangenheit die Judikatur oft beschäftigt. Als Tätigkeit in diesem Sinne wird insbesondere eine Tätigkeit verstanden, die es erfordert, sich mit der geschuldeten Dienstleistung geistig auseinanderzusetzen bzw. die es erfordert, Verantwortung zu übernehmen und damit auch über eine rein mechanische Tätigkeit hinausgeht (z.B. Tätigkeit eines Werkmeisters, Schichtführers etc.).

4   Alle Dienstnehmer, die nicht Angestellte sind, sind Arbeiter (vgl. OGH 14.9.1995, 8 Ob A 293/95).

5   Der Dienstzettel dient daher dazu, bereits Vereinbartes wiederzugeben. Das bloße Lesen und Unterfertigen des Dienstzettels bewirkt alleine noch keine Vereinbarung bzw. Abänderung des davor abgeschlossenen Dienstvertrags (vgl. OGH 21.4.2004, 9 Ob A 43/04w).

besteht entweder für bestimmte oder aber für unbestimmte Zeit. Dies bedeutet im Weiteren, dass der echte Dienstvertrag als Dauerschuldverhältnis nicht durch die Herstellung eines bestimmten Erfolgs oder durch das Erreichen eines bestimmten Ziels, sondern durch eine spezielle arbeitsrechtliche Aktion endet. In Betracht kommen hierbei z.B. die Kündigung des Dienstverhältnisses, eine einvernehmliche Auflösung, Zeitablauf, die Entlassung des Dienstnehmers, der vorzeitige Austritt des Dienstnehmers.

1.1.3. Persönliche Abhängigkeit

Die persönliche Abhängigkeit des Dienstnehmers manifestiert sich in erster Linie in der **Weisungsbindung** gegenüber dem Arbeitgeber. Bei Weisungen ist grundsätzlich zwischen den persönlichen Weisungen einerseits und den fachlichen Weisungen andererseits zu differenzieren. Bei der Beurteilung der persönlichen Abhängigkeit treten die fachlichen Weisungen jedoch in den Hintergrund. Diese werden in der Regel auch bei Abschluss eines Werkvertrags erteilt. Kennzeichnend für einen echten Dienstvertrag sind hingegen Weisungen betreffend das persönliche Verhalten des Dienstnehmers bei Verrichtung der Arbeit. Diese Weisungen betreffen den Arbeitsort, die Einhaltung bestimmter Arbeitszeiten, die Einhaltung gewisser Organisationsrichtlinien oder aber beispielsweise auch die Einhaltung gewisser Kleidervorschriften. Bloße sachbezogene Weisungen treten jedoch auch bei einem Werkvertrag auf und sind daher für die Beurteilung des Vorliegens eines echten Dienstvertrags ebenso unbeachtlich wie z.B. sich aus den Gegebenheiten der Sachlage ergebende Absprachen betreffend die Arbeitszeit oder Besprechungstermine, die von der Tätigkeit her notwendig sind.[6] Auch die Pflicht zur Erstattung von Berichten an den Empfänger der Leistungen vermag für sich allein noch nicht eine persönliche Abhängigkeit auszulösen.[7]

Die persönliche Abhängigkeit wird weiters durch die **Kontrollunterworfenheit** des Dienstnehmers indiziert. Das Ergebnis der Leistung des Arbeitnehmers, vielmehr jedoch auch sein Verhalten bei Erbringung der Arbeitsleistung sowie die Einhaltung gewisser Richtlinien und Verhaltensvorgaben unterliegen regelmäßig der Kontrolle durch den Dienstgeber. Hierbei ist bereits die so genannte „stille Autorität" des Dienstgebers ausreichend.[8] Diese ist insbesondere dann gegeben, wenn der Dienstnehmer – ohne eigens explizit angewiesen zu werden – von sich aus weiß, wie er sich im Betrieb des Dienstgebers zu verhalten hat und sich nicht zuletzt aufgrund seiner fachspezifischen Kenntnisse oder seiner Ausbildung fach-

---

6   Vgl. VwGH 20.4.1993, 91/08/0180.
7   Vgl. E-MVB 004-02-00-004; ähnlich auch VwGH 22.1.1991, 89/08/0349. In dieser Entscheidung betreffend die Pflichtversicherung eines Botenfahrers hat der VwGH ausgesprochen, dass ein Kontrollrecht und damit die persönliche Abhängigkeit noch nicht aus der Verpflichtung zur wöchentlich einmal vorzunehmenden „Abrechnung über die erzielten Fuhren" abgeleitet werden kann.
8   Vgl. VwGH 2.7.1991, 89/08/0310; 17.9.1991, 90/08/0152.

spezifische Weisungen erübrigen.[9] Teilweise leitet der VwGH die Weisungsgebundenheit des Dienstnehmers, die aufgrund der dem Dienstnehmer eingeräumten Möglichkeiten nicht anhaltend im Vordergrund steht, aus den den Ordnungsvorschriften über das arbeitsbezogene Verhalten korrespondierenden Kontrollrechten des Vorgesetzen/des Dienstgebers ab.[10]

Schließlich tritt die persönliche Abhängigkeit des Dienstnehmers insbesondere auch dadurch in Erscheinung, dass der echte Dienstnehmer in der Regel über **Arbeitsort** und **Arbeitszeit** nicht selbst bestimmen kann und zudem bei Erbringung der Arbeitsleistung in das organisatorische Gefüge des Dienstgebers eingebunden ist.[11]

Unter anderem ist nach ständiger Rechtsprechung des VwGH[12] die Gebundenheit des Beschäftigten an einen ihm vom Dienstgeber zugewiesenen Arbeitsort ein gewichtiges Indiz für das Bestehen persönlicher Abhängigkeit. In der fehlenden Möglichkeit, den Ort der Beschäftigung frei zu wählen, ist damit eine Einschränkung der Bestimmungsfreiheit und damit ein wesentliches Indiz für ein echtes Dienstverhältnis zu erblicken.[13] ME darf das Erfordernis der Gebundenheit an einen bestimmten Arbeitsort in gewissen Fällen jedoch nicht überspannt werden. Die diesbezügliche Gewichtung muss ihre Grenze dort finden, wo die Verrichtung der Tätigkeit an einem bestimmten Ort, z.B. auch am Ort der Geschäftsleitung des Auftraggebers, gleichsam in der Natur der Sache liegt. Dies hat auch der VwGH in der Vergangenheit mehrfach betont.[14]

Ein Indiz für die Ausschaltung der Bestimmungsfreiheit ist weiters dann gegeben, wenn es der Arbeitende nicht selbst in der Hand hat, nach bestem Wissen und Gewissen zu entscheiden, wann und wo der Einsatz seiner Person für die optimale Erbringung der von ihm geschuldeten Leistung sinnvoll ist, sondern wenn er an eine gewisse ihm vorgegebene Arbeitszeit gebunden ist.[15] Auch der VwGH sieht die persönliche Abhängigkeit dann verwirklicht, wenn der Arbeitende während der ihm zugewiesenen Arbeitszeit nicht frei über sich verfügen kann und eine Nichteinhaltung der geschuldeten Arbeitszeit daher zu einem Vertragsbruch mit den entsprechenden rechtlichen Konsequenzen führen würde.[16] Dieser Umstand kann nach der Judikatur auch auf Teilzeitbeschäftigte zutreffen.[17] Zudem hat die Judikatur zum Ausdruck gebracht, dass die persönliche Abhängigkeit auch dann

---

9   Vgl. E-MVB 004-02-00-005.
10   Vgl. VwGH 17.9.1991, 90/08/0152.
11   Vgl. *Sedlacek*, Sozialversicherungs- und Steuerabzugspflicht für „freie" Dienst- und „dienstnehmerähnliche" (Werk-)Verträge, ASoK 1996, 204.
12   Vgl. VwGH 19.1.1999, 96/08/0350; 2.12.1997, 93/08/0288.
13   Vgl. E-MVB 004-02-00-002.
14   Vgl. VwGH 20.4.1993, 91/08/0180; 17.9.1991, 90/08/0146.
15   Vgl. E-MVB 004-02-00-003.
16   In Betracht käme in diesem Zusammenhang insbesondere die Entlassung des Dienstnehmers wegen beharrlicher Pflichtverletzung gemäß § 27 Z 4 AngG (betreffend den Angestellten) oder § 82 lit. f GewO (betreffend den Arbeiter).
17   Vgl. VwGH 17.9.1991, 90/08/0152.

gegeben ist, wenn der Arbeitende innerhalb gewisser Bandbreiten Beginn und Ende seiner Aktivitäten selbst bestimmen kann.[18] Im Umkehrschluss muss dies mE aber bedeuten, dass dann, wenn der Arbeitende gleichsam nach eigenem Gutdünken entscheiden kann, die Lage der Arbeitszeit gänzlich/weitgehend selbst zu modifizieren und zu gestalten bzw. an manchen Tagen auch gar nicht aktiv Tätigkeiten zu erbringen, ein derart gewichtiges Selbstbestimmungsrecht gegeben ist, dass von einer persönlichen Abhängigkeit wohl nicht mehr gesprochen werden kann.

Die obig angeführten Kriterien der persönlichen Abhängigkeit müssen nicht kumulativ vorliegen. Es ist nach herrschender Lehre und Judikatur maßgeblich, ob bei einer Würdigung aller Umstände die Merkmale der persönlichen Unabhängigkeit überwiegen.[19]

Der VwGH hat mehrfach zum Ausdruck gebracht, dass von dem Vorliegen persönlicher Abhängigkeit insbesondere dann auszugehen ist, wenn nach dem **Gesamtbild der Tätigkeit** die Bestimmungsfreiheit des Beschäftigten weitgehend ausgeschaltet ist.[20] Der Würdigung des Gesamtbildes kommt daher die entscheidende Bedeutung zu. Dies ist auch die gängige Auffassung der Abgabenbehörden.[21]

1.1.4. Wirtschaftliche Abhängigkeit

Die wirtschaftliche Abhängigkeit ist regelmäßig eine Folge der persönlichen Abhängigkeit des Dienstnehmers.

Während die ältere Lehre und Judikatur unter wirtschaftlicher Abhängigkeit noch die Abhängigkeit des Arbeitnehmers vom Entgelt („Lohnabhängigkeit") verstand, wird der Begriff der wirtschaftlichen Abhängigkeit von der jüngeren Judikatur mittlerweile einheitlich dahingehend ausgelegt, dass der (wirtschaftlich abhängige) Dienstnehmer **mit den Betriebsmitteln des Arbeitgebers** arbeitet.[22] Die wirtschaftliche Abhängigkeit des Dienstnehmers wird daher immer dann vorliegen, wenn diesem die Verfügungsmacht über die nach dem konkreten Einzelfall für den Betrieb wesentlichen organisatorischen Einrichtungen und Betriebsmittel fehlt.[23]

Der Dienstnehmer selbst verfügt daher in der Regel über **keine unternehmerische Struktur** und damit auch über keine (wesentlichen) eigenen Betriebsmittel zur Gewährleistung der von ihm geschuldeten Tätigkeit. Der VwGH kam zum Schluss, dass vor dem Hintergrund dieser Überlegungen die wirtschaftliche Ab-

---

18   Vgl. VwGH 18.6.1982, 08/2967/80.
19   Vgl. OGH 23.12.1998, 9 Ob A 292/98a.
20   Vgl. VwGH 2.7.1991, 89/08/0310; 21.2.2001, 96/08/0028.
21   Vgl. E-MVB 004-02-00-001.
22   Vgl. VwGH 16.9.1997, 93/08/0171.
23   Vgl. VwGH 17.9.1991, 90/08/0152.

hängigkeit zwangsläufig Folge der persönlichen Abhängigkeit ist und somit zwar wirtschaftliche Abhängigkeit bei persönlicher Unabhängigkeit bestehen kann, nicht aber persönliche Abhängigkeit ohne wirtschaftliche Abhängigkeit.[24]

1.1.5. Entgeltanspruch

Das echte Dienstverhältnis ist sowohl nach der Definition des ABGB als auch nach der Definition des ASVG und EStG dadurch gekennzeichnet, dass eine Beschäftigung gegen Entgelt vorliegt. Der echte Dienstvertrag ist damit ein **synallagmatischer Vertrag.** Die erbrachte Arbeitsleistung steht in einer unmittelbaren Wechselwirkung zu dem dadurch ausgelösten Entgeltanspruch.

Besonders deutlich werden diese synallagmatische Vertragsbeziehung und der **Anspruch auf Entgelt** im Bereich des Sozialversicherungsrechts aufgrund des dort gem. § 49 Abs. 1 ASVG vorgesehenen Anspruchslohnprinzips. Sozialversicherungsrechtlich sind damit für die Berechnung der Beiträge letztlich nicht die Beträge entscheidend, die zufließen bzw. tatsächlich ausbezahlt werden, sondern die Beträge, die rechtlich, z.B. aufgrund der entsprechenden kollektivvertraglichen Einstufung, zustehen.[25] Eine Person ist damit bereits dann „gegen Entgelt" beschäftigt, wenn sie einen Entgeltanspruch hat, selbst wenn ihr dieses Entgelt nicht zur Gänze oder allenfalls sogar überhaupt nicht ausbezahlt wird.[26] Dies geht so weit, dass Entgeltlichkeit selbst dann vorliegt, wenn der Beschäftigte das ihm gebührende Entgelt im konkreten Einzelfall sogar ausgeschlagen hat.[27]

Unter Arbeitsentgelt versteht man jede Art von Gegenleistung, die der Dienstnehmer vom Dienstgeber dafür erhält, dass er diesem seine Arbeitskraft zur Verfügung stellt. § 49 Abs. 1 ASVG definiert Entgelt als alle Geld- und Sachbezüge, auf die der Dienstnehmer aus dem Dienstverhältnis Anspruch hat oder die er darüber hinaus auf Grund des Dienstverhältnisses vom Dienstgeber oder einem Dritten erhält. Unter Entgelt sind daher neben dem Lohn bzw. Gehalt alle regel-

---

24   Vgl. VwGH 31.1.1995, 92/08/0213.
25   Beispiel: Tatsächlich bezahlter Ist-Lohn: € 1.200,00 brutto; Mindestlohn laut Einstufung in der kollektivvertraglichen Lohntabelle: € 1.650,00 brutto; das sozialversicherungsrechtliche Entgelt i.S.d. § 49 Abs. 1 ASVG beträgt € 1.650,00. Im Zuge der GPLA besteht für den Dienstgeber das Risiko, dass SV-Beiträge betreffend die unterkollektivvertragliche Entlohnung (Differenz zw. € 1.650,00 und € 1.200,00, d.s. € 450,00 brutto) nachberechnet werden. Diesfalls schuldet der Dienstgeber sowohl die Dienstnehmer- als auch die Dienstgeber-Beiträge; ein Regress ähnlich dem Lohnsteuerbereich scheidet daher in diesem Zusammenhang in aller Regel aus. Ergänzend sei an dieser Stelle auf das LSD-BG hingewiesen. Unterkollektivvertragliche Entlohnung kann nach Maßgabe dieser gesetzlichen Bestimmungen zu empfindlichen Verwaltungsstrafen führen.
26   Vgl. VwGH 22.12.1983, 08/0150/80.
27   Vgl. E-MVB 004-02-00-008; dabei darf nicht unerwähnt bleiben, dass arbeitsrechtliche Ansprüche nicht selten zwingender Natur sind und vor dem Hintergrund des sog. „Günstigkeitsprinzips" individualarbeitsrechtliche Vereinbarungen, die gegen zwingende höherrangige Normen verstoßen bzw. danach trachten, diese zu Ungunsten des Dienstnehmers zu modifizieren, unbeachtlich sind.

mäßig oder unregelmäßig gewährten **Geld- oder Sachbezüge** zu verstehen. Nicht unter den Begriff Entgelt fallen insbesondere Aufwandsentschädigungen.[28]

Ein festes Entgelt, das zudem für fest definierte Zeiträume bezahlt wird, ist im Übrigen auch ein Indikator für das Bestehen persönlicher Unabhängigkeit und das Nichtbestehen eines Unternehmerwagnisses. Dabei darf nicht unerwähnt bleiben, dass auch im Bereich der echten Dienstverträge variable Vergütungsformen, etwa z.B. Provisionen oder aber leistungsorientierte Entlohnungsmodelle (Prämien), nicht selten zur Anwendung gelangen.

Dennoch muss festgehalten werden, dass eine Vergütung, die sich ausschließlich oder überwiegend an der tatsächlich erbrachten Leistung oder gar an dem aus dieser Leistung resultierenden Erfolg orientiert, in aller Regel für das Bestehen eines selbstständigen Vertragsverhältnisses typisch ist.[29]

1.1.6. Lohnsteuerpflicht

Der Dienstnehmer bezieht Einkünfte aus nicht selbstständiger Arbeit nach Maßgabe des § 25 Abs. 1 Z 1 lit. a EStG. Diesfalls wird die Einkommensteuer gemäß § 78 Abs. 1 EStG durch den Abzug vom Arbeitslohn erhoben (Lohnsteuer). Seit 1.1.2015 ist bei Entgelt von dritter Seite (also wenn das Entgelt bspw von einem Mutterkonzern – in Form von Mitarbeiterbeteiligungen – gewährt wird, immer dann ein verpflichtender Lohnsteuerabzug im Rahmen der Personalabrechnung vorzunehmen, wenn der Arbeitgeber weiß oder wissen muss, dass derartige Vergütungen geleistet werden.

Die Lohnsteuer ist damit eine bestimmte Erhebungsart der Einkommensteuer. Der Arbeitgeber haftet gemäß § 82 EStG für die korrekte Einbehaltung der Lohnsteuer.

Für den **Lohnsteuerabzug** ist Prämisse, dass im Inland eine Betriebsstätte i.S.d. § 81 EStG besteht. Ist dies nicht der Fall, werden die Einkünfte aus nicht selbstständiger Arbeit veranlagt, d.h. es ist Verantwortung des Dienstnehmers, die von ihm lukrierten Einkünfte im Wege der Einkommensteuererklärung der Veranlagung zuzuführen.

1.1.7. Sozialversicherung

Bei einer Beschäftigung in persönlicher und wirtschaftlicher Abhängigkeit gegen Entgelt liegt gemäß **§ 4 Abs. 2 ASVG** ein echter Dienstvertrag vor. Als Besonderheit und relevanten **Querverweis** beinhaltet § 4 Abs. 2 ASVG die Regelung, dass jedenfalls dann Pflichtversicherung gemäß § 4 Abs. 2 ASVG als echter Dienst-

---

28   Z.B. Taggelder, Nächtigungsgelder, Kilometergelder oder dgl. Vergleiche jedoch OGH 30.3.2006, 8 Ob A 87/05k, der in dieser Entscheidung zum Schluss kommt, dass Aufwandsentschädigungen aufgrund ihrer individuell zu beurteilenden Höhe in Einzelfällen den tatsächlichen Aufwand des Dienstnehmers derart übersteigen können, dass sie insoweit Entgeltcharakter erlangen.

29   Vgl. E-MVB 004-02-00-008.

nehmer besteht, wenn Lohnsteuerpflicht gemäß § 47 Abs. 1 und 2 EStG vorliegt.[30] Dies bedeutet, dass – wenn für Zwecke des Lohnsteuerrechts von einem Dienstverhältnis auszugehen ist – jedenfalls auch für Zwecke des Sozialversicherungsrechts das Bestehen eines echten Dienstvertrags gegeben ist. Die festgestellte Lohnsteuerpflicht der Beteiligten kann somit dazu führen, dass andere Argumente, die allenfalls die Feststellung der Pflichtversicherung gemäß § 4 Abs. 2 ASVG erwirkt hätten, in den Hintergrund treten.[31] In Zusammenhang mit diesem allgemeinen Verweis gibt es einige Ausnahmen von der Pflichtversicherung als Dienstnehmer i.S.d. § 4 Abs. 2 ASVG trotz bestehender Lohnsteuerpflicht.[32]

Die **ASVG-Sozialversicherungs-Beiträge** sind zwischen Arbeitgeber und Arbeitnehmer gesplittet. Beitragsrechtlich wurden in den letzten Jahren Arbeiter und Angestellte gleichgestellt. Betreffend die laufenden Bezüge betragen die SV-Beiträge 21,48 % Dienstgeber-Beiträge und 18,12 % Dienstnehmer-Beiträge. Hinsichtlich der Sonderzahlungen belaufen sich die SV-Beiträge auf 20,98 % Dienstgeber-Beiträge und 17,12 % Dienstnehmer-Beiträge.[33]

Beitragsschuldner sowohl für die Dienstgeber- als auch für Dienstnehmer-Beiträge ist der Dienstgeber.

Vollversicherung tritt ein, wenn das Entgelt aus dem Dienstvertrag die Geringfügigkeitsgrenze überschreitet. Die monatliche Geringfügigkeitsgrenze beträgt im Jahr 2017 € 425,70. Wenn das Entgelt des Dienstnehmers die **Geringfügigkeitsgrenze** nicht übersteigt, ist der Dienstnehmer lediglich in der Unfallversicherung pflichtversichert. Es besteht jedoch diesfalls die Möglichkeit, von der Option gemäß § 19a Abs. 1 ASVG Gebrauch zu machen und durch die Entrichtung eines monatlichen Betrags in der Höhe von € 60,09 auch in der Kranken- und Pensionsversicherung Pflichtversicherung zu erlangen.

Die Sozialversicherungs-Beiträge sind mit der **Höchstbeitragsgrundlage** gedeckt. Diese beträgt im Jahr 2017 € 4.980,00 pro Monat. Für Sonderzahlungen ist eine eigene jährliche Höchstbeitragsgrundlage in der Höhe der doppelten allgemeinen Höchstbeitragsgrundlage, somit in der Höhe von € 9.960,00, vorgesehen.

---

30   Es sei denn, es handelt sich um 1. Bezieher von Einkünften nach § 25 Abs. 1 Z 4 lit. a oder b EStG oder Bezieher von Einkünften nach § 25 Abs. 1 Z 4 lit. c EStG, die in einem öffentlich-rechtlichen Verhältnis zu einer Gebietskörperschaft stehen (vgl. § 4 Abs. 2 ASVG).

31   So hat der VwGH in einem Verfahren auf Grund der Beschwerde eines Call-Centers ausgesprochen, dass – wenn aufgrund der bestehenden Lohnsteuerpflicht die Vollversicherungspflicht gemäß § 4 Abs. 1 Z 1 i.V.m. Abs. 2 ASVG festgestellt wurde – auf das weitere Beschwerdevorbringen, das sich gegen Verfahrensmängel im Zusammenhang mit der Feststellung der Kriterien für die persönliche Abhängigkeit sowie die diesbezügliche Beweiswürdigung und die rechtliche Beurteilung im Hinblick auf das Vorliegen einer Arbeitsverpflichtung richtete, nicht mehr eingegangen zu werden braucht (vgl. VwGH 26.4.2006, 2003/08/0264). Vgl. darüber hinaus E-MVB 004-02-00-009.

32   Vgl. weiters E-MVB 004-02-00-010.

33   Die Beitragssätze betreffen das Kalenderjahr 2017. Der Wegfall von Teilen der SV-Beiträge ab Erreichen einer bestimmten Altersgrenze (vgl. z.B. § 2 Abs. 8 AMPFG) ist hier nicht berücksichtigt.

Sozialversicherungsrechtlich sind dem Dienstgeber Verpflichtungen zur **An- und Abmeldung** des Dienstnehmers bei der Sozialversicherung auferlegt. Der Dienstgeber hat den Dienstnehmer bei Beschäftigungsaufnahme vor Beginn der Beschäftigung bei der örtlich zuständigen Gebietskrankenkasse zu melden. Für die fristgerechte Anmeldung stehen dem Dienstgeber grundsätzlich zwei Wege offen: entweder die zeitgerechte Durchführung einer „Vollmeldung" oder aber die Durchführung des zweigliedrigen „Aviso-Anmeldeverfahrens". Aus rein administrativen Gründen ist – soweit möglich – dem Dienstgeber die erstere Variante zu empfehlen.[34] Weiters hat er den Dienstnehmer umgehend, spätestens jedoch binnen 7 Tagen nach dem Ende der Pflichtversicherung bei der zuständigen Gebietskrankenkasse abzumelden.

Die Beiträge sind am Monatsletzten **fällig** und müssen innerhalb von 15 Tagen an die zuständige Gebietskrankenkasse entrichtet werden, wobei eine dreitägige Respirofrist eingeräumt wird.

1.1.8. Lohnnebenkosten

Das echte Dienstverhältnis löst für den Arbeitgeber weitere kostenspezifische Belastungen aus. An **Lohnnebenkosten** fällt der Dienstgeberbeitrag zum Familienlastenausgleichsfonds (DB), der Zuschlag zum Dienstgeberbeitrag zum Familienlastenausgleichsfonds (DZ; hierbei handelt es sich um die Kammerumlage II), die Kommunalsteuer (KommSt) sowie bei Dienstverhältnissen, deren vertraglich vereinbarter Beginn nach dem 31.12.2002 liegt[35], die Beiträge zur Betrieblichen Vorsorgekasse (kurz: „BV-Kasse"; [System Abfertigung „Neu"]) an.

Der DB zum Familienlastenausgleichsfonds beträgt 4,1 %, der DZ ist bundesländerspezifisch unterschiedlich ausgestaltet und beträgt z.B. in Wien im Jahr 2017 0,40 %; die Kommunalsteuer beläuft sich auf 3,0 %, die Beiträge zur Abfertigung Neu betragen 1,53 %.

Dienstgeberbeitrag zum Familienlastenausgleichsfonds (DB) und Zuschlag zum Dienstgeberbeitrag zum Familienlastenausgleichsfonds (DZ) fallen nicht an, wenn die Sozialversicherung nicht in Österreich, sondern in einem anderen Staat des EWR (weiter)besteht.[36]

Insgesamt fallen daher Lohnnebenkosten von bis zu 9,03 % an. Gemeinsam ist den genannten Lohnnebenkosten, dass sie unabhängig von der Höhe des Entgelts auf

---

34   In diesem Zusammenhang würde ihn nur ein einmaliger Meldevorgang treffen.

35   Vgl. § 46 Abs. 1 BMSVG; vgl. die Ausnahmefälle des § 46 Abs. 3 Z 1–3 BMSVG (Wiedereinstellungszusage oder -vereinbarung mit Vordienstzeitenanrechnung, Wechsel innerhalb eines Konzerns i.S.d. § 15 AktG oder § 115 GmbHG, Unterbrechung des Dienstverhältnisses mit Vordienstzeitenanrechnung).

36   Vgl. Erlass des BMSG 27. Jänner 2003, Z 51 0802/8-V/1/03 (den DB betreffend); Erklärung der Wirtschaftskammer vom 16.3.2006 (den DZ betreffend). Hinzuweisen ist auf die Möglichkeit, für die Vorjahre Rückerstattungsanträge zu stellen, so DB und DZ vor diesem Hintergrund zu Unrecht abgeführt worden sein sollten.

Basis der Bruttobezüge zu berechnen sind und daher unabhängig davon, ob die Geringfügigkeitsgrenze unter- bzw. die Höchstbeitragsgrundlage überschritten ist, anfallen.[37]

Darüber hinaus ist bei (echten) Dienstverhältnissen in Wien die sog. U-Bahn-Steuer (Dienstgeberabgabe) zu entrichten. Diese beträgt € 2,00 pro Dienstnehmer pro Woche.

1.2. Freier Dienstvertrag

1.2.1. Begriff

Der freie Dienstvertrag ist ein „**Mischvertrag**". Ihm sind sowohl Elemente des echten Dienstvertrags wie auch Elemente des Werkvertrags gemeinsam.

Dem echten Dienstvertrag gleicht er insoweit, als der freie Dienstvertrag als **Dauer-schuldverhältnis** zu qualifizieren ist.[38] Der freie Dienstnehmer schuldet kein konkretes Werk sowie kein konkretes Ziel. Geschuldet wird vielmehr eine rein gattungsmäßig definierte Dienstleistung,[39] das Zurverfügungstellen der Arbeitskraft. Der freie Dienstnehmer ist für seinen Dienstgeber daher auf Dauer tätig, schuldet jedoch keinen Erfolg, sondern lediglich ein „sich Bemühen".[40] Die Judikatur hat zudem wiederholt zum Ausdruck gebracht, dass eine Verpflichtung regelmäßig für einen Dienstgeber tätig zu werden nicht per se gegen die Annahme eines freien Dienstvertrags spricht. Anders formuliert: Aus der reinen Verpflichtung zur Leistungserbringung kann nicht automatisch die Annahme eines echten Dienstvertrags abgeleitet werden.[41] Grundsätzlich kann jedoch nahezu jede Leistung, die im Rahmen eines echten Dienstvertrags erbracht wird, auch im Rahmen eines freien Dienstvertrags geleistet werden. Dies wurde in der Vergangenheit einheitlich sowohl in Judikatur[42] als auch Lehre[43] bestätigt.

Dem Werkvertrag hingegen gleicht der freie Dienstvertrag insoweit, als sowohl der Werkvertragsauftragnehmer als auch der freie Dienstnehmer bei der von ihnen geschuldeten Leistung **persönlich unabhängig** sind. Der freie Dienstnehmer schuldet zwar gattungsmäßig definierte Leistungen – aber eben nicht im Verhältnis persönlicher Abhängigkeit.[44] Der freie Dienstnehmer tritt gegenüber dem Dienstgeber – vergleichbar dem Auftragnehmer eines Werkvertrags – vielmehr wie ein

---

37 Zu beachten sind i.d.Z. jedoch die in den einzelnen gesetzlichen Grundlagen vorgesehenen Freigrenzen und Freibeträge; vgl. z.B. § 41 Abs. 4, letzter Satz FLAG.
38 Vgl. OGH 9 ObA 99/91, DRdA 1992/32.
39 Vgl. OGH 9 ObA 54/97z, DRdA 1998/3.
40 Vgl. *Rebhahn* in Zeller Kommentar zum Arbeitsrecht, 2006, § 1151, Rz. 127.
41 Vgl. OGH 9 Ob A 54/97z, DRdA 1998/3.
42 Vgl. *Steiger*, Der freie Dienstnehmer im Arbeitsrecht, Finanzjournal 2000, 25.
43 Vgl. *Strasser*, DRdA 1984, 407; *Karl*, Zur rechtlichen Qualifikation von Sprachlehrern, ASoK 1999, 277.
44 Vgl. *Rebhahn*, a.a.O.

Unternehmer auf. Diese persönliche Unabhängigkeit manifestiert sich beim freien Dienstnehmer vor allem in den so genannten Freiheitsrechten.

Anders als Dienstvertrag und Werkvertrag ist der freie Dienstvertrag im ABGB zwar erwähnt,[45] aber nicht eigens definiert. Dem **ABGB** ist zwar in § 1151 Abs. 1 zweiter Halbsatz ABGB der Begriff des Werkvertrags ebenso wie in § 1151 Abs. 1 erster Halbsatz ABGB der Begriff des Dienstvertrags bekannt, nicht aber die Definition des freien Dienstvertrags. Die Definition des freien Dienstnehmers findet sich vielmehr ausschließlich im ASVG. Durch § 4 Abs. 4 ASVG wurde der Begriff des freien Dienstnehmers seinerzeit erstmals einer gesetzlichen Grundlage zugeführt. Der freie Dienstvertrag wurde mit Implementierung der so genannten „Werkvertragsregelung" durch das Strukturanpassungsgesetz (StruktAnpG) 1996 in die Systematik des ASVG integriert. Durch das Arbeits- und Sozialrechtsänderungsgesetz (ASRÄG) 1997 wurde der Tatbestand des freien Dienstnehmers schließlich entscheidend geändert.

Seit diesem Zeitpunkt ist gemäß **§ 4 Abs. 4 ASVG** ein freier Dienstvertrag dann gegeben, wenn sich eine Person aufgrund eines freien Dienstvertrags auf bestimmte oder unbestimmte Zeit zur Erbringung von Dienstleistungen gegenüber einem qualifizierten Dienstgeber verpflichtet, sofern sie aus dieser Tätigkeit ein Entgelt bezieht, die Dienstleistung im Wesentlichen persönlich erbringt und über keine wesentlichen eigenen Betriebsmittel verfügt.

Jedoch liegt **keine Pflichtversicherung nach § 4 Abs. 4 ASVG** vor, wenn diese Person aufgrund dieser Tätigkeit bereits nach

- § 2 Abs. 1 Z 1–3 GSVG oder § 2 Abs. 1 BSVG oder
- § 2 Abs. 1 und Abs. 2 FSVG versichert ist oder
- es sich bei dieser Tätigkeit um eine (Neben-)Tätigkeit nach § 19 Abs. 1 Z 1 lit. f B-KUVG handelt oder
- eine selbständige Tätigkeit, die die Zugehörigkeit zu einer der Kammern der freien Berufe begründet, ausgeübt wird oder
- wenn es sich um die Tätigkeit als Kunstschaffender, insbesondere als Künstler i.S.d. § 2 Abs. 1 des K-SVFG, handelt.

Das **Einkommensteuerrecht** kennt keine spezifische Definition des freien Dienstvertrags. Freier Dienstnehmer ist nach Auffassung der Finanzverwaltung daher jeder, der gegenüber einem Auftraggeber Leistungen im Rahmen eines Dauerschuldverhältnisses erbringt, aber in keinem Dienstverhältnis steht. Für einkommensteuerrechtliche Zwecke muss es daher in der Praxis zur Rechtfertigung eines freien Dienstvertrags gelingen, argumentativ und anhand der realen Tatsachen

---

[45] Vgl. § 1164a Abs. 1 ABGB: betreffend Inhalt des dem freien Dienstnehmer auszuhändigenden Dienstzettels.

darzutun, dass das Dauerschuldverhältnis von den Kriterien der **persönlichen Unabhängigkeit** getragen ist.[46]

Die **Kriterien des freien Dienstvertrages** lassen sich daher aufbauend auf der gesetzlichen Definition des § 4 Abs. 4 ASVG wie folgt zusammenfassen:

- Persönliche Unabhängigkeit
- Dauerschuldverhältnis
- Qualifizierter Dienstgeber
- Keine wesentlichen eigenen Betriebsmittel
- Keine der genannten Ausnahmen

Diese Kriterien werden nachstehend näher beleuchtet.

1.2.2. Persönliche Unabhängigkeit

1.2.2.1. Allgemeines

Der freie Dienstnehmer erbringt die von ihm geschuldeten Dienstleistungen in einem Verhältnis persönlicher Unabhängigkeit. Diese persönliche Unabhängigkeit manifestiert sich in erster Linie in den dem freien Dienstnehmer zukommenden **„Freiheitsrechten"**. Darüber hinaus ist das Bestehen eines **Unternehmerwagnisses** ein Indikator für das Bestehen einer Vertragsbeziehung, die für eine unternehmerische, von persönlicher Unabhängigkeit geprägte Vertragsausgestaltung und damit gegen ein echtes Dienstverhältnis spricht. Die „Freiheitsrechte" des freien Dienstnehmers können wie folgt dargestellt werden:

- Generelles Vertretungsrecht
- Recht, im Einzelfall Aufträge ablehnen zu können
- Recht, Hilfspersonen beiziehen zu können
- Mangelnde Integration in die betriebliche Struktur des Arbeitgebers
- Keine Weisungsbindung
- Keine Kontrollunterworfenheit
- Freie Zeiteinteilung
- Freie Wahl des Arbeitsorts
- Unternehmerwagnis

1.2.2.2. Generelles Vertretungsrecht

Für den freien Dienstnehmer ist typisch, dass er das Recht besitzt, sich hinsichtlich der geschuldeten Dienstleistungen **vertreten lassen zu können.** Durch diese Möglichkeit des Vertretungsrechts wird besonders deutlich, dass der freie Dienstnehmer persönlich nicht abhängig ist. Jemand, der in der Lage ist, sich gleichsam jederzeit vertreten zu lassen und der damit zur höchstpersönlichen Dienstleistung nicht verpflichtet ist, kann grundsätzlich nicht Dienstnehmer sein.

---

46   Vgl. BMF 1.3.2006, Dienstvertrag – freier Dienstvertrag – Werkvertrag, Finanzjournal 2006, 236.

Unter dem **generellen Vertretungsrecht** verstehen Verwaltungspraxis und Judikatur jedoch zum Teil einschränkend, dass der freie Dienstnehmer berechtigt ist, sich durch von ihm für geeignet befundene Personen vertreten zu lassen. Maßgeblich ist daher nach Ansicht der Verwaltungspraxis weniger, dass der freie Dienstnehmer sich durch andere Belegschaftsmitglieder[47] oder andere Vertragspartner[48] des Dienstgebers vertreten lassen kann, sondern dass der freie Dienstnehmer vielmehr selbst nach bestem Wissen und Gewissen bestimmen kann, von wem er sich vertreten lässt. Dies können z.B. Bekannte, Freunde, Verwandte sein. Ebenfalls wäre es nach Ansicht der Verwaltungspraxis zu wenig, wenn lediglich die Befugnis gegeben ist, sich in bestimmten Einzelfällen, z.B. Krankheit oder Urlaub oder bei bestimmten Arbeiten, vertreten zu lassen.[49] Insgesamt erscheint diese restriktive und einschränkende Auffassung verfehlt. Sie verkennt die eigentliche Bedeutung des Vertretungsrechts. Maßgeblich ist doch, dass sich der freie Dienstnehmer entscheiden kann, die Arbeitsleistung nicht persönlich auszuführen, sondern sich vertreten zu lassen – und zwar ohne dass die Vertragsbeziehung an sich bzw. vielmehr das ihr zugrunde liegende Vertrauensverhältnis Schaden nehmen würde. Auch der OGH hat diesen Umstand seinerzeit berücksichtigt und betont, dass es in der Natur der Sache liege, wenn sich die Auftraggeberin zur Qualitätssicherung vorbehält, die Person des Vertreters mitzubestimmen. Dass dadurch allein persönliche Abhängigkeit bestünde, kann jedoch nicht die Konsequenz sein.[50] Von der jüngeren Judikatur ist neben der bloßen Möglichkeit, sich vertreten lassen zu können, zudem dem Umstand Bedeutung zugemessen worden, dass dieses **Vertretungsrecht auch tatsächlich „gelebt" wird.** So wurde in diesem Zusammenhang jüngst zum Ausdruck gebracht, dass ein Vertretungsrecht, von dem innerhalb von 4 1/2 Jahren insgesamt nur sechsmal Gebrauch gemacht wurde, bei Würdigung der gesamten Umstände für die Annahme eines freien Dienstvertrags allein nicht ausreichend ist.[51] Bereits zuvor hat der OGH vertreten, dass die Vereinbarung eines generellen Vertretungsrechts die persönliche Abhängigkeit nur dann auszuschließen vermag, wenn das Vertretungsrecht auch tatsächlich genutzt wird oder aber bei objektiver Betrachtung zu erwarten ist, dass eine solche Nutzung erfolgt.[52] Die Judikatur erscheint auch in diesem Punkt nicht gänzlich überzeugend. Relevant für das Bestehen persönlicher Unabhängigkeit ist wohl schon die bloße **Möglichkeit des generellen Vertretungsrechts,** selbst wenn im konkreten Fall davon (noch) nicht Gebrauch gemacht

---

47 Etwa durch einen „Pool" von freien Dienstnehmern.
48 Vgl. VwGH 22.10.1996, 94/08/0118.
49 Vgl. E-MVB 004-02-00-006.
50 Vgl. OGH 5.5.1999, 9 Ob A 10/99g; beachte allerdings VwGH 26.9.1995, 93/08/0155: Der VwGH kommt in dieser Entscheidung zu dem Schluss, dass von einem Fehlen der persönlichen Abhängigkeit nicht mehr gesprochen werden kann, wenn der Empfänger der Arbeitsleistung die Zahl der möglichen Vertreter durch für die Eignung aufgestellte Kriterien derart einschränkt, dass eine jederzeitige Vertretung nicht mehr möglich ist.
51 Vgl. OGH 30.6.2005, 8 Ob A 35/05p.
52 Vgl. OGH 13.11.2004, 8 Ob A 86/03k; 30.6.2005, 8 Ob A 35/05p.

wurde, gibt sie doch die seinerzeitige Intention der Vertragspartner und deren Verständnis wieder, wie die Kooperation zu erfolgen hat. Auch in der Literatur wird vertreten, dass ein echtes Dienstverhältnis ausgeschlossen ist, wenn dem Verpflichteten eine generelle Vertretungsbefugnis **eingeräumt** wurde.[53] Ähnliche Aussagen finden sich auch in der veröffentlichten Ansicht der Verwaltungsbehörden[54] sowie in der bisherigen Rechtsprechungspraxis des OGH[55] und des VwGH[56]. Vor allem der VwGH hat seinerzeit deutlich gemacht, dass nicht entscheidend sei, ob der Beschäftigte von der Möglichkeit des Vertretungsrechts auch tatsächlich Gebrauch gemacht hat.[57] Insbesondere hat er auch klargestellt, dass bei Bestehen einer generellen Vertretungsbefugnis dessen Nichtgebrauch kein Abweichen der tatsächlichen Verhältnisse von den vertraglichen Vereinbarungen darstellt.[58] Aus Sicht des Autors ist aus dieser Judikatur abzuleiten, dass bereits die dem Vertragspartner eingeräumte Möglichkeit, sich vertreten lassen zu können, ein so gravierender Eingriff in die persönliche Abhängigkeit ist, dass damit eine einem echten Dienstvertrag entsprechende Vertragsbeziehung nicht mehr angenommen werden kann. Selbst eine fallweise eingeräumte Vertretungsmöglichkeit ist wohl bereits als Indiz gegen den echten Dienstvertrag zu werten.[59]

Dennoch scheint die **Judikatur** im Zusammenhang mit der Bedeutung des Vertretungsrechts **zunehmend restriktiver zu werden.** So hat der OGH ausgesprochen, dass ein Vertretungsrecht für sich allein betrachtet ein echtes Dienstverhältnis allenfalls nicht auszuschließen vermag.[60]

Für die Praxis ist daher entscheidend, wie das Gesamtbild der Kooperation strukturiert ist und ob darauf aufbauend der Sachverhalt dahingehend zu beurteilen ist, dass von einer persönlichen Abhängigkeit nicht mehr gesprochen werden kann.

1.2.2.3. Recht, Aufträge ablehnen zu können

Unter dem Recht, im Einzelfall ihm erteilte Aufträge ablehnen zu können, versteht man, dass der freie Dienstnehmer in der Lage ist, einzelne Aufträge grundlos bzw. ohne Angabe gewichtiger Entschuldigungsgründe – ablehnen zu können,

---

53 Vgl. *Karl*, Zur rechtlichen Qualifikation von Sprachlehrern, ASoK 1999, 277.
54 Vgl. E-MVB 004-02-00-006; demnach gilt: Wesentlich für das Vorliegen persönlicher Abhängigkeit ist eine vertraglich bedungene grundsätzlich persönliche Arbeitspflicht. **Schon die bloße Berechtigung** eines Beschäftigten, die übernommene Arbeitspflicht generell durch Dritte vornehmen zu lassen (generelle Vertretungsbefugnis) schließt unabhängig davon, ob der Beschäftigte von dieser Berechtigung auch tatsächlich Gebrauch macht, ein Beschäftigungsverhältnis i.S.d. § 4 Abs. 2 ASVG aus.
55 Vgl. OGH 6.4.1954, Ab. 5957, OGH 3.7.1957, Ab. 6689; OGH 13.7.1976, Arb. 9491.
56 Vgl. VwGH 28.5.1971, Arb. 8875, 2.7.1991, 86/08/0155.
57 Vgl. VwGH 19.6.1990, 88/08/0200.
58 Vgl. VwGH 25.1.1994, 92/08/0226.
59 Vgl. *Karl*, a.a.O.
60 Vgl. OGH 18.10.2006, 9 Ob A 96/06t.

ohne dass die Vertragsbeziehung zu dem Auftraggeber Schaden nimmt. Es entspricht daher beim freien Dienstvertrag dem grundsätzlichen Verständnis der Vertragsparteien, dass dieses Recht zur Auftragsablehnung gegeben ist und die dem freien Dienstnehmer zuteilwerdende persönliche Unabhängigkeit dadurch zu Tage tritt. Dies hat auch der VwGH entsprechend beurteilt; demzufolge spricht eine gegenüber dem Dienstgeber bestehende sanktionslose Berechtigung zum Nichterscheinen oder zur jederzeitigen Beendigung einer übernommenen Arbeitsverpflichtung gegen die Annahme eines echten Dienstvertrags.[61]

Obzwar das Recht, im Einzelfall Aufträge ablehnen zu können, wohl als ein besonders starkes Indiz für das Nicht-Bestehen persönlicher Abhängigkeit zu werten ist, ist bei Würdigung des konkreten Sachverhalts zu berücksichtigen, ob eine **durchgehende, auf Dauer angelegte Vertragsbeziehung intendiert** ist. Sollte dem nicht so sein, konnte das Recht, Aufträge ablehnen zu können, nämlich auch anders – konkret als fallweise Beschäftigungsverhältnisse, abgeschlossen für die Tage, an welchen Tätigkeiten zustande gekommen sind – ausgelegt werden. Diesfalls wird von der Judikatur Pflichtversicherung gemäß § 4 Abs. 2 ASVG angenommen und liegen mehrere jeweils auf kurze Perioden, z.B. einen Tag, jedenfalls kürzer als eine Woche, abgeschlossene Vertragsbeziehungen vor.[62] Der VwGH rechtfertigt diesen Schluss damit, dass das Recht zur Ablehnung von Aufträgen gegen ein durchgehendes Dienstverhältnis spreche, nicht aber gegen eine tageweise Beschäftigung in Form eines echten Dienstvertrags, wenn an diesen Tagen die Bestimmungsfreiheit weitgehend ausgeschaltet ist.[63] Das Recht, Aufträge ablehnen zu können, wird diesfalls eigentlich in eine Ablehnung von Angeboten zum Vertragsabschluss umgedeutet. Diese Judikatur des VwGH ist nach Ansicht des Autors nicht generell aufrechtzuerhalten. Sie muss ihre Grenzen dort finden, wo trotz eines Rechts, im Einzelfall Aufträge ablehnen zu können, eine dauerhafte Vertragsbeziehung angestrebt und intendiert ist, vertraglich vereinbart ist und auch entsprechend „gelebt" wird.

Noch deutlicher ließe sich nach Ansicht des Autors das Nichtbestehen eines echten Dienstvertrags wohl ausschließen und ein freier Dienstvertrag rechtfertigen, wenn den freien Dienstnehmer **von vornherein keine Verpflichtung zur Arbeitsleistung** trifft, sondern ihm generell nur die **Berechtigung,** tätig zu werden, zukommt. Diesfalls wird es den Abgabenbehörden wohl in aller Regel verwehrt sein, ein echtes Dienstverhältnis anzunehmen, wenn das für diesen Vertragstyp so typische Element der Verpflichtung zur Arbeitsleistung und die aus dieser letztlich regelmäßig abgeleitete persönliche Abhängigkeit fehlt und damit noch viel deutlicher zu Tage tritt, dass es dem freien Dienstnehmer völlig anheimgestellt ist, nach eigenem Gutdünken zu entscheiden, ob, wann und wo er wie tätig wird.

---

61   Vgl. VwGH 19.6.1990, 88/08/0097.
62   Vgl. VwGH 10.11.1998, 96/08/0255.
63   So VwGH betreffend die Einstufung eines Trainers für EDV-Schulungen; E 20.4.2005, 2001/08/0074.

Dies wurde auch von der Rechtsprechung bereits entsprechend bestätigt.[64] Nichtsdestotrotz darf – wie oben bereits gezeigt – allein aufbauend auf der Tatsache, dass eine Verpflichtung des freien Dienstnehmers zum Tätigwerden besteht, nicht gleichsam im Umkehrschluss vertreten werden, es handle sich schon allein deshalb um ein echtes Dienstverhältnis.

1.2.2.4. Recht, Hilfspersonen beizuziehen

Charakteristisch für den freien Dienstnehmer ist weiters, dass es ihm offen steht, die von ihm geschuldeten Dienstleistungen selbst zu erbringen oder aber sich dabei **Hilfspersonen** zu bedienen. Es kann wohl nicht verleugnet werden, dass diesfalls eine stark ausgeprägte persönliche Unabhängigkeit gegeben sein wird, v.a. dann, wenn die Entlohnung der Hilfskräfte durch den freien Dienstnehmer selbst vorzunehmen ist. Darin würde sich auch das Vorliegen eines Unternehmerrisikos bzw. eigentlich sogar das Bestehen unternehmerischer Strukturen verdeutlichen.

1.2.2.5. Mangelnde Integration in die betriebliche Struktur des Arbeitgebers

Die mangelnde Integration in die betriebliche Struktur des Dienstgebers bedeutet, dass der freie Dienstnehmer nicht in das betriebliche Ordnungs- und Weisungsgefüge eingebunden ist. Der freie Dienstnehmer ist bei Erfüllung seiner Dienstleistungen in der Regel auch an keinen bestimmten Arbeitsort gebunden. Vielmehr bestimmt er selbst nach eigenem Gutdünken, wo und wann der Einsatz seiner Person für die bestmögliche Erbringung der von ihm geschuldeten Dienstleistungen von Vorteil ist.

Eine Einbindung in den Betrieb und dessen Struktur wäre z.B. durch die Bindung an bzw. die hierarchische Eingliederung in bestimmte Arbeitsabläufe oder aber die Bindung an fixe Arbeitstage indiziert.[65] Die Berücksichtigung von Abgabeterminen oder Fristen zur Fertigstellung muss hingegen unschädlich sein.

Indizien, die in der Praxis einen freien Dienstnehmer weiters auszeichnen, sind, dass er in aller Regel keinen eigenen Schreibtisch, kein Büro, keinen Telefonanschluss, keinen Firmen-E-Mail-Account, keine Visitenkarten bzw. keinen Internetzugang in dem Unternehmen des Auftraggebers besitzen wird.

ME darf in diesem Zusammenhang aber auch kein allzu strenger Maßstab angelegt werden. Die teilweise Mitwirkung an betrieblichen Prozessen und die Möglichkeit des Zugangs zu den Geschäftsräumlichkeiten des Dienstgebers muss für die Eigenschaft, freier Dienstnehmer zu sein, daher ebenso unschädlich sein, wie die gelegentliche Teilnahme an Besprechungen.

---

64 Vgl. OLG Wien 15.12.2004, 8 Ry 148/04z.
65 Vgl. *Karl*, a.a.O.

1.2.2.6. Keine Weisungsbindung

Der freie Dienstnehmer zeichnet sich dadurch aus, dass er in aller Regel keine persönlichen Weisungen zu befolgen hat. Gemeint sind damit **Weisungen,** die das **persönliche Verhalten** bei Erbringung der Arbeitsleistung betreffen. Solcherart ausgestaltete Weisungen sind für den freien Dienstnehmer grundsätzlich untypisch. Hingegen sind Weisungen den Arbeits- oder Dienstleistungsgegenstand betreffend als sachliche Weisungen anzusehen, die für sich betrachtet unschädlich sind. Diese haben mit der persönlichen Abhängigkeit nichts zu tun. Sie sind regelmäßiger Bestandteil von freien Dienstverträgen und Werkverträgen. Die persönliche Unabhängigkeit ausschließende Weisungen werden hingegen dann gegeben sein, wenn durch die erteilten Weisungen die Gestaltungsfreiheit des Arbeitnehmers bei der Erbringung der Dienstleistung weitgehend ausgeschaltet ist.[66]

1.2.2.7. Keine Kontrollunterworfenheit

Die Kontrolle steht in engem Zusammenhang mit dem Weisungsrecht. Wer Weisungen erteilt, wird in der Regel auch ein Bedürfnis haben, deren Einhaltung zu kontrollieren. Es darf daher an die Ausführungen in Pkt. 1.2.2.6. angeschlossen werden. Sofern die Einhaltung von Weisungen **das persönliche Verhalten betreffend** kontrolliert wird, z.B. eine Kontrolle von Weisungen betreffend die Einhaltung einer bestimmten Kleidungsvorschrift vorgenommen wird, ist dies ein gewichtiges Indiz gegen den freien und für den echten Dienstvertrag. Hingegen sind Kontrollen betreffend die Dienstleistung bzw. den Arbeitserfolg selbst unschädlich. Diese Kontrollen muss sich auch ein Selbständiger gefallen lassen.[67]

1.2.2.8. Recht, Arbeitszeit und Arbeitsort frei zu wählen

Die Möglichkeit des freien Dienstnehmers, **Zeit und Lage der Arbeitszeit** selbst zu bestimmen sowie insbesondere auch den **Arbeitsplatz frei zu wählen,** ist Ausfluss seiner mangelnden Einbindung in die betriebliche Struktur des Auftraggebers. Der freie Dienstnehmer ist nicht Belegschaftsmitglied und daher nicht in die organisatorische Struktur des Auftraggebers eingebunden. Er bestimmt selbst, wann und wo der Einsatz seiner Person für die ordnungsgemäße Erbringung der von ihm geschuldeten Tätigkeiten sinnvoll ist. Ein Fehlen diesbezüglicher Weisungen seitens des Dienstgebers indiziert das Fehlen von Weisungen das persönliche Verhalten des freien Dienstnehmers betreffend und damit das Bestehen persönlicher Unabhängigkeit. Die Bedeutung der Arbeitszeit bzw. des Arbeitsortes wird dort in den Hintergrund treten müssen, wo der Faktor Zeit und Ort der Leistungserbringung in der Natur der Sache liegen. Dies hat auch der OGH seinerzeit im Zusammenhang mit der Beurteilung eines Sprachlehrers seiner Entschei-

---

66 Vgl. *Strasser*, DRdA 1992, 97.
67 Vgl. *Tomandl*, Wesensmerkmale, 68.

dung zugrunde gelegt, da es seiner Ansicht nach üblich ist, dass Sprachkurse immer an demselben Ort, z.B. in dem vom Auftraggeber zur Verfügung gestellten Raum, stattfinden. Dies allein ist daher für die Abqualifizierung der Eigenschaft „freier Dienstnehmer" zu wenig.[68]

1.2.2.9. Unternehmerwagnis

Ist die Kooperation auf Basis eines freien Dienstvertrags geplant und halten sich die Elemente der obig dargestellten Freiheitsrechte mit den Charakteristika eines echten Dienstverhältnisses die Waage, dann wird bei der Beurteilung, ob ein freier oder aber ein echter Dienstvertrag vorliegt, nicht zuletzt auf die unternehmerische Ausgestaltung des Honorars abzustellen sein. Eine wiederkehrende pauschale, der Höhe nach unveränderte Entlohnung indiziert dabei in der Regel ein echtes Dienstverhältnis. Eine Vertragsgestaltung hingegen, die erfolgsorientierte Komponenten aufweist und die ein Honorar enthält, mittels welchem der freie Dienstnehmer auch seine Aufwendungen (z.B. Reisekosten, Ausgaben für Fachliteratur) zu decken hat, spricht regelmäßig für das Vorliegen eines **Unternehmerwagnisses** und damit für das Nicht-Bestehen eines echten Dienstvertrags. Ausschlaggebend für das Bestehen eines Unternehmerwagnisses ist daher, dass der Auftragnehmer durch die Ausgestaltung des Honorars in der Lage ist, den wirtschaftlichen Erfolg seiner Arbeit sowohl auf Einnahmenseite als auch auf Ausgabenseite zu steuern und zu beeinflussen und im Extremfall sogar ein Verlust aus der Tätigkeit resultieren kann.

1.2.2.10. Überwiegen der Kriterien

Wichtig ist, dass die obig geschilderten Freiheitsrechte als solche **nicht kumulativ vorliegen** müssen. Vielmehr ist entscheidend, wie der Sachverhalt bei Würdigung des Gesamtbildes zu qualifizieren ist. Relevant ist daher, ob bei Beurteilung aller Umstände die Freiheitsrechte bzw. die persönliche Unabhängigkeit des Dienstnehmers **überwiegen.** Dies bedeutet daher im Umkehrschluss, dass einzelne – bei separater Betrachtung für die persönliche Abhängigkeit sprechende – Umstände durchaus in den Hintergrund treten können (z.B. die Vorgabe eines bestimmten Arbeitsortes, insbesondere wenn dies im konkreten Einzelfall in der Natur der Sache liegt).

1.2.3. Dauerschuldverhältnis

Im Hinblick auf die Abgrenzung des freien Dienstvertrags gegenüber dem Werkvertrag ist festzuhalten, dass der freie Dienstnehmer – wie oben ausgeführt – ein Zurverfügungstellen von Dienstleistungen über einen bestimmten Zeitraum hinweg schuldet. Der freie Dienstvertrag kann daher **unbefristet oder befristet** aus-

---

68   Vgl. OGH 5.5.1999, 9 Ob A 10/99g.

gestaltet sein. Im Gegensatz zum Werkvertrag endet der freie Dienstvertrag damit auch nicht automatisch mit der Erbringung eines individuell konkretisierten Erfolgs. Vielmehr endet er mit Durchführung einer speziellen arbeitsrechtlichen Aktion, z.B. Zeitablauf oder Kündigung bzw. einvernehmlicher Vertragsauflösung. Geschuldet wird damit ein Wirken und kein Werk. Beim freien Dienstvertrag ist daher die Erbringung von nur der Art nach bestimmten **gattungsmäßig umschriebenen Arbeitsleistungen** über eine bestimmte oder unbestimmte Zeitspanne hinweg vereinbart. Obzwar die Möglichkeit des Auftraggebers, persönliche Weisungen zu erteilen, aufgrund der bestehenden Freiheitsrechte weitgehend eingeschränkt ist, besteht das Recht des Auftraggebers, sachliche bzw. fachliche Weisungen zur Konkretisierung der gattungsmäßig definierten Dienstleistungsverpflichtungen zu erteilen.

1.2.4. Qualifizierter Dienstgeber

Sozialversicherungsrechtlich ist ein freies Dienstverhältnis gemäß § 4 Abs. 4 ASVG nur dann möglich, wenn der Dienstgeber des freien Dienstnehmers ein so genannter „qualifizierter Dienstgeber" ist. Im Gegensatz zum echten Dienstvertrag gem. § 4 Abs. 2 ASVG bzw. im Gegensatz zu einem Werkvertrag ist es daher nicht möglich, dass z.B. eine Privatperson Auftraggeber eines freien Dienstvertrags ist. Grund hierfür ist, dass § 4 Abs. 4 ASVG zwingend das Vorliegen einer qualifizierten Dienstgebereigenschaft voraussetzt. Eine solche ist nur dann gegeben, wenn der Dienstgeber im Rahmen

- eines Geschäftsbetriebs
- seiner Gewerbeberechtigung
- seiner berufsrechtlichen Befugnis (Unternehmen, Betrieb, usw.) oder
- seines statutenmäßigen Wirkungsbereichs (z.B. Vereinsziel)

die Dienstleistung des freien Dienstnehmers entgegennimmt, oder wenn der freie Dienstnehmer gegenüber

- einer Gebietskörperschaft oder
- einer sonstigen juristischen Person des öffentlichen Rechts bzw.
- der von ihnen verwalteten Betriebe, Anstalten, Stiftungen oder Fonds (im Rahmen einer Teilrechtsfähigkeit)

tätig wird.

Eine Privatperson kann daher im Rahmen eines Dauerschuldverhältnisses lediglich Dienstnehmer i.S.d. § 4 Abs. 2 ASVG, niemals aber freie Dienstnehmer i.S.d. § 4 Abs. 4 ASVG beschäftigen. Die Beschäftigungsform des freien Dienstvertrags scheidet daher im Hinblick auf eine Reinigungskraft für einen privaten Haushalt ebenso aus wie für andere haushaltsnahe Tätigkeitsfelder, z.B. Babysitten, Einkaufen. Freilich dürfen die Grenzen hierbei nicht zu eng gesetzt werden.

Diese Ausgangslage und der damit einhergehende – für Privathaushalte eigentlich untragbare – administrative personalverrechnungsspezifische Aufwand waren auch mit ein Grund für die Implementierung des Systems des Dienstleistungsschecks (DLS) durch das Dienstleistungsscheckgesetz (DLSG), wobei diese vereinfachte administrative Handhabe aber auf einfache haushaltstypische Tätigkeiten, wie z.B. Reinigung, Gartenarbeit beschränkt ist.[69]

1.2.5. Keine wesentlichen eigenen Betriebsmittel

§ 4 Abs. 4 ASVG setzt als notwendiges Tatbestandsmerkmal voraus, dass der freie Dienstnehmer bei Erbringung der Dienstleistungen über **keine wesentlichen eigenen Betriebsmittel** verfügt. Bei Vorliegen wesentlicher eigener Betriebsmittel, also letztlich bei Vorliegen von Betriebsmitteln, die über den normalen Haushaltsgebrauch hinausgehen, ist somit von einer so starken unternehmerischen Positionierung auszugehen, dass der freie Dienstnehmer nicht mehr gemäß § 4 Abs. 4 ASVG sozialversichert ist, sondern dem GSVG zuzurechnen ist. Das Vorliegen wesentlicher eigener Betriebsmittel führt daher in der Regel dazu, dass der Tatbestand des Neuen Selbstständigen Erwerbstätigen gemäß § 2 Abs. 1 Z 4 GSVG erfüllt sein wird.

1.2.6. Ausnahmen

Keine Pflichtversicherung gem. § 4 Abs. 4 ASVG liegt vor, wenn aufgrund dieser Tätigkeit bereits eine Pflichtversicherung nach § 2 Abs. 1 Z 1–3 oder § 2 Abs. 1 BSVG, nach § 2 Abs. 1 und Abs. 2 FSVG bzw. nach weiteren in Punkt 1.2.1. genannten Ausnahmetatbeständen gegeben ist.

In diesem Zusammenhang liegt insbesondere dann keine Pflichtversicherung gemäß § 4 Abs. 4 ASVG vor, wenn die betreffende Person für die von ihr erbrachten Dienstleistungen einen facheinschlägigen **Gewerbeschein** besitzt und daher als Wirtschaftskammermitglied gemäß § 2 Abs. 1 Z 1 GSVG versichert ist.

Des Weiteren kann keine Pflichtversicherung gemäß § 4 Abs. 4 ASVG vorliegen, wenn aufgrund derselben Tätigkeit bereits Pflichtversicherung nach § 2 Abs. 1 und 2 **FSVG** gegeben ist (selbstständiger Apotheker, Patentanwälte, freiberufliche Ärzte), wenn Pflichtversicherung nach § 19 Abs. 1 Z 1 lit. f B-KUVG vorliegt oder eine selbständige Tätigkeit ausgeübt wird, die die Zugehörigkeit zu einer **der Kammern der freien Berufe** begründet. **Kunstschaffende** sind ebenfalls aus der Pflichtversicherung des § 4 Abs. 4 ASVG ausgenommen.

Außerdem wird Pflichtversicherung gemäß § 4 Abs. 4 ASVG dann entfallen, wenn mit **wesentlichen eigenen Betriebsmitteln** agiert wird.

Wesentlich ist daher, dass trotz Bestehens eines (zivilrechtlichen) freien Dienstvertrags v.a. **in zwei Fällen GSVG-Pflichtversicherung** gegeben sein kann. Ver-

---

69   Vgl. im Detail *Freudhofmeier/Steiger*, Der Dienstleistungsscheck (DLS), taxlex 2006, 85.

fügt der freie Dienstnehmer über einen Gewerbeschein betreffend die geschuldete Tätigkeit, ist Pflichtversicherung gemäß **§ 2 Abs. 1 Z 1 GSVG** gegeben. Agiert der freie Dienstnehmer mit wesentlichen eigenen Betriebsmitteln, führt dies zum Wegfall des § 4 Abs. 4 ASVG und zur Pflichtversicherung nach **§ 2 Abs. 1 Z 4 GSVG**, Insbesondere ist damit klar, dass unter den Tatbestand des Neuen Selbstständigen Erwerbstätigen nicht bloß Auftragnehmer eines Werkvertrags, sondern auch freie Dienstnehmer, die die geschuldete Leistung mit wesentlichen eigenen Betriebsmitteln erbringen, zu subsumieren sind.

1.2.7. Lohnabgabenrechtliche Verpflichtungen

Der freie Dienstnehmer i.S.d. **§ 4 Abs. 4 ASVG** ist vom Dienstgeber bei der zuständigen Gebietskrankenkasse anzumelden. Die Anmeldung hat analog der obig dargestellten Anmeldung der echten Dienstnehmer vor Beginn der Beschäftigung zu erfolgen. Nach Beendigung des freien Dienstverhältnisses ist der freie Dienstnehmer binnen 7 Tagen nach Ende der Pflichtversicherung bei der Gebietskrankenkasse abzumelden. Das Ende der Pflichtversicherung ist beim freien Dienstnehmer in aller Regel das Ende der Beschäftigung.

Die **Sozialversicherungsbeiträge** sind zwischen Dienstgeber und freiem Dienstnehmer gesplittet. Sie betragen 20,98 % Dienstgeber-Anteil und 17,62 % Dienstnehmer-Anteil. Die Sozialversicherungsbeiträge sind seit 1.1.2008 deutlich angehoben worden. Insbesondere ist der freie Dienstnehmer seit 1.1.2008 auch in der Arbeitslosenversicherung integriert.[70] Dies bedeutet gegenüber der Zeit vor dem 1.1.2008 eine Steigerung der Sozialversicherungsbeiträge um insges. 6 % (je 3 % Dienstgeber- und Dienstnehmerbeiträge). Auch Arbeiterkammerumlage (0,5 %) und der Beitrag zum Insolvenzentgeltausfallsfonds (0,35 % im Kalenderjahr 2017) fallen auch beim freien Dienstnehmer an. Des Weiteren ist der freie Dienstnehmer seit Jahresbeginn 2008 auch in das System Abfertigung „Neu" integriert. Der Dienstgeber hat 1,53 % Beiträge an die BV-Kasse zu entrichten. Dies gilt auch für am 1.1.2008 bereits bestehende freie Dienstverträge.[71] Dies erscheint – wie auch

---

70 Demzufolge galt das Bonus-Malus-System i.S.d. § 5a und § 5b AMPFG ab 1.1.2008 bis zu seinem Auslaufen am 31.8.2009 auch für freie Dienstnehmer, da diese gesetzlichen Bestimmungen ihre Anwendbarkeit davon abhängig machen, dass ein arbeitslosenversicherungspflichtiges Beschäftigungsverhältnis vorliegt (vgl. Arbeitsbehelf für Dienstgeber und Lohnverrechner, Österreichische Sozialversicherung, 2008, 57). Auch die seit 1.1.2013 in § 2b AMPFG verankerte Auflösungsabgabe in der Höhe von € 124,00 (Wert für das Kalenderjahr 2017) fällt bei der Beendigung eines freien Dienstvertrags an.

71 Eine wesentliche Ausnahme etabliert jedoch § 73 Abs. 7 BMSVG. Dieser sieht vor, dass das System Abfertigung „Neu" für all jene freien Dienstverträge weiterhin keine Anwendung finden soll, die am 31.12.2007 bereits Bestand hatten und die eine Regelung betreffend einer vertraglich vereinbarten Abfertigung enthalten (vgl. im Detail *Freudhofmeier* in *Schuster/Gröhs/Havranek*, Executive Compensation, 2008, 115.). De facto sind damit die Vorstände einer Aktiengesellschaft nach wie vor nicht von dem System Abfertigung „Neu" erfasst, was nicht unwesentliche steuerliche Vorteile mit sich bringt, da i.d.Z. nach wie vor die steuerliche Begünstigung i.S.d. § 67 Abs. 6 EStG uneingeschränkt genützt werden kann. Prämisse ist jedoch, dass der Vorstandsvertrag vor dem 1.1.2008 wirksam wurde oder dass er zwar nach dem 31.12.2007 wirksam wurde, jedoch mit derselben Aktiengesellschaft oder einer anderen Aktiengesellschaft innerhalb des Konzerns im zeitlichen Nahebereich zum vorherigen Vorstandsvertrag vereinbart worden ist.

in weiterer Folge noch gezeigt wird – systemkonform, ist doch nunmehr festzuhalten, dass sich das System Abfertigung „Neu" zu einem über das Spektrum der echten Dienstnehmer hinausreichenden Vorsorgemodell für unselbständig und selbständig Erwerbstätige weiterentwickelt hat. Sozialversicherungsrechtlich erfolgte damit beginnend mit 1.1.2008 eine weitgehende Gleichstellung des echten und des freien Dienstnehmers.[72]

Die Beitragsgrundlage ist das Entgelt. Das Entgelt ist demnach gemäß § 49 Abs. 1 ASVG zu beurteilen. Die in § 49 Abs. 3 Z 1–28 ASVG genannten Leistungen zählen nicht zum Entgelt. Insbesondere sind auch Reisekostenersätze und Reiseaufwandsentschädigungen, wie z.B. Taggelder, Kilometergelder, so sie dem freien Dienstnehmer aufgrund der individuellen Vereinbarung mit dem Auftraggeber gewährt werden, SV-beitragsfrei.[73] Die Sozialversicherungsbeiträge sind durch die Höchstbeitragsgrundlage gedeckt. Diese beträgt im Kalenderjahr 2017 € 5.810,00 monatlich bzw. € 166,00 täglich. Die Geringfügigkeitsgrenze ist für den freien Dienstnehmer ebenfalls relevant. Sie beträgt im Kalenderjahr 2017 € 425,70 p.m. Wird die Geringfügigkeitsgrenze nicht überschritten, fällt lediglich der Unfallversicherungsbeitrag in der Höhe von 1,3 % an. Dieser ist zur Gänze vom Dienstgeber zu tragen.

Betreffend die Leistungen des Sozialversicherungsrechts sei angemerkt, dass seit 1.1.2008 auch freie Dienstnehmer **Anspruch auf Krankengeld** haben.[74] Auch leistungsrechtlich erfolgte damit ab 1.1.2008 eine Gleichstellung der freien Dienstnehmer mit den echten Dienstnehmern. Gemäß § 138 Abs. 1 ASVG besteht damit ab dem vierten Tag der Arbeitsunfähigkeit Anspruch auf Krankengeld gegenüber der Gebietskrankenkasse. Der Anspruch auf Krankengeld ruht, sofern ein gesetz-

---

72 Damit sinken auch die Risiken bei einer GPLA und einer allfälligen Umqualifizierung eines freien In elnen echten Dienstvertrag. Allerdings wird von GPLA-Prüfern i.d.Z. verstärkt das Anspruchslohnprinzip bemüht und SV-Beiträge auf nicht bezahlte arbeitsrechtliche Ansprüche wie z.B. 13./14. Gehalt vorgeschrieben. Dieser Vorgehensweise ist insoweit zu begegnen, als in aller Regel mit Recht argumentiert werden kann, dass diese (fiktiven) Ansprüche mit dem verglichen mit dem Entgelt eines Mitarbeiters höheren Honorar eines freien Dienstnehmers abgegolten sind.

73 Vgl. i.d.Z. VwGH 14.3.2005, 2001/08/0176: Nach der Entscheidung des VwGH waren Kilometergelder, Taggelder, Nächtigungsgelder bei freien Dienstnehmern SV-pflichtig, weil nicht von § 49 Abs. 3 Z 1 ASVG in der damaligen Fassung umfasst. Durch das Sozialversicherungsrechts-Änderungsgesetz (SRÄG) 2006, BGBl I 2006/130, ausgegeben am 28.7.2006, wurde die SV-Beitragsfreiheit dieser Aufwandsersätze jedoch legistisch wieder rückwirkend ab 1.1.2005 hergestellt. Damit wurde klargestellt, dass die Reisekostenersätze freier Dienstnehmer wieder unter denselben Voraussetzungen wie jene der echten Dienstnehmer SV-beitragsfrei zu behandeln sind. Anzumerken bleibt, dass es aus Sicht der Praxis – eben um ein Unternehmerwagnis zu positionieren bzw. noch stärker herauszuarbeiten – jedoch sinnvoll erscheint, mit freien Dienstnehmern pauschal definierte Honorare zu vereinbaren und Aufwandsersatz nicht zu gewähren. Sollten die übrigen Kriterien des freien Dienstvertrags hingegen so deutlich im Vordergrund stehen, kann die bloße Gewährung von Aufwandsersätzen für sich allein betrachtet wohl dennoch eine Umstufung von § 4 Abs. 4 ASVG auf § 4 Abs. 2 ASVG nicht rechtfertigen.

74 Dies wird durch den Entfall des § 138 Abs. 2 lit. f ASVG verwirklicht, der bislang gemäß § 4 Abs. 4 ASVG pflichtversicherte Personen vom Anspruch auf Krankengeld ausschloss (vgl. ARD 4.1.2008, 5829/2008). Mit der 72. Novelle des ASVG wurde die Ermittlung des Krankengeldes für freie Dienstnehmer gesetzlich modifiziert, um eine ausgewogenere Bemessungsgrundlage für die Gruppe der freien Dienstnehmer zu erreichen.

licher oder vertraglicher Anspruch auf Entgeltfortzahlung von mehr als 50 % der vollen Geld- und Sachbezüge vor Eintritt des Versicherungsfalls gegenüber dem Dienstgeber besteht. Da ein solcher Anspruch gegenüber dem Dienstgeber jedoch in aller Regel ausscheiden wird, besteht ab dem vierten Tag der Arbeitsunfähigkeit Anspruch auf Krankengeld. Bemessungsgrundlage für das Krankengeld ist der Mittelwert der letzten drei Beitragszeiträume vor Eintritt des Versicherungsfalls. Erhält der freie Dienstnehmer während der ersten drei Monate seines Beschäftigungsverhältnisses Krankengeld, wird die Bemessungsgrundlage aus dem durchschnittlichen Arbeitsverdienst an den tatsächlichen Beschäftigungstagen ermittelt. Wie auch beim echten Dienstnehmer bildet die vom Dienstgeber an die Gebietskrankenkasse zu übermittelnde Arbeits- und Entgeltbestätigung die Grundlage für die Auszahlung des Krankengeldes.[75]

Des Weiteren besteht bei freien Dienstnehmerinnen Anspruch auf Wochengeld, welches – im Gegensatz zu früher – seit 1.1.2008 sowohl hinsichtlich Berechnung als auch Gewährung dem Wochengeldanspruch der echten Dienstnehmerinnen angeglichen ist.[76]

Da der freie Dienstnehmer nicht Dienstnehmer i.S.d. § 47 Abs. 1 EStG ist und daher keine Einkünfte aus nichtselbständiger Arbeit i.S.d. § 25 EStG vorliegen, besteht für den Dienstgeber **keine Verpflichtung, Lohnsteuer abzuführen.** Der freie Dienstnehmer wird in der Regel Einkünfte aus selbständiger Arbeit gemäß § 22 EStG oder aber Einkünfte aus Gewerbebetrieb gemäß § 23 EStG beziehen. Er hat die von ihm lukrierten Einkünfte daher selbst im Wege der Einkommensteuererklärung der Besteuerung zuzuführen.

Seit 1.1.2010 unterliegt der freie Dienstnehmer – wie der echte Dienstnehmer – den Lohnnebenkosten. Es sind daher DB zum FLAF (4,1 %), DZ (0,40 % in Wien in 2017) sowie Kommunalsteuer (3 %) abzuführen. Lediglich die U-Bahn-Steuer in Wien ist bei einem freien Dienstnehmer nach wie vor nicht zu entrichten, da der Gesetzgeber diesfalls auf den arbeitsrechtlichen Begriff des (echten) Dienstnehmers abstellt.[77]

---

75 Vgl. i.d.Z. *Kunesch*, Krankengeld für freie Dienstnehmer, PVInfo 04/2008, 9 ff; in diesem Beitrag werden auch die praktischen Probleme bei der korrekten Erstellung der Arbeits- und Entgeltbestätigung treffend dargestellt. Insbesondere ist darauf hinzuweisen, dass z.B. der Versicherungsfall schon vor Honorarnotenlegung eintritt und daher die Grundlage sich nur schwer ermitteln lässt. Es empfiehlt sich in diesem Fall vom freien Dienstnehmer zur Honorarnotenlegung aufzufordern oder anhand etwaiger vereinbarter Zahlungsmodalitäten die Entgelthöhe zu ermitteln.

76 Vgl. im Detail ARD 4.1.2008, 5829/2008; bei der Berechnung des Wochengeldes für freie Dienstnehmerinnen nach § 4 Abs. 4 ASVG muss insofern von der Regel für echte Dienstnehmerinnen abgegangen werden, als Erstere steuerrechtlich Einkünfte aus nichtselbständiger Arbeit erzielen. Dem Dienstgeber ist es daher nicht möglich, das Nettoeinkommen festzustellen, weil er über die notwendigen Informationen über die geltend zu machenden Abzüge verfügt. Das tägliche Nettoeinkommen von freien Dienstnehmerinnen wird daher von der Gebietskrankenkasse anhand des § 21 Abs. 3 zweiter Satz AlVG errechnet (vgl. § 120 Abs. 1, § 162 Abs. 1 und Abs. 3 ASVG). Vgl. im Übrigen *Schrenk/Steiger*, Der freie Dienstnehmer im Arbeits- und Sozialversicherungsrecht 2008, taxlex 2008, 165.

77 Vgl. § 1 i.V.m. § 2 Abs. 4 Wiener Dienstgeberabgabe-Gesetz.

Letztlich manifestiert sich der **Charakter eines „Mischvertrags"** damit auch im Bereich der Lohnabgaben. Zwar ist bei Vorliegen eines freien Dienstvertrags eine Personalverrechnung zu führen und sicherzustellen, dass die Sozialversicherungsbeiträge i.S.d. § 4 Abs. 4 ASVG entsprechend abgeführt werden; jedoch besteht keine Verpflichtung, Lohnsteuer abzuführen. Es besteht zwar keine Verpflichtung, einen Lohnzettel (L16) zu übermitteln (wohl aber einen Beitragsgrundlagennachweis) – dennoch ist gegenüber dem Finanzamt eine spezielle Meldung – die Meldung gemäß der Verordnung zu § 109a EStG – vorzunehmen.

Das Entgelt, das dem freien Dienstnehmer gewährt wird, ist durch den Auftraggeber durch die **Meldung gemäß der VO zu § 109a EStG** an das zuständige Finanzamt zu melden. Konkret haben Unternehmer sowie Körperschaften des öffentlichen und privaten Rechts für gewisse natürliche Personen, u.a. gemäß § 1 Abs. 1 Z 8 der VO zu § 109a EStG für Leistungen, die im Rahmen eines freien Dienstvertrags i.S.d. § 4 Abs. 4 ASVG erbracht werden, die in § 109a Abs. 1 Z 1–4 EStG genannten Daten mitzuteilen. Eine Meldung kann unterbleiben, wenn das der Person im Kalenderjahr insgesamt geleistete (Gesamt-)Entgelt einschließlich allfälliger Reisekostensätze nicht mehr als € 900,00 und das (Gesamt-)Entgelt einschließlich allfälliger Reisekostensätze für jede einzelne Leistung nicht mehr als € 450,00 beträgt. Für das Unterbleiben der Mitteilungspflicht müssen beide Voraussetzungen kumulativ vorliegen. Die Mitteilung hat an das Finanzamt, das für die Erhebung der Umsatzsteuer des zur Mitteilung Verpflichteten zuständig ist oder es im Falle der Umsatzsteuerpflicht wäre, zu erfolgen. Die Mitteilung hat mittels automationsunterstützter Datenübertragung zu erfolgen, soweit dies dem zur Übermittlung Verpflichteten technisch zumutbar ist.[78]

Der freie Dienstnehmer erfüllt ähnlich dem Auftragnehmer eines Werkvertrags die Tatbestandsmerkmale des Unternehmers i.S.d. § 2 Abs. 1 UStG. Insbesondere bei Überschreiten der Kleinunternehmergrenze gemäß § 6 Abs. 1 Z 27 UStG, im Kalenderjahr 2017 € 30.000,00[79], besteht daher die Verpflichtung für den freien Dienstnehmer, **Umsatzsteuer** in Rechnung zu stellen. Diesfalls besteht für ihn allerdings auch die Möglichkeit, den Vorsteuerabzug in Anspruch zu nehmen. Wegen dieses Durchlaufcharakters bildet die Umsatzsteuer im Übrigen auch keinen Bestandteil des Entgelts und ist daher nicht Bestandteil der Beitragsgrundlage i.S.d. § 4 Abs. 4 ASVG.[80] Daran ändert sich – wie nachstehend in Kapitel 7. noch im Detail gezeigt wird – auch nichts, wenn es im Zuge einer Gemeinsamen Prüfung lohnabhängiger Abgaben (GPLA) zu einer Umqualifizierung eines vormals freien Dienstverhältnisses in ein echtes Dienstverhältnis i.S.d. § 4 Abs. 4 ASVG kommt. Wichtig ist, dass in diesem Zusammenhang jedoch die entsprechenden Vorkehrungen getroffen werden.

---

78 Vgl. im Detail Verordnung BGBl. II 2006/51, ausgegeben am 8.2.2006.
79 Einmal in einem Zeitraum von fünf Jahren darf diese Grenze um maximal 15 % überschritten werden.
80 Vgl. *Sedlacek/Höfle*, Sozialversicherung – Gehört die Umsatzsteuer zur Beitragsgrundlage?, RdW 6/2000, 360.

1.3. Werkvertrag

1.3.1. Gesetzliche Grundlagen

Gemäß § 1151 Abs. 1 zweiter Halbsatz **ABGB** besteht ein Werkvertrag, wenn jemand die Herstellung eines Werks gegen Entgelt übernimmt. Der Unternehmer ist gem. § 1165 ABGB verpflichtet, das Werk persönlich auszuführen oder unter seiner persönlichen Verantwortung ausführen zu lassen.

Damit gibt das ABGB bereits über die wesentlichen Kriterien des Werkvertrags Aufschluss, wonach es sich bei dem Werkvertrag zum einen um ein Zielschuldverhältnis handelt und zum anderen der Auftragnehmer eines Werkvertrags in einem Verhältnis persönlicher Unabhängigkeit agiert.

1.3.2. Zielschuldverhältnis

Im Gegensatz zum Dienstvertrag liegt damit bei einem Werkvertrag ein erfolgsorientiertes Zielschuldverhältnis vor.[81] Im Unterschied zum echten oder freien Dienstnehmer schuldet der Auftragnehmer eines Werkvertrags somit nicht bloß ein Bemühen, sondern einen konkret ausbedungenen Erfolg.[82] Werkvertrag und (freier) Dienstvertrag sind betreffend die Ausgestaltung der Leistung daher letztlich Gegensatzpaare.[83] Der Werkvertrags-Auftragnehmer schuldet ein Werk – und kein Wirken.[84] Der Werkvertrag wird daher mit **Erreichen des Ziels** bzw. mit Herstellung des Werks und der Erbringung der Gegenleistung (Bezahlung des Werkvertragshonorars) automatisch beendet. Eine separate – arbeitsrechtliche – Beendigung des Werkvertrags im Wege einer z.B. Kündigung ist daher nicht erforderlich.

Um einen Werkvertrag nach Maßgabe der obig definierten Bestimmungen zu vereinbaren, ist daher seitens der Vertragsparteien danach zu trachten, das Werk in dem Vertrag so präzise zu umschreiben, dass eine spätere **Konkretisierung** durch weitere Weisungen nicht mehr erforderlich bzw. lediglich in einem untergeordneten/vernachlässigbaren Ausmaß notwendig ist. In dieser Konkretisierung bzw. Festlegung der geschuldeten Leistung liegt auch der wesentliche Unterschied zwischen freiem Dienstvertrag und Werkvertrag.[85]

---

81 Vgl. BMF 1.3.2006, Dienstvertrag – freier Dienstvertrag – Werkvertrag, Finanzjournal 2006, 236 ff.
82 Vgl. *Schrammel*, Freier Dienstvertrag ohne Zukunft?, ecolex 1997, 274.
83 Vgl. E-MVB 004-04-00-008.
84 Vgl. *Mazal*, Freier Dienstvertrag oder Werkvertrag?, ecolex 1997, 277; *Tomandl*, Wesensmerkmale des Arbeitsvertrages, 1972, 114; *Jabornegg/Resch*, Autorentätigkeit und Sozialversicherungspflicht, ÖJZ 1996, 841 ff; *Schrammel*, Freier Dienstvertrag ohne Zukunft?, ecolex 1997, 274.
85 Vgl. *Tomandl*, Wesensmerkmale des Arbeitsvertrages, 1972, 120 ff; *Tomandl* führt aus, dass beim freien Dienstvertrag die Einräumung eines Gestaltungsrechtes an den Besteller wesentlicher Bestandteil des Vertrages ist, der Werkvertrag hingegen ein derartiges Gestaltungsrecht nicht kenne. Der Unterschied zwischen freiem Dienstvertrag und Werkvertrag liege damit im notwendigen Vorhandensein eines die Leistungspflicht konkretisierenden Gestaltungsrechts des Bestellers im Rahmen des freien Dienstvertrages, wogegen beim Werkvertrag die Leistung schon im Vertrag selbst konkretisiert bzw. individualisiert wird.

Der Werkvertrag ist demnach ein Vertragstyp, der die Erbringung eines in sich geschlossenen Werkes, nicht aber eine Mehrheit bloß gattungsmäßig umschriebener Leistungen, zum Inhalt hat.[86] Er endet per se mit der Herstellung eines bestimmten Arbeitsergebnisses und mit der Entrichtung des hierfür bedungenen Honorars.[87] Beim Werkvertrag überwiegen daher die Tätigkeitsmomente die Zeitmomente; es kommt darauf an, ob die Vertragsparteien eine bestimmte letztlich abgeschlossene Tätigkeit wollen (Werkvertrag) oder ob sie eine zeitlich begrenzte oder unbedingte Verpflichtung zum Tun begründen wollen (echter oder freier Dienstvertrag).[88] Diese Abgrenzung soll anhand der folgenden Beispiele dargestellt werden:

Beispiel 1

Das Unternehmen Z beauftragt den Informatikstudenten Stefan A. mit der Erstellung eines Softwareprogramms für die Erfassung und Verbuchung von Honorarnoten. Die Ausgestaltung des Programms wird detailliert festgelegt und vertraglich dokumentiert. Nach Fertigstellung und Übergabe ist ein Honorar von € 1.500,00 exkl. Umsatzsteuer fällig. Stefan A. erstellt anhand der definierten Anforderungen das gegenständliche Programm und stellt dem Auftraggeber am Fälligkeitstag den entsprechenden Datenträger zur Verfügung. Das Unternehmen Z entrichtet sodann das Honorar.

Aufgrund des hier deutlich gegebenen Charakters eines Zielschuldverhältnisses ist von dem Vorliegen eines Werkvertrages auszugehen.

Anders wäre die Lösung, wenn der Sachverhalt wie folgt ausgestaltet wäre:

Beispiel 2

Das Unternehmen Z beauftragt den Informatikstudenten Stefan A. mit der Programmierung einer Software für die Erfassung und Bewertung der Arbeitszeit der Belegschaft. Vereinbart ist, dass sich Stefan A. ca. 1–2 Mal pro Woche mit Frau Sandra C., der zuständigen Mitarbeiterin der Personalabteilung, trifft und die Software mit Sandra C. gemeinsam entwickelt und programmiert. Hinsichtlich der genauen Festlegung der Arbeitszeiten werden keine Regelungen getroffen; sie obliegen vielmehr der freien Wahl des Auftragnehmers. Vereinbart wird, dass das Honorar stundenweise abgerechnet wird; der Stundensatz wird mit € 15,00 exkl. Umsatzsteuer vereinbart.

In diesem Fall treten die Kriterien eines Werkvertrages eher in den Hintergrund. Es ist keine erfolgsorientierte Entlohnung vereinbart, sondern wird „nach Stunden" und damit nach erfolgtem Zeitaufwand abgerechnet. Damit ist ein Indiz für ein Dauerschuldverhältnis gegeben. Es sprechen jedoch nach Ansicht des Autors starke Argumente dafür, dass ein freies und kein echtes Dienstverhältnis gegeben ist, zumal freie Zeiteinteilung möglich ist. Die Tatsache, dass die Arbeitsleistung teilweise am Standort des Unternehmens ausgeübt wird, ist für sich allein betrachtet noch nicht schädlich, sondern liegt aufgrund der notwendigen Kooperation mit der Mitarbeiterin der Personalabteilung vielmehr in der Natur der Sache.

---

86   Vgl. *Ortner/Ortner*, Personalverrechnung in der Praxis[23], 2012, 100.
87   Vgl. *Mazal*, Freier Dienstvertrag oder Werkvertrag?, ecolex 1997, 278.
88   Vgl. *Mazal*, a.a.O.

Abgesehen davon kann die **Art und Form** des beabsichtigten und vereinbarten Ziels hingegen unterschiedlich ausgestaltet sein. Das **Werk** kann entweder in einem körperlichen Werk (z.B. die Errichtung eines Bauwerks, die Herstellung eines Tisches, die Installierung einer EDV-Anlage) oder aber in einem unkörperlichen Werk bestehen (z.B. Geschäftsführung einer Kapitalgesellschaft, Erstellung eines Manuskripts, Planung eines Gebäudes, Erstellung eines Gutachtens).

1.3.3. Unternehmerwagnis

Der Auftragnehmer eines Werkvertrags schuldet einen konkreten Erfolg. Wie und auf welche Weise er diesen Erfolg herstellt, ist dem Werkvertrags-Auftragnehmer selbst überlassen. Es ist ihm daher möglich, den **wirtschaftlichen Erfolg** seiner Tätigkeit sowohl auf Einnahmen- als auch auf Ausgabenseite zu steuern. Der Erfolg ist damit von seinem Fleiß, seiner Initiative, seinem Talent und nicht zuletzt von den naturgemäß gegebenen Zufälligkeiten des Wirtschaftslebens abhängig.

Nach Ansicht der Abgabenbehörden reicht eine erfolgsabhängige Art der Vergütung allein noch nicht aus, um von einem Werkvertrag zu sprechen. Ein **Unternehmerrisiko** ist jedoch jedenfalls dann gegeben, wenn die wirtschaftliche Tätigkeit des Auftragnehmers „im Extremfall" zu einem Ertrag von € 0,00 oder gar zu Verlusten führen kann.

1.3.4. Persönliche Unabhängigkeit

Der Auftragnehmer eines Werkvertrags erbringt die vertraglich geschuldete Leistung **frei von Weisungen** und Kontrollen sein **persönliches Verhalten** betreffend. Er entscheidet damit selbst nach bestem Wissen und Gewissen, wo und wann die Anwesenheit seiner Person für die erfolgreiche Verwirklichung des Werks notwendig ist. Eine Integration in die betriebliche Struktur des Auftraggebers ist daher für den Werkvertrag eher untypisch, wenngleich sie in manchen Fällen nicht vermieden werden kann, da die Erbringung der Werkleistung aufgrund der konkreten Umstände des Einzelfalls ein Tätigwerden vor Ort (im Unternehmen des Auftragnehmers) voraussetzt. Einer Vertragsbeziehung die Eigenschaft eines Werkvertrags einzig aus dem Grund abzusprechen, weil der Auftragnehmer teilweise in den Räumlichkeiten des Auftraggebers aktiv wird, wäre nach Ansicht des Autors daher wohl verfehlt.

1.3.5. Eigene Betriebsmittel

Insbesondere vor dem Hintergrund des Sozialversicherungsrechts ist maßgeblich, dass der Auftragnehmer eines Werkvertrags mit wesentlichen eigenen Betriebsmitteln arbeitet. Relevant ist dabei das Vorliegen **wesentlicher** eigener Betriebsmittel. Nach Ansicht der Behörden ist an das Kriterium der Wesentlichkeit der

Betriebsmittel ein strenger Maßstab zu legen.[89] Die Prüfung der Frage, ob **wesentliche eigene Betriebsmittel**vorliegen, erfolgt dabei in drei Schritten.

Zunächst ist zu fragen, ob die Betriebsmittel aus der Sphäre des Auftragnehmers stammen. So dies gegeben ist, ist zu prüfen, ob die Betriebsmittel zur Durchführung des Auftrags notwendig sind. Bejaht man auch diese Frage, ist als dritte und entscheidende Frage zu prüfen, ob es sich bei den verwendeten Betriebsmitteln um für die Auftragsabwicklung wesentliche Betriebsmittel handelt. Nach Ansicht der Verwaltungsbehörden sind wesentliche Betriebsmittel in diesem Sinn nur dann gegeben, wenn sie über die Mittel des allgemeinen Gebrauchs/des allgemeinen Haushaltsgebrauchs hinausgehen.[90] Nach von den Verwaltungsbehörden ermittelnden Parametern sind wesentliche eigene Betriebsmittel daher nicht gegeben bei: PKW, Fahrrad, Handy, PC, etc. und würden nach dieser Ansicht nur dann gegeben sein, wenn z.B. eine spezielle Software, eine eigene unternehmerische Struktur, eigenes Personal, ein Beamer oder ein Farbdrucker vorliegen.

Präzisierung erfuhr die Beurteilung eines Betriebsmittels als „wesentlich eigenes Betriebsmittel" durch ein Erkenntnis des VwGH.[91] Demnach sind folgende Kriterien für das Bestehen eines wesentlichen eigenen Betriebsmittels indikativ:

- Der Begriff „wesentlich" ist nicht gleichbedeutend mit notwendig oder unerlässlich.
- Ob ein Betriebsmittel für die Auftragsdurchführung „wesentlich" ist, ist nicht von der Struktur des Auftraggebers abhängig, sondern richtet sich nach der Struktur des Auftragnehmers. Es muss daher evaluiert werden, ob sich der Auftragnehmer mit den verwendeten Betriebsmitteln eine eigene betriebliche Struktur geschaffen hat.
- Zudem hat der VwGH positioniert, dass es sich bei dem wesentlichen eigenen Betriebsmittel **nicht** um ein **geringwertiges Wirtschaftsgut** handeln darf. Damit gewinnt der Wert von € 400,00 netto, unter dem ein Wirtschaftsgut sofort im Jahr der Anschaffung bzw. Inbetriebnahme abgeschrieben werden kann, eine zentrale Bedeutung.
- Schließlich muss der freie Dienstnehmer das Betriebsmittel entweder in das **Betriebsvermögen aufnehmen** oder nachweisen, dass das Betriebsmittel seiner Art nach von vornherein dazu bestimmt ist, der **betrieblichen Tätigkeit zu dienen.**

Das Erkenntnis des VwGH bestätigt daher im Wesentlichen die von den Verwaltungsbehörden bislang vertretenen Ansätze zur Beurteilung der Kriterien des wesentlich eigenen Betriebsmittels. Dennoch muss an dieser Stelle Kritik angebracht

---

89 Vgl. BMAGS 22.9.1999, 120.168/4-7/99.
90 Vgl. i.d.Z. *Tomandl*, Der rätselhafte freie Dienstvertrag, ZAS 2006, 38; dieser setzt sich kritisch mit der Bedeutung des Kriteriums der wesentlichen eigenen Betriebsmittel auseinander.
91 Vgl. VwGH 23.1.2008, 2007/08/0223.

werden. Es ist aus Sicht des Praktikers nicht nachvollziehbar, warum die Grenze von € 400,00 in diesem Zusammenhang eine Rolle spielen kann. Ist nicht vielmehr zu vertreten, dass Betriebsmittel auch dann wesentlich eigene Betriebsmittel sein können, wenn diese Wertschwelle nicht erreicht wird? Andererseits kann aber – entgegen der bisher zum Teil von Seiten der Behörden vertretenen Auffassung – nun wohl mit Recht der Ansatz vertreten werden, dass ein Betriebsmittel, das nicht bereits aufgrund seiner Art als „betrieblich" anzusehen ist,[92] bereits durch die Tatsache, in das Betriebsvermögen aufgenommen und hierdurch seitens des Auftragnehmers der unternehmerischen Verwendung gewidmet worden zu sein, die Eigenschaft eines wesentlichen, eigenen Betriebsmittels erwirbt. Auf diese Art und Weise kann auch ein herkömmlicher PKW den Status eines Betriebsmittels in diesem Sinne erlangen.[93] Letztlich ist diese von Judikatur und Ansicht der Verwaltungsbehörden geprägte Definition wesentlich eigener Betriebsmittel jedoch nur eine Versinnbildlichung dessen, was den Auftragnehmer eines Werkvertrags ausmacht: eine – wenn auch nur in gewissen Umfang bestehende – unternehmerische Struktur oder unternehmerische Form der Kooperation. Letztere wird insbesondere auch dadurch deutlich, dass der Werkvertrags-Auftragnehmer sich eigener Gehilfen oder Substituten bzw. Subauftragnehmer bedient oder bedienen kann.

1.3.6. Einkommensteuerpflicht

Der Auftragnehmer des Werkvertrags lukriert Einkünfte aus selbstständiger Tätigkeit gemäß § 22 EStG oder aber Einkünfte aus Gewerbebetrieb gemäß § 23 EStG. Er hat die von ihm lukrierten Einkünfte selbst im Wege der **Einkommensteuererklärung** der Besteuerung zuzuführen. Die hierbei entsprechenden Verpflichtungen ergeben sich aus §§ 41, 42 EStG. Beachtlich ist insbesondere der Veranlagungsfreibetrag gemäß § 41 Abs. 1 Z 1 EStG in der Höhe von € 730,00.

Eine Meldung gemäß der zu § 109a EStG ergangenen Verordnung hat durch den Auftraggeber bei einem Werkvertrag jedoch grundsätzlich nicht vorgenommen zu werden.[94] Dies ist ein wesentlicher Unterschied zum freien Dienstvertrag i.S.d. § 4 Abs. 4 ASVG.

1.3.7. Sozialversicherung gemäß GSVG

Der Auftragnehmer eines Werkvertrags wird in aller Regel entweder alter Selbstständiger gemäß § 2 Abs. 1 Z 1 GSVG oder aber neuer Selbstständiger gem. § 2 Abs. 1 Z 4 GSVG sein.

---

92 Dies wäre etwa bei einem LKW der Fall.
93 Ähnlich *Steiger*, Wann liegen „wesentliche" Betriebsmittel vor? Eine neue Entscheidung des VwGH schafft Klarheit!, taxlex 2008, 257.
94 Es sei denn, es liegt einer der speziellen Tatbestände des § 1 Abs. 2 Z 1–7 der Verordnung vor (z.B. Vortragende). Der Tatbestand des § 1 Abs. 2 Z 8 der Verordnung erfasst hingegen nur freie Dienstnehmer i.S.d. § 4 Abs. 4 ASVG. Konkret stellt § 1 Abs. 2 Z 8 der Verordnung darauf ab, ob Leistungen im Rahmen eines freien Dienstvertrags erbracht werden und diese der Versicherungspflicht gemäß § 4 Abs. 4 ASVG unterliegen.

Pflichtversicherung besteht bei Vorliegen der Voraussetzungen in der **Kranken-, Unfall- und Pensionsversicherung.** Im Gegensatz zu echtem und freiem Dienstnehmer ist der Auftragnehmer eines Werkvertrags hingegen nach wie vor nicht in die Arbeitslosenversicherung integriert. Seit 2009 ist diese Möglichkeit jedoch optional gegeben.[95]

Eine Pflichtversicherung gem. **§ 2 Abs. 1 Z 1 GSVG** als so genannter **„alter Selbstständiger"** liegt dann vor, wenn der Auftragnehmer über einen facheinschlägigen **Gewerbeschein** verfügt. In diesem Zusammenhang wird die Anknüpfung des Sozialversicherungsrechts an formale Kriterien besonders deutlich. Das Sozialversicherungsrecht beschäftigt sich nicht mit der Frage, ob ein Gewerbeschein für die Verrichtung der geschuldeten Leistungen notwendig ist, sondern knüpft die sozialversicherungsrechtliche Beurteilung lediglich daran, ob ein Gewerbeschein vorliegt oder nicht.[96] Liegt ein Gewerbeschein vor, besteht Pflichtversicherung als alter Selbstständiger gem. § 2 Abs. 1 Z 1 GSVG. Verfügt der Auftragnehmer über keinen Gewerbeschein, kann Pflichtversicherung gem. § 2 Abs. 1 Z 4 GSVG als Neuer Selbstständiger Erwerbstätiger vorliegen.[97]

Die Pflichtversicherung als **Neuer Selbstständiger Erwerbstätiger** gemäß **§ 2 Abs. 1 Z 4 GSVG** ist als subsidiärer Tatbestand ausgestaltet und kommt immer dann zum Tragen, wenn die Erwerbstätigkeit des Auftragnehmers unter keinen anderen (vorrangigen) Pflichtversicherungstatbestand zu subsumieren ist.[98] Der Tatbestand des Neuen Selbstständigen Erwerbstätigen ist dann erfüllt, wenn eine selbständig erwerbstätige Person, die eine betriebliche Tätigkeit ausübt, Einkünfte

---

95 Seit 1.1.2009 können demnach grundsätzlich alle erwerbstätigen Personen, die aufgrund einer Erwerbstätigkeit der Pflichtversicherung in der Pensionsversicherung nach dem GSVG unterliegen gemäß § 5 GSVG von dieser Pflichtversicherung ausgenommen sind, nach § 3 AlVG freiwillig in die Arbeitslosenversicherung einbezogen werden. Die Selbständigen müssen binnen 6 Monaten nach der Verständigung vom zuständigen SV-Träger über die Möglichkeit der Einbeziehung in die Arbeitslosenversicherung (diese Verständigung erfolgt grundsätzlich nach Aufnahme der Erwerbstätigkeit) schriftlich ihren Eintritt in die Arbeitslosenversicherung erklären. Die getroffene Entscheidung ist sodann für 8 Jahre bindend, um Spekulationsmöglichkeiten zulasten der Versichertengemeinschaft weitgehend auszuschließen (vgl. im Detail ARD 8.1.2008, 5830/2008, 5 ff.).

96 Von Bedeutung ist, dass die Nichteinhaltung gewerberechtlicher Bestimmungen durch die Sozialversicherung gemäß § 2 Abs. 1 Z 4 GSVG nicht legalisiert wird (vgl. *Shubshizky*, Leitfaden zur Sozialversicherung², 2002, 166). Die Zahlung der Sozialversicherungsbeiträge gemäß § 2 Abs. 1 Z 4 GSVG bewirkt daher nicht, dass die Risken etwaiger Strafen nach der GewO oder dem Gesetz gegen den unlauteren Wettbewerb entfallen (vgl. *Mayr*, WIKU-News 1998, 6).

97 Wichtig ist, dass auch ein Dauerschuldverhältnis, das die Kriterien eines echten Dienstvertrags nicht erfüllt (z.B. wegen des Nicht-Vorliegens von persönlicher Abhängigkeit aufgrund einer mangelnden Bindung an Weisungen oder einer mangelnden Kontrollunterworfenheit), dann gemäß § 2 Abs. 1 Z 1 GSVG zu einer GSVG-Pflichtversicherung führt, wenn für diese Tätigkeit vom Auftragnehmer ein entsprechender Gewerbeschein gelöst wurde. § 2 Abs. 1 Z 1 GSVG führt damit insbesondere zum Ausschluss der Pflichtversicherung gemäß § 4 Abs. 4 ASVG. Hingegen kann ein echtes Dienstverhältnis i.S.d. § 4 Abs. 2 ASVG durch einen Gewerbeschein nicht verhindert werden. Es gilt sinngemäß: „Gewerbeschein schützt vor Dienstverhältnis nicht."

98 Hinzuweisen ist an dieser Stelle jedoch auf die Übergangsregelungen gemäß § 273 Abs. 3 und Abs. 3a sowie § 276 Abs. 9 GSVG.

---

i.S.d. § 22 Z 1–3 und 5 bzw. § 23 EStG erzielt und mit dieser Tätigkeit nicht bereits unter eine andere Pflichtversicherung fällt. Nicht selten wird eine Person, die auf Werkvertragsbasis tätig ist, unter den Tatbestand des Neuen Selbstständigen Erwerbstätigen fallen.

Der Tatbestand des Neuen Selbstständigen Erwerbstätigen setzt daher zunächst als Prämisse voraus, dass die zu beurteilende Tätigkeit nicht schon einen anderen – in der Hierarchie des Sozialversicherungsrechts höherrangigen – Pflichtversicherungstatbestand erfüllt. Diese **absolute Subsidiarität** des § 2 Abs. 1 Z 4 GSVG lässt sich anhand des sog. „Zick-Zack-Kurses" am besten veranschaulichen.

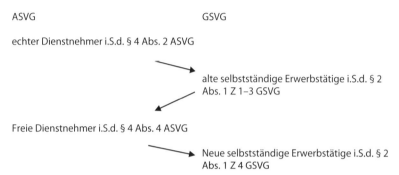

Die absolute Subsidiarität des Neuen Selbstständigen Erwerbstätigen manifestiert sich somit darin, dass der Tatbestand des § 2 Abs. 1 Z 4 GSVG dann nicht erfüllt ist, wenn aufgrund ein und derselben Tätigkeit bereits Pflichtversicherung nach einem in der Darstellung des „Zick-Zack-Kurses" höher gereihten Pflichtversicherungstatbestand gegeben ist. So kann niemals Pflichtversicherung gemäß § 2 Abs. 1 Z 4 GSVG gegeben sein, wenn beispielsweise der Auftragnehmer eines Werkvertrages für dieselbe Tätigkeit einen facheinschlägigen Gewerbeschein gelöst hat, da diesfalls die „höherrangige" Pflichtversicherung gemäß § 2 Abs. 1 Z 1 GSVG gegeben ist. Auch das Vorliegen eines freien Dienstvertrags i.S.d. § 4 Abs. 4 ASVG schließt den Tatbestand des § 2 Abs. 1 Z 4 GSVG aus.

§ 2 Abs. 1 Z 4 GSVG setzt eine **selbstständige Erwerbstätigkeit** voraus. Diese wird von der herrschenden Lehre und Judikatur als eine mit Unternehmerwagnis ausgestattete Erwerbstätigkeit verstanden. Es ist darunter der Gegensatz zur unselbstständigen Tätigkeit zu verstehen.[99] Zudem wird sie als aktive Erwerbstätigkeit aufgefasst. „Passive" Einkunftsarten, wie z.B. Einkünfte aus Vermietung und Verpachtung oder Einkünfte aus Kapitalvermögen, ziehen daher in aller Regel keine Pflichtversicherung i.S.d. § 2 Abs. 1 Z 4 GSVG nach sich.[100]

---

99 Vgl. *Grillberger/Mosler*, Sozialversicherung für Dienstnehmer und Selbständige, 1998, 48.
100 Vgl. die Erläuternden Bemerkungen zur 23. GSVG-Novelle und den darin enthaltenen Verweis auf die steuerliche Judikatur und Literatur.

Unter einer **betrieblichen Tätigkeit** i.S.d. § 2 Abs. 1 Z 4 GSVG ist nach den Gesetzesmaterialien „die Zusammenfassung menschlicher Arbeitskraft und sachlicher Produktionsmittel zu einer organisatorischen Einheit" zu verstehen. Für die Praxis ist anzumerken, dass das Kriterium der betrieblichen Tätigkeit im Allgemeinen bzw. das Kriterium der sachlichen Produktionsmittel im Besonderen wenig Bedeutung hat, zumal in den Gesetzesmaterialien auch zum Ausdruck gebracht wird, dass die betriebliche Tätigkeit eines Neuen Selbstständigen Erwerbstätigen so lange anhält, solange die betrieblichen Strukturen nicht gänzlich beendet sind. Ein Vortragender beispielsweise bleibt daher auch für die Zeitphasen, während denen er keine Vorträge hält, pflichtversichert; ein Künstler auch für die Zeitphasen, die zwischen seinen konkreten Auftritten liegen.[101] Die ältere Ansicht, derzufolge eine betriebliche Tätigkeit sich in einem Handeln mit eigenen Betriebsmitteln manifestiert,[102] ist daher nur noch bedingt aufrechtzuerhalten. Zu vertreten ist wohl vielmehr, dass der Tatbestand des Neuen Selbstständigen Erwerbstätigen – eben weil er als „Auffangbecken" für alle sonst nicht der Sozialversicherung unterliegenden Personen vorgesehen ist – auch dann erfüllt sein kann, wenn keine wesentlichen eigenen Betriebsmittel vorliegen.[103]

Prämisse für das Vorliegen eines Neuen Selbstständigen Erwerbstätigen i.S.d. § 2 Abs. 1 Z 4 GSVG ist weiters, dass Einkünfte gemäß §§ 22, 23 EStG vorliegen.

Einkünfte aus selbstständiger Tätigkeit gemäß **§ 22 EStG** sind einerseits Einkünfte aus einer freiberuflichen Tätigkeit i.S.d. § 22 Z 1 EStG und andererseits Einkünfte aus sonstiger selbstständiger Arbeit i.S.d. § 22 Z 2 EStG. Einkünfte aus freiberuflicher Tätigkeit i.S.d. § 22 Z 1 EStG sind Einkünfte aus einer wissenschaftlichen, künstlerischen, schriftstellerischen, unterrichtenden oder erzieherischen Tätigkeit, Einkünfte aus der beruflichen Aktivität der Ziviltechniker, der Ärzte, Tierärzte, Dentisten, der Rechtsanwälte, Patentanwälte, Notare und Wirtschaftstreuhänder, der Unternehmensberater, Versicherungsmathematiker und Schiedsrichter im Schiedsgerichtsverfahren, Journalisten und Bildberichterstatter, Übersetzer und Dolmetscher sowie darüber hinaus Einkünfte von therapeutisch tätigen Psychologen, Hebammen bzw. im medizinischen Dienst tätigen Personen. Einkünfte aus sonstiger selbstständiger Tätigkeit i.S.d. § 22 Z 2 EStG sind Einkünfte aus einer vermögensverwaltenden Tätigkeit gemäß § 22 Z 2, 1. Teilstrich EStG wie z.B. und Hausverwalter sowie gemäß § 22 Z 2, 2. Teilstrich EStG Tätigkeitsvergütungen an wesentlich (mehr als 25 %) beteiligte Gesellschafter einer Kapitalgesellschaft.[104]

Einkünfte aus Gewerbebetrieb sind **Einkünfte aus Gewerbebetrieb** i.S.d. **§ 23 EStG** inklusive Gewinnanteile aus Personengesellschaften und Veräußerungsgewinne aus Betrieben und Teilbetrieben.

---

101   Vgl. *Shubshizky*, a.a.O.
102   Vgl. *Schrank*, ASoK 1997, 376 f.
103   Vgl. *Mosler/Glück*, RdW 1998, 83.
104   Zu den Einkünften aus selbständer Arbeit zählen weiters Gewinnanteile aus Freiberufler-Personengesellschaften und Veräußerungsgewinne aus Freiberuflerbetrieben.

Die **Beitragssätze** sind – unabhängig von der Beurteilung als alter Selbstständiger gem. § 2 Abs. 1 Z 1 GSVG oder aber als Neuer Selbstständiger Erwerbstätiger gemäß § 2 Abs. 1 Z 4 GSVG – gleich ausgestaltet. In der Krankenversicherung beträgt der Beitragssatz im Kalenderjahr 2017 7,65 %. In der Pensionsversicherung beträgt der Beitragssatz 18,50 %. In der Unfallversicherung ist ein pauschaler Beitrag von € 9,33 pro Monat[105] zu entrichten.

Zudem ist auch der Werkvertragsauftragnehmer seit 1.1.2008 verpflichtend in das System Abfertigung „Neu" integriert. Konkret ist gesetzlich normiert, dass Selbständige, die nach dem GSVG in der Krankenversicherung pflichtversichert sind, obligatorisch in die Selbständigenvorsorge miteinbezogen werden. Damit ist das System Abfertigung „Neu" von einem arbeitsrechtlichen Spezialgesetz zu einer Grundlage für die generelle Selbständigenvorsorge aufgestiegen. Seit 1.1.2008 sind daher Beiträge im Ausmaß von 1,53 % der Beitragsgrundlage gemäß §§ 25, 26 und § 35b GSVG an die BV-Kasse zu entrichten.[106] Die Beitragsvorschreibung erfolgt durch die Sozialversicherungsanstalt der gewerblichen Wirtschaft. Der Beitrittsvertrag ist entweder mit der für allfällig bereits beschäftigte Arbeitnehmer ausgewählten BV-Kasse, anderenfalls mit der für sich selbst gewählten BV-Kasse abzuschließen. Wird nicht spätestens 6 Monate nach dem Beginn der GSVG-Pflichtversicherung mit einer BV-Kasse ein Beitrittsvertrag abgeschlossen, ist das Zuweisungsverfahren einzuleiten.[107] Die BMSVG-Beiträge sind als Betriebsausgaben nach Maßgabe des § 4 Abs. 4 EStG abzugsfähig. In Rz 1266a der EStR war seit dem 1. EStR-Wartungserlass 2008 normiert, dass die BMSVG-Beiträge nicht gesondert einzutragen sind, sondern mit den übrigen Sozialversicherungsbeiträgen in das Feld „Sozialversicherungsbeiträge" eingetragen werden können. Mittlerweile hat jedoch der Gesetzgeber durch eine dementsprechende Anpassung des Wortlauts des § 4 Abs. 4 Z 1 lit. c EStG auf dieses Formalerfordernis gänzlich verzichtet, womit eine gesonderte Eintragung in die Einkommensteuererklärung hinfällig geworden ist. Weiters ist in Rz 4126 der EStR festgehalten, dass die BMSVG-Beiträge auch dann (zusätzlich) als Betriebsausgaben geltend gemacht werden können, wenn der Steuerpflichtige von der Möglichkeit des pauschalen Betriebsausgabenabzugs gem. § 17 EStG Gebrauch gemacht hat.

---

105   Der Unfallversicherungsbeitrag beläuft sich pro Jahr daher auf € 111,96 (Wert Kalenderjahr 2017).

106   Die Beitragsgrundlage bei jenen Personen, die verpflichtend in das System Abfertigung „Neu" einzubeziehen sind, ist grundsätzlich die vorläufige Beitragsgrundlage in der Krankenversicherung nach dem GSVG ohne die ständige Nachbemessung (vgl. § 52 Abs. 3 GSVG). Im Gegensatz zur normalen „Mitarbeitervorsorge" ist im Bereich der Selbständigen die Beitragsgrundlage für die BMSVG-Beiträge immer mit der sozialversicherungsrechtlich relevanten Höchstbeitragsgrundlage gedeckelt (vgl. *Steiger*, Fragen und Antworten zur Rubrik Sozialversicherungsrecht für die betriebliche Praxis, taxlex 2008, 71).

107   Ergänzend sei angemerkt, dass das BMSVG für freiberuflich Selbständige und für Land- und Forstwirte die Möglichkeit vorgesehen hat, sich bis 31.12.2008 für eine Beitragsleistung in eine BV-Kasse analog zu den einschlägigen Regelungen für Arbeitnehmer zu verpflichten (vgl. im Detail § 64 BMSVG). Das System Abfertigung „Neu" ist für diese Personengruppen daher optional vorgesehen.

Die sozialversicherungsrechtliche **Beitragsgrundlage** ist im System des GSVG vergleichsweise schwieriger zu ermitteln als im ASVG. Während beim echten Dienstnehmer und beim freien Dienstnehmer das Entgelt die Beitragsgrundlage darstellt, ist das System nach GSVG komplexer. Zunächst werden die SV-Beiträge auf Basis einer sog. **vorläufigen Beitragsgrundlage** vorgeschrieben. Diese vorläufige Beitragsgrundlage ist die aufgewertete Beitragsgrundlage des drittvorangegangenen Kalenderjahres. Sofern der Versicherte noch nicht über diesen Zeitraum an GSVG-Sozialversicherung verfügt, ist die vorläufige Beitragsgrundlage beim alten Selbstständigen die Mindestbeitragsgrundlage und beim Neuen Selbstständigen Erwerbstätigen die Versicherungsgrenze. Nach Rechtskraft des Einkommensteuerbescheids wird die jeweilige Beitragsgrundlage sodann auf Basis der Einkünfte nachberechnet (= nachbemessen). Diese Systematik wird als das **System der ständigen Nachbemessung** bezeichnet. Im Konkreten erfolgt die Nachbemessung – wie bereits ausgeführt – auf Basis der Einkünfte i.S.d. EStG. Als Einkünfte zählen die Einnahmen abzüglich der Betriebsausgaben (= Gewinn). Es sind daher für die GSVG-Beitragsgrundlage nur die Einkünfte (und nicht das Einkommen) maßgeblich. Liegen unterschiedliche Einkunftsquellen vor, kann es u.U. zu einem Verlustausgleich kommen. Da dieser zu den Sonderausgaben zählt und sozialversicherungsrechtlich die Einkünfte (und nicht das Einkommen) relevant sind, werden bei der Berechnung der sozialversicherungsrechtlichen Beitragsgrundlage Verluste vorangegangener Jahre nicht berücksichtigt.[108]

Der wesentliche Unterschied zwischen dem „alten Selbstständigen" und dem Neuen Selbstständigen Erwerbstätigen ist, dass beim **„alten Selbstständigen"** eine **Mindestbeitragsgrundlage** vorgesehen ist. Auf Basis dieser Mindestbeitragsgrundlage sind jedenfalls – auch dann, wenn der Auftragnehmer keinen Gewinn erzielt oder gar Verluste bestehen – SV-Beiträge zu entrichten. Die Mindestbeitragsgrundlage beträgt € 723,52 pro Monat in der Pensionsversicherung und € 425,70 pro Monat in der Krankenversicherung.[109]

Während daher der alte selbstständige Erwerbstätige auch bei niedrigen (oder gar keinen) Einkünften Beiträge auf Basis der Mindestbeitragsgrundlage zu entrichten hat, bestehen beim **Neuen Selbstständigen Erwerbstätigen** Versicherungsgrenzen. Diese **Versicherungsgrenzen** haben eine erhebliche Bedeutung dahingehend, als keine Pflichtversicherung gemäß § 2 Abs. 1 Z 4 GSVG vorliegt, wenn die Einkünfte die Versicherungsgrenze nicht erreichen.

Bis inklusive 2015 gab es für den Neuen Selbstständigen Erwerbstätigen zwei relevante Versicherungsgrenzen. Es galt daher bis 1.1.2016 Folgendes:

Die **Versicherungsgrenze I** betrug € 4.871,76 (Kalenderjahr 2015), die Versicherungsgrenze II betrug € 6.453,36. Beide Versicherungsgrenzen waren als Jahres-

---

108 Vgl. *Shubshizky*, Leitfaden zur Sozialversicherung 185.
109 Hiebei handelt es sich um die Werte des Kalenderjahres 2017.

grenzen ausgestaltet.[110] Die **Versicherungsgrenze II** war maßgeblich, wenn lediglich Einkünfte gemäß § 2 Abs. 1 Z 4 GSVG vorliegen. Sollten andere Einkünfte (z.B. aus einem Dienstverhältnis), eine Pension bzw. ein Ruhe-/Versorgungsgenuss oder sog. Erwerbsersatzeinkünfte (z.B. Krankengeld, Wochengeld, Arbeitslosengeld, Kinderbetreuungsgeld, Notstandshilfe) vorgelegen sein, war die Versicherungsgrenze I maßgeblich.

Seit 1.1.2016 besteht bei den Neuen Selbstständigen Erwerbstätigen lediglich eine einheitliche Versicherungsgrenze, welche wiederum als Jahresgrenze ausgestaltet ist und der Geringfügigkeitsgrenze entspricht. Diese beträgt für das Kalenderjahr 2017 € 5.108,40.

Wesentlich ist, dass auch ein Tätigwerden für nur eine sehr kurze Periode, im Extremfall auch nur für einen Tag in dem betreffenden Kalenderjahr, zur Anwendung der Versicherungsgrenze führt. Die Versicherungsgrenze ist daher auch dann heranzuziehen, wenn die Tätigkeit als Neuer Selbstständiger Erwerbstätiger und die sonstigen Erwerbstätigkeiten, Ersatzeinkünfte etc. in einem Kalenderjahr hintereinander liegen. Bei paralleler Ausübung einer Erwerbstätigkeit als Neuer Selbstständiger Erwerbstätiger und Alter Selbstständiger i.S.d. § 2 Abs. 1 Z 1–3 GSVG gibt es in den Monaten der parallel ausgeübten Tätigkeiten eine einheitliche GSVG-Beitragsgrundlage, jedoch keine Versicherungsgrenze.[111]

Die **Pflichtversicherung beginnt** für den Gewerbescheininhaber i.S.d. § 2 Abs. 1 Z 1 GSVG mit dem Tag der Erlangung der die Versicherungspflicht begründenden Berechtigung (Gewerbeberechtigung). Beim Neuen Selbstständigen Erwerbstätigen beginnt die Pflichtversicherung grundsätzlich mit dem Tag der Aufnahme der betrieblichen Tätigkeit. Erfolgt die Anmeldung durch den Neuen Selbstständigen Erwerbstätigen nicht innerhalb von einem Monat nach Aufnahme der Tätigkeit, beginnt die Versicherung mit Beginn des Kalenderjahres, in dem die maßgeblichen Versicherungsgrenzen überschritten werden.

Die **Pflichtversicherung endet** mit dem Letzten des Kalendermonats, in dem die Voraussetzungen für den Beginn der Pflichtversicherung weggefallen sind.

Der Pflichtversicherte hat den Eintritt der Voraussetzungen für den Beginn und das Ende der Pflichtversicherung und alle diesbezüglich bedeutsamen Änderungen binnen einem Monat nach Eintritt der Sozialversicherungsanstalt der gewerblichen Wirtschaft zu **melden.** Den Auftraggeber selbst treffen daher in Zusammenhang mit der Sozialversicherung keinerlei Meldeverpflichtungen. Die Meldung ist bei

---

110 Dies ist von entscheidender Bedeutung. Wenn z.B. ein Versicherter neben seinem Dienstverhältnis i.S.d. § 4 Abs. 2 ASVG auch als Neuer Selbstständiger Erwerbstätiger agiert, mit dieser Tätigkeit aber z.B. erst im Oktober 2017 beginnt, sind tatsächlich nur die in der Zeitphase 10–12/2017 lukrierten Einkünfte für die Frage der Überschreitung der Versicherungsgrenze relevant. Eine Aliquotierung der Versicherungsgrenze auf diese einzelnen Monate oder ein „Hochrechnen" der Einkünfte 10–12/2017 ist daher nicht vorzunehmen.

111 Vgl. *Adametz/Schachinger/Sedlacek/Souhrada*, Handbuch Werkverträge, a.a.O.

der Landesstelle, in deren örtlichem Zuständigkeitsbereich sich der Standort des Betriebes bzw. in Ermangelung eines solchen der Wohnsitz des Versicherten befindet, durchzuführen. Das Anmeldeformular ist unter http://www.sva.or.at abrufbar.

Anders als in anderen Bereichen des Sozialversicherungsrechts hat bei Neuen Selbstständigen Erwerbstätigen das **Meldeverhalten** des Auftragnehmers maßgebliche Bedeutung. Wird im Zusammenhang mit der Aufnahme der Tätigkeit erklärt, dass die entsprechende Versicherungsgrenze überschritten wird, dann besteht jedenfalls Sozialversicherung gem. § 2 Abs. 1 Z 4 GSVG. Diese Sozialversicherung besteht auch dann, wenn sich im Nachhinein herausstellen sollte, dass die Einkünfte tatsächlich die maßgebliche Versicherungsgrenze nicht erreicht bzw. nicht überschritten haben. Die Meldung wirkt daher wie eine Option in die Sozialversicherung. Man bezeichnet diesen Vorgang daher auch als so genanntes „Opting In" in die Sozialversicherung gemäß § 2 Abs. 1 Z 4 GSVG.

Andererseits kann das Unterlassen der Meldung bei dennoch eintretendem Überschreiten der Versicherungsgrenze negative Auswirkungen dahingehend haben, dass zum einen eine rückwirkende Verpflichtung, Beiträge zu entrichten besteht und zum anderen der **Strafzuschlag gemäß § 35 Abs. 6 GSVG** in der Höhe von 9,3 % der Beiträge zu entrichten ist. Der Strafzuschlag kann jedoch vermieden werden, wenn spätestens innerhalb von acht Wochen ab Ausstellung des maßgeblichen Einkommensteuerbescheides der Eintritt der Voraussetzungen für die Pflichtversicherung „nachgemeldet" wird. Sollte die Versicherungsmeldung nicht durchgeführt werden, ist der Strafzuschlag letztlich unvermeidlich, da die Daten des Einkommensteuerbescheides für Bezieher von Einkünften aus selbstständiger Arbeit oder aus Gewerbebetrieb nach erfolgter Veranlagung automatisch an die Sozialversicherungsanstalt der gewerblichen Wirtschaft übermittelt werden.[112] Der Strafzuschlag bzw. der rückwirkende Eintritt der Pflichtversicherung ließe sich diesfalls nur dann verhindern, wenn argumentiert werden kann, dass trotz des Vorliegens von Einkünften i.S.d. §§ 22, 23 EStG keine sozialversicherungsrechtlich relevanten Einkünfte gegeben sind.[113]

Eine alternative Vorgehensweise, die vor der potentiellen Verhängung des Strafzuschlages „schützt", ist das sog. **„kleine Opting-In"**. In diesem Zusammenhang erklärt der Neue Selbstständige Erwerbstätige zwar, dass die von ihm erzielten Einkünfte die Versicherungsgrenze nicht überschreiten werden, beantragt aber explizit die Pflichtversicherung (nur) in der Unfall- und Krankenversicherung. Er unterliegt im Weiteren diesem Versicherungsschutz, selbst wenn sich nachträglich herausstellen sollte, dass die Versicherungsgrenze nicht überschritten wurde.

---

112 Vgl. BMF 1.3.2006, Dienstvertrag – freier Dienstvertrag – Werkvertrag, Finanzjournal 2006, 239.
113 In Betracht kommen diesfalls z.B. Einkünfte i.S.d. §§ 22, 23 EStG, die zwar in Österreich steuerpflichtig sind, aber aus einer selbstständigen Tätigkeit resultieren, die einzig und allein im Ausland ausgeübt wurde oder aber z.B. Einkünfte als atypischer Kommanditist bezogen werden, die Kommanditbeteiligung jedoch bereits vor dem 1. Juli 1998 beim Firmenbuchgericht angemeldet wurde.

Selbst wenn sich nachträglich – entgegen der ursprünglichen Meldung des Neuen Selbstständigen Erwerbstätigen – herausstellt, dass die von ihm erzielten Einkünfte die Versicherungsgrenze überschritten haben und selbst wenn der diese Einkünfte ausweisende Einkommensteuerbescheid in Rechtskraft erwachsen sollte – der Neue Selbstständige Erwerbstätige ist vor der Verhängung des obig genannten Strafzuschlags von 9,3 % gefeit.[114]

Hinzuweisen ist auf unterschiedliche Möglichkeiten der **Ausnahmen aus der Sozialversicherung,** die sich dem Alten Selbstständigen Erwerbstätigen einerseits und dem Neuen Selbstständigen Erwerbstätigen andererseits bieten.

Der **Neue Selbstständige Erwerbstätige** hat grundsätzlich **zwei Möglichkeiten** der Ausnahme von der Pflichtversicherung: Das – bereits obig dargestellte – Nicht-Überschreiten der **Versicherungsgrenze** einerseits, spezielle Altersausnahmen andererseits. Diese Altersausnahmen sind in §§ 273 Abs. 7 und 8 bzw. § 276 Abs. 5 GSVG geregelt. Diese Ausnahmen gelten jedoch nur für die Pensionsversicherung, nicht aber für die Unfall- und Krankenversicherung. Die **Altersausnahmen** haben ihren Hintergrund in der Überlegung des Gesetzgebers, dass durch die seinerzeitige Einführung des Tatbestands des Neuen Selbstständigen Erwerbstätigen Personen erstmals in die Pflichtversicherung eingebunden wurden, die aber in Anbetracht ihres fortgeschrittenen Alters und der dadurch bedingten kurzen Phase der Pflichtversicherung wohl keine Möglichkeit hatten, jemals eine für den Bezug einer Pensionsleistung maßgebliche Anzahl von Pensionsmonaten zu erreichen. Zur Vermeidung von Härtefällen hat der Gesetzgeber somit zwei Übergangsbestimmungen geschaffen. Zum einen sind aufgrund einer ex lege bestehenden Altersausnahme alle Personen von der Pensionsversicherung i.S.d. § 2 Abs. 1 Z 4 GSVG ausgenommen, die am 1. Jänner 1998 das Anfallsalter für die mittlerweile aufgehobene vorzeitige Alterspension wegen Erwerbsunfähigkeit erreicht haben.[115] Zum anderen konnten Personen, die am 1.1.1998 das 50. Lebensjahr vollendet hatten und bis zu diesem Zeitpunkt noch nicht 180 Pflichtversicherungsmonate in der Pensionsversicherung erworben hatten, bis zum 31.12.2001 eine Ausnahme in der Pensionsversicherung beantragen.[116]

Der **Alte Selbstständige Erwerbstätige** kann unter gewissen Bedingungen ebenfalls eine **Ausnahme** von der **Pensionsversicherung und** der **Krankenversicherung** erlangen. Diese Ausnahme wird als die sog. **Kleinstunternehmerausnahme** bezeichnet. Gemäß § 4 Abs. 1 Z 7 GSVG kann von Gewerbescheininhabern i.S.d. § 2 Abs. 1 Z 1 GSVG der Antrag auf Ausnahme gestellt werden, wenn zum einen

---

114 Vgl. *Shubshizky*, Leitfaden zur Sozialversicherung², 2002, 171; *Karl*, ASoK 2000, 99, sich kritisch mit etwaig mit dieser Gestaltung verbundenen Manipulationsmöglichkeiten auseinandersetzend.

115 Männliche Versicherte: 57 Jahre; weibliche Versicherte: 55 Jahre; dies gilt allerdings nicht für jene Personen, die am 31.12.1997 gemäß § 3 Abs. 3 GSVG oder § 4 Abs. 3 ASVG in der Pensionsversicherung versichert waren. Für Kommanditisten gilt diese Ausnahme insoweit, als an die Stelle des Datums des 1.1.1998 der 1.1.2000 tritt; für Künstler tritt an die Stelle des 1.1.1998 der 1.1.2001.

116 Vgl. *Shubshizky*, Leitfaden zur Sozialversicherung², 2002, 172.

die Umsätze die umsatzsteuerrechtliche Kleinunternehmergrenze i.S.d. § 6 Abs. 1 Z 27 UStG[117] und zum anderen die jährlichen Einkünfte die 12-fache Geringfügigkeitsgrenze, d.s. im Kalenderjahr 2017 € 5.108,40 nicht übersteigen. Weiters ist Prämisse, dass der Gewerbescheininhaber innerhalb der letzten 60 Kalendermonate nicht mehr als zwölf Kalendermonate nach GSVG pflichtversichert war oder das Regelpensionsalter[118] bereits erreicht hat oder das 57. Lebensjahr vollendet und innerhalb der letzten fünf Kalenderjahre vor der Antragstellung die Umsatz- bzw. Einkunftsgrenzen nicht überschritten hat. Die beantragte Ausnahme i.S.d. § 4 Abs. 1 Z 7 GSVG gelangt frühestens mit Beginn des Kalenderjahres der Antragstellung zur Anwendung.[119] Ziel dieser Kleinstunternehmerausnahme ist es, einen Anreiz zur Vermeidung illegaler Tätigkeiten zu bieten bzw. den Weg in die Selbstständigkeit zu erleichtern und dabei gleichzeitig die entsprechenden Bestimmungen, insb. gewerberechtlicher Art, korrekt einzuhalten.[120]

Eine weitere Möglichkeit für den Gewerbescheininhaber, die Sozialversicherung gemäß § 2 Abs. 1 Z 1 GSVG zu beenden, ist, den **Gewerbeschein zurückzulegen** oder aber **ruhend zu melden.** Damit ist für den Zeitraum der Ruhendmeldung eine gänzliche Unterbrechung bzw. Beendigung der Pflichtversicherung verbunden. Die Ruhendstellung ist gegenüber der zuständigen Fachgruppe der Wirtschaftskammer mitzuteilen und wird von dieser sodann an die Gewerbliche Sozialversicherungsanstalt weitergeleitet. Es ist auch eine rückwirkende Ruhendmeldung des Gewerbescheins möglich. Eine rückwirkende Ausnahme aus der GSVG-Pflichtversicherung gemäß § 2 Abs. 1 Z 1 GSVG ist auf diesem Wege aber nur für rückwirkend 18 Monate möglich und zudem davon abhängig, dass in dieser Zeitphase keine Leistungen aus dem jeweiligen Zweig der Pflichtversicherung bezogen wurden.[121]

1.3.8. Umsatzsteuer

Der Auftragnehmer eines Werkvertrags erfüllt in aller Regel die **Kriterien eines Unternehmers** gem. § 2 Abs. 1 UStG, da er eine gewerbliche oder berufliche Tätigkeit selbstständig ausübt. Der Auftragnehmer eines Werkvertrags ist daher grundsätzlich angehalten, in den Rechnungen Umsatzsteuer auszuweisen und ist berechtigt, die Vorsteuer in Anspruch zu nehmen. Hinzuweisen ist auf die Kleinunternehmerausnahme gem. § 6 Abs. 1 Z 27 UStG. Demnach gilt ein Unternehmer als unecht umsatzsteuerbefreit, wenn seine Umsätze die Kleinunternehmergrenze i.H.v. € 30.000,00 p.a. nicht übersteigen. Einmal in einem Zeitraum von fünf Jahren

---

117   Vgl. § 6 Abs. 1 Z 27 UStG: € 30.000,00 seit dem Kalenderjahr 2007.
118   Vgl. § 130 ASVG; derzeit ist das Regelpensionsalter das 65. Lebensjahr bei männlichen und das 60. Lebensjahr bei weiblichen Versicherten.
119   Sollten in diesem Kalenderjahr jedoch bereits Leistungen aus der Sozialversicherung in Anspruch genommen worden sein, greift die Ausnahme erst mit dem Ersten des auf die Antragstellung folgenden Kalendermonats.
120   Vgl. *Adametz/Schachinger/Sedlacek/Souhrada*, Handbuch Werkverträge, Teil 4, Abschnitt 4.2, Seite 3.
121   Vgl. *Shubshizky*, a.a.O.

darf diese Grenze um maximal 15 % überschritten werden. Sollte der Auftragnehmer eines Werkvertrags diese Kleinunternehmerausnahme für sich in Anspruch nehmen, ist er unecht umsatzsteuerbefreit. Er ist damit nicht angehalten, in seinen Rechnungen mit Umsatzsteuer zu fakturieren, verfügt jedoch andererseits auch nicht über die Möglichkeit, den Vorsteuerabzug in Anspruch zu nehmen.

1.4. Tabellarische Darstellung

	Dienstvertrag	Freier Dienstvertrag	Werkvertrag
Vertragstyp	Dauerschuldverhältnis	Dauerschuldverhältnis	Zielschuldverhältnis
Persönliche Abhängigkeit	Ja	Nein	Nein
Wirtschaftl. Abhängigkeit[122]	Ja	i.d.R. Ja	Nein
Geltung Arbeitsrecht[123]	Ja	Nein	Nein
Sozialversicherung	§ 4 Abs. 2 ASVG	§ 4 Abs. 4 ASVG	§ 2 Abs. 1 Z 1 GSVG, § 2 Abs. 1 Z 4 GSVG
Zuständiger SV-Träger	Gebietskrankenkasse	Gebietskrankenkasse	SVA d. gew. Wirtschaft
SV-Beiträge[124]	DG: 21,48 %	DG: 20,98 %	26,15 %
	DN: 18,12 %	fr. DN: 17,62 %	UV: € 9,33 p.m.
	39,60 %	38,60 %	
SV-Beitragsgrundlage[125]	Entgelt	Entgelt	Einkünfte[126]
Höchstbeitragsgrundlage	€ 4.980,00 p.m. HBGl-Schlg.: € 9.960,00[127] p.a.	€ 5.810,00 p.m.[128]	€ 69.720,00 p.a.
Arbeitslosenversicherung	Ja	Ja	Nein
LSt-Pflicht	Ja	Nein	Nein
Lohnnebenkosten[129]	Ja	Ja	Nein
Meldepflicht gem. § 109a EStG[130]	Nein	Ja	Nein
Notwendigkeit einer Personalverrechnung	Ja	Ja	Nein

---

122 Darunter nach h.L. zu verstehen: Tätigwerden mit den Betriebsmitteln des Auftraggebers.
123 Gemeint sind die Teile des „speziellen" Arbeitsrechts, wie z.B. AngG, EFZG, UrlG.
124 Die Sozialversicherungsbeiträge, die in obiger Tabelle für § 4 Abs. 2 ASVG dargestellt sind, entsprechen des SV-Beiträgen im Kalenderjahr 2017 für laufende Bezüge.
125 Bei echten und freien Dienstnehmern ist SV-Beitragsgrundlage das Entgelt i.S.d. § 49 Abs. 1 ASVG. Bei den nach GSVG versicherten Gewerbescheininhabern und Neuen Selbstständigen Erwerbstätigen ist SV-Beitragsgrundlage grundsätzlich der Gewinn. Hierbei sind jedoch Mindestbeitragsgrundlagen (§ 2 Abs. 1 Z 1 GSVG) und die Versicherungsgrenze (§ 2 Abs. 1 Z 4 GSVG) zu beachten.
126 Beachtlich sind in diesem Zusammenhang die Mindestbeitragsgrundlagen bei den Alten Selbstständigen gemäß § 2 Abs. 1 Z 1–3 GSVG und die Versicherungsgrenze bei Neuen Selbstständigen Erwerbstätigen i.S.d. § 2 Abs. 1 Z 4 GSVG.
127 Für Sonderzahlungen i.S.d. § 49 Abs. 2 ASVG (z.B. 13., 14. Gehalt) besteht eine eigene Höchstbeitragsgrundlage; vgl. § 54 Abs. 1 ASVG, § 2 Abs. 2 AMPFG.
128 Annahme: 12 Bezüge im Kalenderjahr.
129 KommSt, DB zum FLAF, Zuschlag zum DB (DZ), U-Bahn-Steuer (nur beim echten Dienstnehmer) sowie BVK-Beiträge (diese fallen auch für den Werkvertrags-Auftragnehmer an).
130 Gemäß § 1 Abs. 2 Z 8 der zu § 109a Abs. 1 EStG ergangenen Verordnung besteht Meldepflicht für freie Dienstnehmer, die gemäß § 4 Abs. 4 ASVG sozialversichert sind. Zu prüfen ist, ob hinsichtlich anderer Personen einer der übrigen meldepflichtigen Tatbestände des § 1 Abs. 2 Z 1–7 der zu § 109a Abs. 1 EStG ergangenen Verordnung erfüllt ist (z.B. betreffend Vortragende).

1.5. Nebeneinanderbestehen von Dienstvertrag, freiem Dienstvertrag und Werkvertrag

Fraglich ist, ob es möglich ist, zum selben Auftraggeber in einem Dienstvertrag und gleichzeitig auch in einem freien Dienstvertrag bzw. Werkvertrag zu stehen. Dies ist grundsätzlich zu bejahen.[131] Prämisse hierfür ist jedoch zunächst ein entsprechender Parteiwille. Weiters ist Voraussetzung, dass die den jeweiligen Verträgen zugrunde liegenden Tätigkeiten sachlich unterschiedlich ausgestaltet und organisatorisch voneinander abtrennbar sind. Ein **paralleles Bestehen** eines echten Dienstvertrags und eines freien Dienstvertrags bzw. eines Werkvertrags wurde vor dem Hintergrund dieser Überlegungen auch vom VwGH grundsätzlich für **zulässig** erachtet.[132] Das parallele Bestehen eines echten Dienstvertrags und eines freien Dienstvertrags zu ein und demselben Dienstgeber hat der VwGH beispielsweise bei einem Tischler anerkannt. Dieser war in einem echten Dienstvertrag als Tischler beschäftigt und fungierte daneben im Rahmen eines freien Dienstvertrags als Vermittler von Tischlerfertigungsaufträgen.[133] Eine gewisse sachliche Nähe der Tätigkeiten des freien und echten Dienstvertrags ist daher an sich für das parallele Bestehen nicht schädlich.

Anders wäre der Fall zu beurteilen, wenn zwischen den einzelnen Aktivitäten eine enge sachliche und auch organisatorische Verbindung bestünde. Diesfalls muss wohl der Ansicht gefolgt werden, dass die „Wurzel" der Aktivitäten einer der nach außen in Erscheinung tretenden Verträge ist. Es ist diesfalls von **einem einheitlichen Vertrag** auszugehen. ME muss diesfalls nach dem Überwiegen der insgesamt in Erscheinung tretenden Elemente beurteilt werden, welcher Vertrag die eigentliche faktische Bedeutung hat. Dabei ist gemäß § 21 Abs. 1 BAO bzw. § 539a Abs. 1 ASVG anhand der tatsächlichen Umstände zu entscheiden. Überwiegen hierbei die Elemente Dauerschuldverhältnis sowie persönliche und wirtschaftliche Abhängigkeit, ist von einem einzigen echten Dienstvertrag i.S.d. § 4 Abs. 2 ASVG auszugehen und sind die Honorare des Werkvertrags bzw. freien Dienstvertrags dem Entgelt i.S.d. § 49 Abs. 1 ASVG zuzurechnen.

Auch der **VwGH** hat bestätigt, dass im Falle einer **zeitlichen und sachlichen Verschränkung** von einem einheitlichen Vertrag auszugehen ist.[134] Bei der Beant-

---

131 Vgl. *Ortner/Ortner*, Personalverrechnung in der Praxis[23], 2017, 41.
132 Vgl. VwGH 3.9.1996, 93/08/0267.
133 Vgl. VwGH 3.7.2002, 99/08/0125.
134 Vgl. VwGH 21.2.2007, 2004/08/0039; in dieser Entscheidung führte der VwGH aus, dass bei einem Versicherungsangestellten, der im Innendienst tätig war und der einen zwar nicht abschätzbaren, aber jedenfalls nicht bloß geringfügigen Teil seiner Dienstzeit als abhängiger Dienstnehmer mit Zustimmung des Dienstgebers für eine zusätzlich ausgeübte Tätigkeit als Vermittler von Versicherungsverträgen verbrachte, die (vom selben Dienstgeber) durch Zahlung von (Betreuungs-)Provisionen zusätzlich honoriert wurden, von einer zeitlichen und inhaltlichen Verschränkung der Tätigkeiten auszugehen war, die die Trennbarkeit der Tätigkeiten ausschloss, weswegen ein einheitliches Versicherungsverhältnis vorlag.

wortung, ob dieser einheitliche Vertrag ein Dienstvertrag, ein freier Dienstvertrag oder ein Werkvertrag ist, ist auf das Überwiegen der hierfür entscheidenden Elemente abzustellen.[135] Ähnlich argumentiert der **OGH,** nach dessen Ansicht im Rahmen eines einheitlichen Beschäftigungsverhältnisses je nach dem Überwiegen der einzelnen Elemente entweder ein abhängiges oder ein freies Dienstverhältnis vorliegen kann, nicht aber – ohne sachliche/fachliche Trennung der Tätigkeiten – eine Aufteilung in einen selbstständigen und einen abhängigen Teil erfolgen kann.[136]

---

135   Vgl. VwGH 17.12.2002, 99/08/0047; 17.11.2004, 2002/08/0283.
136   Vgl. OGH 19.12.2002, 8, ObA 135/02i; 26.8.2004, 8 ObA 85/04i.

2. Sozialversicherungs-Zuordnungsgesetz (SV-ZG)

Das Sozialversicherungs-Zuordnungsgesetz (SV-ZG), welches mit 1. Juli 2017 in Kraft getreten ist, ist das erste Ergebnis von langandauernden und schwierigen Bestrebungen zur Schaffung von Rechtssicherheit bei der Abgrenzung von selbstständiger und unselbstständiger Erwerbstätigkeit. Das Gesetz fußt prinzipiell auf einer Einigung der Sozialpartner im Rahmen des Forums Alpbach im August 2016.

Im Wesentlichen schafft das SV-ZG drei neue Verfahrensarten:

- Vorabprüfung hinsichtlich der vertraglichen Zuordnung,
- GPLA mit Mitwirkung der SVA bzw. SVB und
- eine Versicherungszuordnung auf Antrag.

2.1. Vorabprüfung der Versicherungszuordnung

Die Vorabprüfung der Versicherungszuordnung erfolgt gem. den in § 412d ASVG normierten Kriterien. Es soll diesfalls bereits bei bestimmten Fällen der Anmeldung zur GSVG-Pflichtversicherung mittels eines Fragebogens geprüft werden, ob eine Pflichtversicherung nach dem ASVG oder aber nach dem GSVG bzw. BSVG vorliegt. In praxi bedeutet dies, dass mit der Versicherungserklärung bei Aufnahme der Tätigkeit im Rahmen eines gemeinsamen Fragebogens zwischen der SVA bzw. SVB und der zuständigen Gebietskrankenkasse die Erwerbsform festgestellt werden soll. Eine solche Feststellung erfolgt jedoch lediglich für Tätigkeiten als Neuer Selbstständiger Erwerbstätiger gem. § 2 Abs. 1 Z 4 GSVG bzw. aufgrund der Anmeldung zur Pflichtversicherung gem. § 2 Abs. 1 Z 1 GSVG bzw. aufgrund einer Anmeldung zur Pflichtversicherung nach § 2 Abs. 1 Z 1 GSVG, soweit es sich um Berechtigte zur Ausübung eines freien Gewerbes handelt, die von den Trägern der Krankenversicherung und der Sozialversicherungsanstalt der gewerblichen Wirtschaft einvernehmlich bestimmt wurden oder nach § 2 Abs. 1 Z 1 letzter Satz BSVG in Verbindung mit Pkt. 6 oder 7 der Anlage 2 zum BSVG.

Im Konkreten bedeutet dies, dass lediglich die Vertragsverhältnisse des Neuen Selbstständigen Erwerbstätigen bzw. jenen Personen mit Gewerbeschein überprüft werden, welche auf der genannten Liste der SVA und Krankenkasse ersichtlich sind (sog. „Sensible" Gewerbe).

Folgende Gewerbewortlaute könnte dies betreffen:[137]

- Adressieren, Einlegen, Einkleben, Falten, Kuvertieren von Prospekten, Katalogen, Zeitungen, Briefen und Broschüren (Postservice);
- Aufräumen von Baustellen, bestehend im Zusammentragen und eigenverantwortlichen Trennen von Bauschutt und -abfällen entsprechend der Wiederverwertbarkeit einschließlich des Bereitstellens zum Abtransport sowie im Reinigen von Baumaschinen und Bauwerkzeugen durch Beseitigen von Rückständen mittels einfacher mechanischer Methoden, wie Abkratzen, Abspachteln und dergleichen und nachfolgendes Abspritzen mit Wasser, unter Verwendung ausschließlich eigener Arbeitsgeräte sowie unter Ausschluss einer Grund- oder Bauschlussreinigung,
- Aufstecken eines Plastikrahmens durch einfache Handgriffe auf bereits fertig montierte Steckdosen unter Ausschluss der den Elektrotechnikern vorbehaltenen Tätigkeiten;
- Befüllen von Verkaufsautomaten;
- Befüllen von Kissen;
- Beladen und Entladen von Verkehrsmitteln;
- Betreuung der Benutzer von Personen- und Autoreisezügen, bestehend im Aushändigen von Boardingkarten, Einweisen der PKWs zu Parkplätzen der entsprechenden Züge, Erstellen von Passagier- und Fahrzeuglisten sowie in der Weitergabe von im Zusammenhang mit der Beförderung stehenden Informationen unter Ausschluss der dem Bewachungsgewerbe vorbehaltenen Sicherung und Regelung des Personen- und Fahrzeugverkehrs und der den Reisebüros vorbehaltenen Tätigkeiten;
- Chauffierdienste für Halter solcher Personenkraftwagen, die nicht gewerblich bereitgestellt und betrieben werden, ohne ständig vom selben Auftraggeber betraut zu werden;
- einfache Vorbereitungsarbeiten für die befugt durchzuführenden Schweißarbeiten, insbesondere durch Schrägschleifen oder Verbindungsstücke;
- Oberflächenreinigung von beweglichen Sachen, ausgenommen Textilien sowie die der Denkmal-, Fassaden- und Gebäudereinigung vorbehaltenen Tätigkeiten;
- Verschließen von Bauwerksfugen mittels plastischer und dauerelastischer Kunststoffmassen und Kunststoffprofilen;
- Verspachteln von bereits montierten Gipskartonplatten;
- Zusammenbau und Montage beweglicher Sachen, mit Ausnahme von Möbeln und statisch belangreichen Konstruktionen, aus fertig bezogenen Teilen mithilfe einfacher Schraub-, Klemm-, Kleb- und Steckverbindungen.

Die Vorabprüfung wird durch das Einlangen der Versicherungserklärung z.B. bei der SVA ausgelöst. Daraufhin ermittelt die SVA mittels des bereits ausgefüllten

---

137 Vgl. *Neumann/Taudes*, Rechtssicherheit für Selbstständige? ASoK 2017, 282.

Fragebogens den Sachverhalt und klärt zunächst ab, ob Anknüpfungspunkte vorliegen, wonach die Bestimmungsfreiheit des Neuen Selbstständigen Erwerbstätigen oder des neu angemeldeten „sensiblen" Gewerbeberechtigten eingeschränkt ist und deshalb möglicherweise von einem Dienstverhältnis gem. § 4 Abs. 2 ASVG auszugehen ist. Stellen SVA bzw. SVB und Gebietskrankenkasse einvernehmlich eine selbstständige Erwerbstätigkeit fest, so erlässt die SVA bzw. SVB einen Bescheid und es tritt die Bindungswirkung gem. § 412c ASVG ein. Wird einvernehmlich eine unselbstständige Erwerbstätigkeit festgestellt, so kann der Versicherte die Bescheiderlassung bei der zuständigen Gebietskrankenkasse beantragen. Sollte die Gebietskrankenkasse eine unterschiedliche Meinung zur SVA bzw. SVB haben, muss die Gebietskrankenkasse einen sog. Einbeziehungsbescheid gem. § 410 Abs. 1 Z 2 ASVG erlassen. Jedenfalls müssen die Rechtsmeinungen der SVA bzw. SVB in diesem berücksichtigt werden. Dieser ist dem Versicherten, seinem Auftraggeber (= Dienstgeber), der SVA bzw. der SVB und dem sachlich und örtlich zuständigen Finanzamt zuzustellen und bindend, sobald dieser in Rechtskraft erwachsen ist.[138]

2.2. Mitwirkung der SVA bzw. SVB bei der GPLA

Kommt im Rahmen einer GPLA der substantielle Verdacht auf, dass anstelle der bisherigen Pflichtversicherung gem. § 2 Abs. 1 Z 1 und 4 GSVG bzw. § 2 Abs. 2 1 Z 1 BSVG (als Ausübende eines bäuerlichen Nebengewerbes) eine Pflichtversicherung nach dem ASVG vorliegt, so hat der Krankenversicherungsträger nach dem ASVG bzw. das Finanzamt bei der GPLA die SVA bzw. SVB ohne unnötigen Aufschub über diesen Verdacht zu verständigen. Die weiteren Ermittlungen sind in der Folge von der zuständigen Gebietskrankenkasse sowie von der SVA bzw. SVB im Rahmen des jeweiligen Wirkungsbereichs durchzuführen.

2.3. Versicherungszuordnung auf Antrag

Da die Versicherungszuordnung – wie bereits erwähnt – im Rahmen eins Vorabprüfungsverfahrens erst für neu abgeschlossene Verträge zur Anwendung gelangt, ist eine verpflichtende Feststellung von bereits abgeschlossenen Verträgen gesetzlich nicht vorgesehen. Es kann jedoch eine bereits bei der SVA gem. § 2 GSVG pflichtversicherte Person einen Antrag auf Überprüfung ihrer Versicherungszuordnung stellen. Ein solcher Antrag kann auch vom Auftraggeber einer bereits nach § 2 GSVG pflichtversicherten Person gestellt werden.

Die vorhin genannten Regelungen zur Vorabprüfung (Bescheiderstellung bei Konsens etc.) sind sinngemäß auch auf das antragsgemäß einzuleitende Verfahren gem. § 412e ASVG anzuwenden.

---

138 Vgl. § 412c ASVG.

2.4. Bindungswirkung

Die bereits erwähnte Bindungswirkung der Bescheide zwecks Feststellung der Versicherungszuordnung hat zur Folge, dass in einem späteren Prüfungsverfahren im Rahmen einer GPLA eine Neuzuordnung nur dann vorgenommen werden kann, wenn eine Änderung des für diese Zuordnung maßgeblichen Sachverhalts eingetreten ist.[139] Dieser Umstand wird wohl in der Praxis bei Lohnabgabenprüfungen zu diversem Diskussionspotential führen.

M.E. ist die vorhin genannte gemeinsame Vorabprüfung durchaus kritisch zu betrachten, da eine Überprüfung bei Beginn der Tätigkeit lediglich die Tätigkeitsabsicht seitens der Auskunftspflichtigen darstellt. Es wird sohin eine formale Prüfung der Tätigkeit im Vorhinein vorgenommen, wohingegen der wahre wirtschaftliche Gehalt der Vereinbarung (vgl. § 539a ASVG) erst in realiter erkennbar sein wird. In zahlreichen Fällen wird daher die tatsächliche Ausgestaltung der Erwerbstätigkeit wohl erst aus der täglich gelebten Praxis ersichtlich und kann vom grundsätzlichen Gestaltungsgedanken der involvierten Parteien durchaus abweichen.[140]

Gem. den Ausführungen in der Regierungsvorlage liegt keine maßgebliche Änderung des Sachverhalts beispielsweise dann vor, wenn der Auftraggeber bei gleicher Tätigkeit und vergleichbaren rechtlichen Rahmenbedingungen wechselt, ein neuer hinzutritt oder ein anderer wegfällt. Ebenso gilt dies für die Änderung des Prüfzeitraums, eine Änderung der Abgabenart i.S.d. § 148 BAO oder eine neue Vertragsgestaltung. Eine maßgebliche Änderung des Sachverhalts liegt hingegen jedenfalls dann vor, wenn die Merkmale einer selbstständigen Tätigkeit (z.B. Weisungsungebundenheit, Vertretungsrecht) kumulativ wegfallen.

2.5. Anrechnung von bereits entrichteten GSVG-Beiträgen

In der Praxis durchaus relevant ist die durch das SV-ZG in § 41 Abs. 3 GSVG normierte beitragsrechtliche Auswirkung der Neuzuordnung bzw. der Umqualifizierung (von einer selbstständigen Erwerbstätigkeit in ein ASVG-pflichtiges Vertragsverhältnis).

Bei einer solchen Umqualifizierung kommt es aufgrund der nunmehr seit 1.7.2017 in Kraft getretenen Norm des § 41 Abs. 3 GSVG – anders als bisher – zu einer beitragsrechtlichen Rückabwicklung, wodurch die Beitragsbelastung des Dienstgebers gesenkt wird. Demgemäß sind alle zu Unrecht geleisteten Beiträge des vormals Selbstständigen (an die SVA) an den zuständigen Krankenversicherungsträger des nunmehrigen Dienstgebers zu überweisen. Dieser berechnet die Beiträge unter Anrechnung des Überweisungsbetrages, wobei ein Überschuss von Amts wegen

---

139 Vgl. § 412c ASVG.
140 Vgl. *Artner*, das Sozialversicherungs-Zuordnungsgesetz, PV-Info 8/2017, 2.

an den Versicherten ausbezahlt wird. Gem. der Meinung der Fachliteratur[141] betrifft diese verpflichtende Anrechnung von bereits bezahlten SVA-Beiträgen auf die ASVG-Schuld des nunmehrigen Dienstgebers auch Werkverträge, die vor dem 1.7.2017 (sohin vor Inkrafttreten des SV-ZG) abgeschlossen wurden, welche jedoch aufgrund einer Lohnabgabenprüfung, welche nach dem 1.7.2017 abgeschlossen wurde, umqualifiziert wurden. M.E. ist diese Ansicht der Fachliteratur auch deshalb zutreffend, da ansonsten das SV-ZG – zumindest was die Norm des § 41 Abs. 3 GSVG betrifft – den Sinn verlieren würde.

Im Zuge von jüngst stattgefundenen Lohnabgabenprüfungen machte der Autor jedoch die Erfahrung, dass die Behörden das Gesetz tendenziell so auslegen, dass die verpflichtende Anrechnung der bereits entrichteten GSVG-Beiträge auf die ASVG-Schuld des nunmehrigen Dienstgebers nur dann möglich wäre, wenn der in Rede stehende Werkvertrag nach dem 1.7.2017, sohin nach Inkrafttreten des SV-ZG, abgeschlossen wurde. Diese Ansicht wurde jedoch in jüngsten Aussagen des Hauptverbandes der Sozialversicherungsträger revidiert. Konsequenz hieraus ist, dass eine Anrechnung ebenso für umqualifizierte Werkverträge gilt, welche vor dem 1.7.2017 abgeschlossen wurden, solange der GPLA-Prüfungsabschluss nach dem 1.7.2017 gelegen ist. Zudem würde laut bisheriger Ansicht der Behörden keine automatische Anrechnung auf die Beitragsschuld des nunmehrigen Dienstgebers erfolgen, sondern müsste dieser vielmehr weiterhin die gesamten Sozialversicherungsbeiträge (sohin Dienstnehmer- und Dienstgeberbeiträge) entrichten und würde in weiterer Folge die bereits vom ehemaligen Selbstständigen entrichteten GSVG-Beiträge auf seinem Beitragskonto gutgeschrieben erhalten. Praktische Konsequenz hieraus ist, dass im Zuge einer GPLA (weiterhin) Dienstgeber- und Dienstnehmerbeiträge zur Sozialversicherung vorgeschrieben werden und der nunmehrige Arbeitgeber auf Grund einer späteren Anrechnung der bereits bezahlten GSVG-Beiträge einen (erheblichen) Cashflow-Nachteil haben wird.

Es bleibt abzuwarten, inwiefern diese Rechtsansicht von Seiten der Behörden weiterverfolgt wird.

---

141 Vgl. z.B. *Neumann/Taudes*, Rechtssicherheit für Selbstständige? ASoK 2017, 287.

3. Kostenvergleich

3.1. Echter Dienstnehmer

Ausgangslage: Tätigkeit als echter Dienstnehmer
Angestellter i.S.d. AngG
§ 4 Abs. 2 ASVG
Lohnsteuerpflicht

Gesamtkosten Dienstgeber p.a.	€	**55.000,00**
KommSt, DB, DZ, BMSVG (9,03 %)	– €	3.819,34
ASVG-Beiträge Dienstgeber		
(lfd. Bezüge: 21,48 %; SZhlg.: 20,98 %)	– €	9.024,84
Bruttogehalt p.a.	€	**42.155,82**
Laufende Bezüge	€	36.133,56
Sonderzahlungen	€	6.022,26
ASVG-Beiträge Dienstnehmer		
(lfd. Bezüge: 18,12 %; SZhlg.: 17,12 %)	– €	7.578,46
Einkommensteuer (Lohnsteuer)		
(lfd. Bezüge: Tarif; SZhlg.: 6 %)	– €	5.600,24
Nettogehalt p.a.	€	**28.977,12**

3.2. Auftragnehmer in einem Werkvertrag

Ausgangslage: Tätigkeit als Gewerbetreibender
Pflichtversicherung gemäß § 2 Abs. 1 Z 1 GSVG
Einkünfte aus Gewerbebetrieb i.S.d. § 23 EStG
Annahme Betriebsausgabenpauschale 6 %

Honorar (= Gesamtkosten des Auftraggebers) p.a.	€	**55.000,00**
Sozialversicherung:		
Honorar	€	55.000,00
BA-Pauschale (6 %)	– €	3.300,00
Gewinnfreibetrag	– €	3.900,00
Bemessungsgrundlage	€	47.800,00

Bemessungsgrundlage	€	47.800,00
– KV und PV (26,15 %)	– €	12.499,70
– UV	– €	111,96
– BMSVG (1,53 %)	– €	731,34
SV-Beitragsbelastung	€	13.343,00
Steuerbelastung:		
Honorar	€	55.000,00
BA-Pauschale	– €	3.300,00
Gewinnfreibetrag	– €	3.900,00
SV-Beiträge	– €	13.343,00
Bemessungsgrundlage	€	34.457,00
Einkommensteuer	– €	7.751,94
Nettobetrag Honorar p.a.	**€**	**33.905,06**

3.3. Freier Dienstnehmer

Ausgangslage: Tätigkeit als freier Dienstnehmer
Pflichtversicherung gemäß § 4 Abs. 4 ASVG
Einkünfte aus Gewerbebetrieb i.S.d. § 23 EStG
Annahme Betriebsausgabenpauschale 6 %

Gesamtkosten Dienstgeber p.a.	**€**	**55.000,00**
Lohnnebenkosten (9,03 %)	– €	3.820,09
BMSVG-Beiträge 1,53 % sowie		
ASVG-Beiträge Dienstgeber (20,98 %)	– €	8.875,47
Honorar Dienstnehmer p.a.	**€**	**42.304,44**
ASVG-Beiträge fr. Dienstnehmer (17,62 %)	– €	7.454,04
Steuerbelastung:		
Bruttohonorar	€	42.304,44
BA-Pauschale (6 %)	– €	2.538,27
Gewinnfreibetrag	– €	3.900,00
SV-Beiträge	– €	7.454,04
Bemessungsgrundlage	€	28.412,13
Einkommensteuer	– €	5.394,25
Nettobetrag Honorar p.a.	**€**	**29.456,15**

3.4. Kommentar zum Kostenvergleich

Der Kostenvergleich führt zu dem Ergebnis, dass sich ausgehend von einem dem Dienstgeber/Auftraggeber zur Verfügung stehenden Budget, beim Auftragnehmer eines Werkvertrags ein Netto von € 33.905,06, beim freien Dienstnehmer i.S.d. § 4 Abs. 4 ASVG ein Netto von € 29.456,15 und beim echten Dienstnehmer ein Netto von € 28.977,12 ergibt. Beim echten Dienstnehmer fällt in erster Linie die hohe ASVG-Belastung (insg. fast 40 %) und die Lohnnebenkostenbelastung von 9,03 % ins Gewicht. Das Nettoergebnis des Werkvertrag-Auftragnehmers ist das Beste – gegenüber dem freien Dienstvertrag i.S.d. § 4 Abs. 4 ASVG kommt ihm insbesondere der Vorteil der geringeren Sozialversicherungsbelastung zu: 26,15 % und € 9,33 p.m. Unfallversicherungsbeitrag verglichen mit insg. 38,60 % ASVG-Gesamtkostenbelastung des freien Dienstnehmers.

Dennoch ist dieser Kostenvergleich nur bedingt aussagekräftig.[142] Nicht abgebildet ist der dem echten und freien Dienstnehmer zukommende Arbeitslosenversicherungsschutz sowie insbesondere die dem echten Dienstnehmer zukommende arbeitsrechtliche Absicherung. Nur der echte Dienstnehmer verfügt über bezahlten Urlaub, Entgeltfortzahlung im Krankenstand, Entgeltfortzahlung an Feiertagen etc. Nur der echte Dienstnehmer ist arbeitsrechtlich insoweit geschützt, als er durch den Betriebsrat vertreten ist, nach AngG „lange" Kündigungsfristen und ein Kündigungstermin einzuhalten sind, er seine Kündigung wegen Motivwidrigkeit oder Sozialwidrigkeit anfechten kann etc.

Vor diesem Hintergrund sei dahingestellt, ob der echte Dienstvertrag tatsächlich der „unattraktivste" der drei gegenständlichen Vertragstypen ist.

---

142 Hinzuweisen ist auf diverse Ausnahmen und Vereinfachungen. Die Berechnungen sind verkürzt dargestellt und erheben daher auch keinen Anspruch auf Vollständigkeit. Sie dienen lediglich als Richtwert. So wurde z.B. das Betriebsausgabenpauschale mit 6 % angenommen (vgl. im Detail § 17 Abs. 1 EStG). Weiters wurde von der Berechtigung zum Vorsteuerabzug des Auftraggebers ausgegangen.

4. Anwendungsfälle zur Abgrenzung – Berufsgruppen-ABC

4.1. Einleitung

In gegenständlichem Kapitel wird versucht anhand einer umfassenden Aufarbeitung von Judikatur und Lehre sowie Aussagen der Verwaltungsbehörden die bisher dargestellten Unterscheidungskriterien anhand **praxisrelevanter Beispiele** darzustellen. Bereits im Vorfeld sei festgehalten, dass jede Entscheidung eines Höchstgerichts und jede Aussage einer Verwaltungsbehörde aufbauend auf einem spezifischen Sachverhalt ergangen ist und daher kein Anspruch darauf gestellt werden kann, dass die hier wiedergegebenen Beispiele aus Judikatur und Praxis in anders gelagerten Sachverhalten nicht auch anders zu beurteilen sind. Dennoch bietet das folgende Kapitel einen umfassenden Überblick über Rechtsprechungs- und Verwaltungspraxis der Gegenwart und Vergangenheit.

4.2. Arbeitskräfteüberlassung

Im Rahmen einer Überlassung von Arbeitskräften findet die organisatorische Eingliederung des Dienstnehmers in erster Linie in dem Betrieb des Beschäftigers statt. Diesen treffen daher – obzwar er nicht Dienstgeber im zivilrechtlichen Sinn ist – u.a. die Verpflichtungen des Arbeitnehmerschutzes. Gleichzeitig liegt eine spezifische **arbeitsrechtliche Bindung** des Arbeitnehmers zum Überlassungsbetrieb vor.[143] Überlassene Arbeitskräfte werden in der Regel echte Dienstnehmer sein. Es kann sich hierbei aber auch um arbeitnehmerähnliche Personen handeln.[144]

4.3. Animierdamen

In einer älteren Entscheidung kam der VwGH zu dem Schluss, dass eine Animierdame, die gegen Umsatzbeteiligung zur Unterhaltung der Gäste und zur Hebung des Konsums in einem Nachtlokal tätig ist, in keinem sozialversicherungsrechtlich relevanten Dienstverhältnis zum Lokalbesitzer steht, wenn sie an keine Arbeitszeit gebunden ist.[145]

---

143 Vgl. BMSG 14.12.2004, 223.136/2-3/03.
144 Vgl. § 3 Abs. 4 AÜG.
145 Vgl. VwGH 25.4.1980, 1291/76, RdA 1981, 401.

In einem anderen Sachverhalt entschied der VwGH in jüngerer Rechtsprechung hingegen, dass Ausländerinnen, die in einem behördlich bewilligten Bordellbetrieb neben Animiertätigkeiten Tanzveranstaltungen vornehmen, dabei Dienstzeiten und Weisungen zu befolgen haben und sich wöchentlich auf Anordnung ärztlichen Untersuchungen unterziehen müssen, **keine selbstständigen Unternehmerinnen** sind und daher insbesondere das Ausländerbeschäftigungsgesetz (AuslBG) auf sie Anwendung zu finden hat.[146] Auch aus sozialversicherungsrechtlicher Sicht hat der VwGH die Tätigkeit einer Tänzerin als echtes Dienstverhältnis bewertet.[147] Beachtet werden muss diesbezüglich auch der jüngst seitens des BMF ergangene Erlass im Hinblick auf die ertragsteuerliche Bewertung der in diesem Zusammenhang bezogenen Einkünfte.[148]

4.4. Apotheker

Der in der Apotheke arbeitende Eigentümer der Apotheke ist gemäß § 2 FSVG in der Pensionsversicherung nach **FSVG** pflichtversichert. Der Beitrag zur Pensionsversicherung beträgt gemäß § 8 FSVG 20 %. Eine gesetzliche Kranken- und Unfallversicherung ist nicht vorgesehen. In Betracht kommt allenfalls eine freiwillige Krankenversicherung nach den Bestimmungen des ASVG.[149]

4.5. Arbeitsmediziner

Ein Arbeitsmediziner, welcher die Durchführung arbeitsmedizinischer Begehungen gem den Bestimmungen des ASchG im Umfang vorgegebener Jahresbegehungsstunden für die Unfallversicherungsanstalt wahrzunehmen hat, steht in persönlicher Abhängigkeit i.S.d. § 4 Abs. 2 ASVG zur Unfallversicherungsanstalt, wenn ein generelles Vertretungsrecht fehlt, der Ablauf der Arbeit klar vorgegeben ist sowie Weisungsgebundenheit und Berichterstattungspflicht gegeben sind. Des Weiteren sprechen für das echte Dienstverhältnis die Einschulungsverpflichtung und die Verpflichtung, jährlich ein gewisses Quantum an Qualitätssicherungsmaßnahmen wahrnehmen zu müssen.[150]

4.6. Artisten

Ein Artist, der auf Grund der mit dem Zirkusbetreiber getroffenen Übereinkunft verpflichtet ist, in einem bestimmten Zeitraum bei den von der Zirkusdirektion festgesetzten Veranstaltungen seine Nummer persönlich darzubieten und überdies an der Eröffnung und am Finale der jeweiligen Zirkusvorstellung zu partizi-

---

146   Vgl. VwGH 30.6.2004, 2001/09/0120.
147   Vgl. VwGH 4.6.2008, 2007/08/0179.
148   Vgl. Erlass des Bundesministeriums für Finanzen vom 18.6.2014, BMF-010203/0243-VI/B/2014.
149   Vgl. im Übrigen VwGH 17.3.2004, 2001/08/0170.
150   Vgl. VwGH 18.8.2015, 2013/08/0121.

pieren, ist in die organisatorischen Abläufe derart eingegliedert, dass von dem Bestehen persönlicher Abhängigkeit und damit von einem **echten Dienstvertrag** auszugehen ist.[151]

4.7. Ärzte

Ärzte sind entweder als echte Dienstnehmer i.S.d. § 4 Abs. 2 ASVG pflichtversichert oder unter den Sozialversicherungstatbestand des § 2 Abs. 2 FSVG zu subsumieren und nach FSVG unfall- und pensionsversichert.

Eine freiberufliche Tätigkeit gem. § 2 Abs. 2 FSVG liegt insbesondere auch im Fall einer Tätigkeit im Rahmen einer ärztlichen Gruppenpraxis nach Maßgabe des § 52a Abs. 1 Z 1 ÄrztG bzw. § 26 Abs. 1 Z 1 ZÄG oder als (geschäftsführender) Gesellschafter einer Gruppenpraxis gem. § 52a Abs. 1 Z 2 ÄrzteG bzw. § 26 Abs. 1 Z 2 ZÄG vor.

Eine Pflichtversicherung eines Arztes als freier Dienstnehmer i.S.d. § 4 Abs. 4 ASVG scheidet hingegen aufgrund der expliziten Ausnahmebestimmung des § 4 Abs. 4 lit. c ASVG aus.[152] Eine Pflichtversicherung i.S.d. § 4 Abs. 4 ASVG wird insbesondere auch dann nicht begründet, wenn Ärzte aufgrund eines Gerichtsbeschlusses bzw. eines anderen hoheitlichen Aktes Gutachten erstellen.[153]

Nach Ansicht des Bundesministeriums für Arbeit, Gesundheit und Soziales ist aus versicherungsrechtlicher Sicht ein Dienstverhältnis zwischen zwei Ärzten zulässig. Eine Konstellation dieser Art wäre aber jedenfalls vor dem Hintergrund des Vertragspartnerbereiches (vgl. §§ 338 ff. ASVG) einer Prüfung zu unterziehen.[154]

Ein Arzt, der als angestellter Arzt in die Ärzteliste eingetragen ist und derzeit als Dienstnehmer eine Beschäftigung als **Schularzt** ausübt, ist nach Prüfung der tatsächlichen Verhältnisse entweder nach § 4 Abs. 2 ASVG pflichtversichert oder als Wohnsitzarzt nach § 2 Abs. 1 Z 4 GSVG mit Opting Out in der Krankenversicherung versichert. In letzterem Fall besteht für den Arzt die Wahl der freiwilligen Versicherung gemäß § 16 ASVG, der freiwilligen Versicherung gemäß § 14a GSVG oder der privaten Gruppenkrankenversicherung.[155]

Ärztliche Nebentätigkeiten bei angestellten Ärzten führen nach Ansicht der Verwaltungsbehörden zur Pflichtversicherung gemäß § 2 Abs. 2 FSVG. Eine Pflichtversicherung gemäß § 4 Abs. 4 ASVG kommt nicht in Betracht.[156]

---

151 Vgl. VwGH 24.10.1980, 2662/78.
152 So auch HVSVT 3.3.1998, 3251.1/98 Sm/Mm.
153 Vgl. HVSVT 25.7.1996, 32-51.1/96 Sm/Mm.
154 Vgl. E-MVB 004-ABC-A-002.
155 Vgl. E-MVB 004-ABC-A-004.
156 Vgl. E-MVB 004-ABC-A-005.

Gemeindeärzte und Distriktsärzte unterstehen den besoldungsrechtlichen Vorschriften des Bundeslandes, in welchem sie ihre ärztliche Tätigkeit ausüben. Bezüge, die sie für diese Tätigkeit erhalten, sind Einkünfte aus nichtselbstständiger Arbeit.[157]

Ein **Primararzt**, der als Leiter eines allgemeinen öffentlichen Krankenhauses tätig ist und dafür eine feste Entlohnung und besondere Gebühren zuerkannt erhält, unterliegt der Pflichtversicherung i.S.d. § 4 Abs. 2 ASVG.[158] Unterschiedlich ist die abgabenrechtliche Behandlung der Sonderklassegebühren, welche **Primar- und Assistenzärzte** für die Behandlung von Patienten erhalten, die einer höheren als der allgemeinen Klasse unterliegen. Wenn die Krankenanstalt diese Gebühr einhebt und einen gewissen Prozentsatz dem Arzt auszahlt, stellt dieser Teil der Gebühren Arbeitslohn dar, der dem Lohnsteuerabzug unterliegt. Anders ist der Fall zu beurteilen, wenn die Krankenanstalt über die besondere Gebühr gesondert – unter Angabe der Namen der Ärzte – Rechnung legt und somit letztlich das Inkasso im fremden Namen und für fremde Rechnung vornimmt. In diesem Fall sind die Sonderklassegebühren, ebenso wie in dem Fall, in dem der Primararzt die Sonderklassegebühren selbst durch eigene Rechnungslegung einhebt, den Einkünften aus selbstständiger Arbeit i.S.d. § 22 Z 1 EStG zuzurechnen.[159]

Turnusärzte stehen ebenso in einem Dienstverhältnis wie **Amts-, Polizei- und Militärärzte**, soweit sie bei den Sanitätsbehörden oder beim Bundesheer tätig sind. Auch Ärzte in Beratungsstellen, z.B. Schwangerenberatungsstellen, die ihre Tätigkeit in den Räumen des Gesundheitsamtes und mit Weisungsgebundenheit dem Amtsarzt gegenüber ausüben, stehen in einem echten Dienstverhältnis.[160]

Hausärzte, welche ebenso in einem Belegspital tätig sind, stehen nach Ansicht des VwGH in einem Beschäftigungsverhältnis in persönlicher Abhängigkeit und sind auch dann als echte Dienstnehmer gem. § 4 Abs. 2 ASVG pflichtversichert, wenn sie zwar ihre Wünsche bezüglich der Dienstplaneinteilung bekannt geben können, der vom Dienstgeber aufbauend darauf erstellte Dienstplan in weiterer Folge jedoch verbindlich war, zudem eine Vertretung nur durch einen anderen beim Dienstgeber beschäftigten Hausarzt möglich war (sohin Vertretung im „Pool"), des Weiteren die Arbeitsleistungen zu den vereinbarten Zeiten zu verrichten waren und die Ärzte auch fachlichen Weisungen unterworfen waren.[161]

Entgelte, welche aus einer nebenberuflichen notärztlichen Tätigkeit für landesgesetzlich vorgesehene Rettungsorganisationen lukriert werden, sind vom Entgeltbegriff des ASVG ausgenommen und begründen Beitragspflicht nach Maßgabe der Bestimmungen des FSVG.[162]

---

157 Vgl. *Gager/Nagl*, Atypische Beschäftigungsverhältnisse aus arbeits-, steuer- und sozialversicherungsrechtlicher Sicht, 2000, 34.
158 Vgl. VwGH 20.6.1962, 2588/59-8.
159 Vgl. *Gager/Nagl*, a.a.O.
160 Vgl. *Gager/Nagl*, a.a.O.
161 Vgl. VwGH 17.10.2012, 2009/08/0188.
162 Vgl. Sozialrechts-Änderungsgesetz 2015, § 49 Abs. 3 Z 26a ASVG.

4.8. Aufräumpersonal (Reinigungspersonal)

Es handelt sich in der Regel um **echte Dienstnehmer** im Sinne des § 4 Abs. 2 ASVG. Die Annahme freier Dienstverträge wird seitens der Verwaltungsbehörden/seitens der Judikatur restriktiv geprüft. Strenge Anforderungen werden regelmäßig an ein etwaig vereinbartes Vertretungsrecht gestellt. Vereinbarte Arbeitszeiten schließen einen freien Dienstvertrag grundsätzlich aus, wobei auch „negativ" definierte Arbeitszeiten, wie z.B. „... *erbringt die geschuldete Dienstleistung nicht zu den Bürozeiten von 08:00–16:30 ...*" für die Einstufung als freier Dienstvertrag gemäß § 4 Abs. 4 ASVG in aller Regel schädlich sind.[163]

Das Zurverfügungstellen eigener Betriebsmittel bzw. das Bestehen einer eigenen unternehmerischen Struktur kann allenfalls zum Ausschluss einer Pflichtversicherung als echter Dienstnehmer gemäß § 4 Abs. 2 ASVG führen. An diese **eigenen Betriebsmittel** ist dabei jedoch ein strenger Maßstab zu stellen. So ist es denkbar, dass insbesondere dann von einer Pflichtversicherung nach **GSVG** auszugehen ist, wenn der Auftragnehmer über eine eigene unternehmerische Struktur (eigenes Reinigungspersonal, wesentlich eigene Betriebsmittel etc.) verfügt und zudem Unternehmerrisiko trägt.

Der VwGH hat in einem anders gelagerten Sachverhalt ausgesprochen, dass ein Werkvertrag nicht vorliegt, wenn eine Reinigungskraft in den Kanzleiräumlichkeiten eines Notars auf unbestimmte Zeit beschäftigt wird, zumal die Reinigungskraft in gegenständlichem Fall bei der Arbeit kontrolliert wird und Weisungen hinsichtlich der Vornahme einzelner Tätigkeiten erhält.[164]

4.9. Aufsichtsräte

Bei einem Aufsichtsrat besteht regelmäßig Pflichtversicherung gemäß § 2 Abs. 1 Z 4 GSVG, zumal Einkünfte im Sinne des § 22 Z 2, erster Teilstrich EStG erzielt werden.[165] Nach Ansicht des damaligen Bundesministeriums für soziale Sicherheit, Generationen und Konsumentenschutz ist der Aufsichtsrat nicht wie ein Arbeitnehmer in die Gesellschaft eingebunden, sondern überwacht von einer „gesellschaftsunabhängigen Position" deren Geschäftstätigkeit, weswegen seine Tätigkeit grundsätzlich als eine selbstständige zu qualifizieren ist.[166] Der älteren Ansicht, wonach bei Aufsichtsräten nicht vom Bestehen der Pflichtversicherung i.S.d. § 2 Abs. 1 Z 4 GSVG auszugehen ist, ist daher mittlerweile nicht mehr zu folgen.[167]

---

163   Vgl. in diesem Zusammenhang unter anderem VwGH 19.5.1992, 87/08/0271; 16.5.2001, 96/08/0200.
164   Vgl. VwGH 15.10.2000, 200/08/0020.
165   Vgl. in diesem Zusammenhang BMSG 28.6.2000, 122.742/2-4/99; BMAGS 16.3.2000, 120.923/3-7/99.
166   Vgl. BMSGK 10.10.2001, 128.485/4-7/01.
167   Vgl. *Schrank*, Ausgewählte Rechts- und Praxisfragen zur neuen GSVG-„Werkvertragsregelung", ASoK 1997, 377; dieser führt in diesem Zusammenhang aus, dass es bei reinen Aufsichtsratsfunktionen zumindest in der Regel von vornherein an der Zusammenführung der selbstständigen menschlichen Arbeit mit eigenen Betriebsmitteln fehle, sodass sie nicht nur nicht dem § 4 Abs. 4 ASVG, sondern auch nicht der Pflichtversicherung gemäß § 2 Abs. 1 Z 4 GSVG unterliegen.

Vielmehr stellt sich die Tätigkeit als Mitglied des Aufsichtsrates als Teilnahme am allgemeinen Wirtschaftsleben dar und ist daher eine betriebliche Tätigkeit, aus der Einkünfte i.S.d. § 22 Z 2 EStG bezogen werden. Somit unterliegt ein von der Gewerkschaft in verschiedene Aufsichtsräte entsandter Gemeindebediensteter daher als Neuer Selbstständiger Erwerbstätiger aufgrund dieser Tätigkeit der Pflichtversicherung gemäß § 2 Abs. 1 Z 4 GSVG.[168] Von derselben Konsequenz ist bei in den Aufsichtsrat entsandten Betriebsratsmitgliedern auszugehen.[169] Nicht selten wird sich die Pflichtversicherung eines Aufsichtsrates in der Kranken- und Pensionsversicherung gemäß § 2 Abs. 1 Z 4 GSVG jedoch mittels eines Antrags auf Differenzvorschreibung gemäß § 35b Abs. 1 GSVG verhindern lassen.[170]

4.10. Au-Pair-Kräfte

Bei Au-Pair Kräften handelt es sich in der Regel um eine Tätigkeit als **echter Dienstnehmer** im Sinne des § 4 Abs. 2 ASVG. Eine Einstufung als freier Dienstnehmer gemäß § 4 Abs. 4 ASVG kommt grundsätzlich nicht in Betracht. Ausschlaggebend hierfür ist in erster Linie, dass ein privater Auftraggeber gemäß § 4 Abs. 4 ASVG nicht „qualifizierter Dienstgeber" im Sinne dieser gesetzlichen Bestimmung sein kann. Auch der VwGH hat ausgesprochen, dass Au-Pair-Verträge hinsichtlich der Sozialversicherungspflicht des damit begründeten Beschäftigungsverhältnisses keinen anderen Regeln unterworfen sind als andere Arbeitsverträge.[171] Der VwGH hat weiters klargestellt, dass allein aus der Bezeichnung der an eine Au-Pair-Kraft gezahlten Vergütung als „Taschengeld" keine relevanten Schlüsse gezogen werden können, insbesondere nicht ausgeschlossen werden kann, dass Entgelt i.S.d. § 4 Abs. 2 ASVG vorliegt.[172]

Seit 1.7.2007 ist eine neue Au-Pair-Regelung in Kraft. Au-Pair-Kräfte unterliegen demnach dem HausgG sowie den für die jeweiligen Bundesländer maßgeblichen Mindestlohntarifen. Sozialversicherungsrechtlich sollen in der Praxis grundsätzlich geringfügige Beschäftigungsverhältnisse begründet werden. Dafür ist die monatliche Geringfügigkeitsgrenze (€ 425,70 p.m. im Kalenderjahr 2017) maßgeblich. Um dieser Vorgabe zu entsprechen, sind diverse Bezugsbestandteile – vor allem der Wert der vollen freien Station – bei Au-Pair-Kräften ausdrücklich von der Sozialversicherungspflicht ausgenommen.[173]

---

168 Vgl. *Höfle*, Aufsichtsratsmitglieder – Neue Selbstständige, ASoK 2004, 139; VwGH 18.12.2003, 2000/08/0068.
169 Vgl. EStR, Rz. 5266 f.
170 So auch *Höfle*, Sozialversicherung für Freiberufler – Teil III: Mitglied im Vorstand und Aufsichtsrat, ASoK 1999, 236.
171 Vgl. VwGH 16.11.2005, 2003/08/0173.
172 Vgl. VwGH 30.5.2001, 98/08/0196.
173 Vgl. § 49 Abs. 3 Z 27 ASVG.

4.11. Ausbildungsverhältnisse

Ein Ausbildungsverhältnis, das unter Anleitung eines Vorgesetzten ausgeübt wird und in dem Arbeitspflicht besteht, spricht in aller Regel für die Annahme eines **echten Dienstverhältnisses**.[174] Auch das Lehrverhältnis ist als ein – wenngleich durch den Ausbildungszweck bedingt – spezielles Dienstverhältnis anzusehen. § 1 BAG bezeichnet Lehrlinge als Personen, die auf Grund eines Lehrvertrages zur Erlernung eines in der Lehrberufsliste angeführten Lehrberufs bei einem Lehrberechtigten fachlich ausgebildet und im Rahmen dieser Ausbildung verwendet werden. Es handelt sich bei dem Lehrverhältnis daher um ein besonders typisiertes und vom Ausbildungszweck geprägtes Arbeitsverhältnis.[175]

4.12. Aushilfen

Aushilfen, die von Unternehmen zu spezifischen Tätigkeiten herangezogen werden, können grundsätzlich als echte Dienstnehmer, freie Dienstnehmer oder aber Auftragnehmer eines Werkvertrags beschäftigt werden. Maßgebend ist die Vereinbarung sowie die tatsächlichen Verhältnisse der Kooperation.

Ein **Werkvertrag** wird dann in Betracht kommen, wenn eine **projektorientierte Aktivität** geschuldet wird und als Gegenleistung für die Absolvierung eines Projekts ein Honorar gebührt. Sollte aufgrund des vereinbarten Vertrags für die nicht ordnungsgemäße Fertigstellung des Werks kein Honorar gebühren, ist nach Ansicht des Autors ein ein Dienstverhältnis ausschließendes Unternehmerrisiko gegeben.

Ein **freier Dienstvertrag** wird bei Aushilfetätigkeiten dann in Betracht kommen, wenn zwar kein konkretes Werk geschuldet ist, aber gattungsmäßig definierte Leistungen zu erbringen sind, diese jedoch in einem Verhältnis der persönlichen Unabhängigkeit, insbesondere kombiniert mit der Möglichkeit, sich jederzeit durch geeignete Personen vertreten lassen zu können, absolviert werden.

Anderenfalls ist von dem Vorliegen eines **echten Dienstvertrags** auszugehen. Dies hat der VwGH auch bestätigt. In dem der Entscheidung zugrunde liegenden Sachverhalt setzte eine Möbelhandelskette vorwiegend karenzierte Personen, Pensionisten und Studenten als Samstagsaushilfen in den Bereichen Kassa, Packtisch, Lager, Verkauf und Regalbetreuung für ihre Filialen ein. Der Dienstgeber vertrat die Ansicht, dass es sich hierbei um freie Dienstnehmer handle, da diese unter anderem die Möglichkeit hätten, die ihnen angebotenen Arbeiten abzulehnen und jederzeit auch eine Vertretung entsenden zu können. Nach Ansicht des VwGH seien diese Aushilfskräfte aus steuerlicher Sicht in Ermangelung eines

---

174 Vgl. *Gager/Nagl*, Atypische Beschäftigungsverhältnisse aus arbeits-, steuer- und sozialversicherungsrechtlicher Sicht, 2000, 36; VwGH 31.3.1987, 86/14/0163.
175 Vgl. *Löschnigg*, Arbeitsrecht[10], 146; OGH 7.10.1998, DRdA 1999, 269 mit Besprechung von *Wachter*.

Unternehmerwagnisses, aufgrund der organisatorischen Eingliederung und aufgrund der Weisungsgebundenheit als Dienstnehmer anzusehen, weshalb Lohnsteuerpflicht vorliege. Aufgrund des Verweises in § 4 Abs. 2 ASVG ist damit auch sozialversicherungsrechtlich Dienstnehmereigenschaft gegeben.[176]

Weiters hat der VwGH in einer ähnlichen Entscheidung die Ansicht vertreten, dass die von einem Studenten geschuldeten Aushilfsarbeiten nicht ohne zeitliche Koordinierung ausgeübt werden können und das Bereitstehen auf Abruf eine besondere persönliche Abhängigkeit begründet, die für bestimmte Gruppen von Arbeitnehmern eher typisch ist als für selbstständige Unternehmer. Ein Tätigwerden nach den jeweiligen zeitlichen Gegebenheiten des Auftraggebers bringt zudem eine Eingliederung in dessen Unternehmensorganismus zum Ausdruck, was dem Vorliegen eines Werkvertrages zuwiderliefe.[177] Wenn bei Aushilfstätigkeiten, wie z.B. Einlegen von Prospekten in Zeitungen, Verpacken und Einschachteln von Druckwerken sowie Schlichten von Paletten daher keinerlei Unternehmerwagnis vorhanden ist (z.B. durch die vertragliche Vereinbarung der Konsequenzen, wenn aus welchen Gründen auch immer die Erbringung der Leistung unterbleibt), ist tendenziell von einem unselbständigen Vertragsverhältnis auszugehen.[178]

In einer etwas älteren Entscheidung kam der VwGH jedoch seinerzeit zu dem Schluss, dass die fallweise Übernahme von Aushilfsarbeiten (Gelegenheitsarbeiten) keine Beschäftigung in persönlicher Abhängigkeit begründen würde, wenn der Auftragnehmer wegen seiner hauptberuflichen Verpflichtungen berechtigt ist, die Ausführung der angebotenen Aushilfsarbeiten jederzeit ablehnen zu können.[179]

4.13. Aushilfskellner

Ein Aushilfskellner, den eine periodisch wiederkehrende Arbeitspflicht trifft, steht in einem Dauerschuldverhältnis und ist **echter Dienstnehmer** i.S.d. § 4 Abs. 2 ASVG.[180]

4.14. Auslandskorrespondent

Ein Auslandskorrespondent eines Rundfunkunternehmens, der aufgrund der bestehenden Vereinbarung zur persönlichen Arbeitsleistung und zur Meldung von Absenzen angehalten ist, weiters monatlich eine bestimmte Anzahl von Beiträgen zu liefern hat, die Themen seiner Beiträge teilweise selbst bestimmen kann, teil-

---

176 Vgl. E-MVB 004-ABC-A-010; HVSVT 27.5.2004, FO-MVB/51.1/04 Rv/Mm; VwGH 18.3.2004, 2000/15/0078 und 2000/15/0079.
177 Vgl. VwGH 28.4.2004, 2004/14/0125.
178 Vgl. UFS Wien 19.6.2008, RV/0872-W/04.
179 Vgl. VwGH 14.12.1966, 643/657.
180 Vgl. VwGH 20.4.1991, 91/08/0125.

weise jedoch diesbezügliche Anweisungen zu befolgen hat, steht in einem Verhältnis **persönlicher Abhängigkeit**. Zudem ist wirtschaftliche Abhängigkeit gegeben, wenn ihm ein Großteil der erforderlichen Betriebsmittel (technische Ausrüstung etc.) zur Verfügung gestellt wird.[181]

4.15. Außendienstmitarbeiter

Außendienstmitarbeiter werden – trotz allenfalls bestehender gewisser Freiheitselemente in der täglichen beruflichen Praxis – in der Regel als echte Dienstnehmer gemäß § 4 Abs. 2 ASVG anzusehen sein. Nicht selten besteht bei Außendienstmitarbeitern Weisungsgebundenheit, Konkurrenzverbot, die Vereinbarung eines Fixgehalts, die (regelmäßig kollektivvertraglich vorgegebene) Verpflichtung zum Spesenersatz, Berichtspflichten etc.

Bei überwiegendem Fehlen der oben angeführten Kriterien wäre allenfalls ein freies Dienstverhältnis gemäß § 4 Abs. 4 ASVG denkbar.

Der VwGH hat hingegen jüngst entschieden, dass ein Außendienstmitarbeiter, der seine Tätigkeit ausschließlich mit den Betriebsmitteln des Arbeitgebers in dem ihm zugewiesenen Tätigkeitsfeld ausübt, weiters ein Fixum bezieht und Spesenvergütung erhält, als **echter Dienstnehmer** gemäß § 4 Abs. 2 ASVG anzusehen ist.[182]

In einer weiteren Entscheidung in Zusammenhang mit der Beurteilung eines Vertreters hat der VwGH präzisiert, dass bei der Tätigkeit eines Vertreters, die dadurch gekennzeichnet ist, dass der Vertreter regelmäßig außerhalb der Betriebsstätte aktiv ist, die typische Unterordnung nicht so auffällig zu Tage tritt, sodass anderen Merkmalen, konkret der Weisungsgebundenheit, dem Bestehen eines Konkurrenzverbots, dem Bezug eines Fixums, dem Spesenersatz, der Berichterstattungspflicht sowie der mangelnden Verfügung über eine eigene Betriebsstätte, besondere und entscheidende Bedeutung zuzumessen ist.[183]

4.16. Autowäscher

Bei der Tätigkeit als Autowäscher geht es um die Durchführung von Reinigungsarbeiten bei Gebrauchtwägen (z.B. Scheiben putzen, Sitze reinigen, Auto polieren). Im gegenständlichen Sachverhalt ist der Autoreiniger im Besitz einer eigenen Kfz-Werkstätte im Ausland mit gültigem Gewerbeschein. Die Durchführung der Arbeiten erfolgt bei Bedarf am Betriebssitz des Autohändlers. Die Entlohnung erfolgt in Höhe eines Nettostundenlohns von € 8,50 pro Stunde. Die Stunden wer-

---

181   Vgl. BMfsV 11.4.1986, 120.932/15-6/85.
182   Vgl. VwGH 15.3.2005, 2001/08/0096.
183   Vgl. VwGH 20.9.2006, 2004/08/0110; ähnlich bereits VwGH 20.10.1988, 85/08/0062, 21.12.1993, 90/08/0224.

den vom Autoreiniger aufgezeichnet und am Ende des Monats dem Autohändler vorgelegt. Diese werden vom Autohändler geprüft und der Stundenlohn bar ausgezahlt. Die Putzmittel werden vom Autoreiniger zur Verfügung gestellt.

Der VwGH hat zu diesem Sachverhalt ausgeführt, dass bei einfachen manuellen Tätigkeiten oder Hilfstätigkeiten, die im Bezug auf die Arbeitsausführung und auf die Verwertbarkeit keinen ins Gewicht fallenden Gestaltungsspielraum des Dienstnehmers erlauben, bei einer Integration des Beschäftigten in den Betriebs des Beschäftigers, dass Vorliegen eines Beschäftigungsverhältnisses in persönlicher und wirtschaftlicher Abhängigkeit i.S.d. § 4 Abs. 2 ASVG ohne weitere Untersuchungen vorausgesetzt wird. Vorliegend ist eindeutig von einer einfachen manuellen Tätigkeit auszugehen. Für eine generelle Vertretungsbefugnis gibt es keine Anhaltspunkte. Das Vorliegen einer eigenen Gewerbeberechtigung ist nicht entscheidend. Die Tätigkeit wurde lediglich nach Aufforderung im Betrieb des Autohändlers erbracht, wobei der Autoreiniger stets kontrolliert wurde und die Arbeitszeit sich an den Bedürfnisses des Autohändlers orientierte.[184]

4.17. Atypisch stille Gesellschafter

Bei einer atypisch stillen Gesellschaft werden dem stillen Gesellschafter abweichend von der typischen stillen Gesellschaft Vermögensrechte am Unternehmen in der Form eingeräumt, dass er am Geschäftsvermögen in schuldrechtlicher Form so beteiligt wird, als ob er daran als Eigentümer beteiligt wäre und am Firmenwert Anteil hätte. Oftmals werden dem „stillen" auch Geschäftsführungsbefugnisse zugestanden. Er ist daher als Mitunternehmer anzusehen, wodurch die Dienstnehmereigenschaft ausgeschlossen wird.

Atypisch stille Gesellschafter – unabhängig vom Zeitpunkt der Begründung ihres Gesellschaftsverhältnisses – unterliegen seit 1. Jänner 1998 der Pflichtversicherung gem. § 2 Abs. 1 Z 4 GSVG. Eine selbstständige Erwerbstätigkeit ist dann gegeben, wenn eine Geschäftsführungsbefugnis, sonstige Mittätigkeit oder eine gesellschaftsrechtliche Verlustbeteiligung im Sinne einer unbeschränkten Nachschusspflicht über die Höhe der Einlage hinaus vorliegt.[185]

4.18. Bauern als Schneeräumer oder Böschungsmäher

Nach Ansicht des HVSVT werden schneeräumende Bauern, wenn sie eigene Großgeräte und Maschinen für die Schneeräumung verwenden, auf selbstständiger Basis tätig. Dasselbe gilt auch für jene Bauern, die bestimmte öffentliche Grünflächen betreuen.[186]

---

184   Vgl. VwGH 11.12.2013, 2011/08/0322.
185   Vgl. EMVB 004-ABC-G001.
186   Vgl. E-MVB 004-ABC-B-002.

4.19. Bausparverträge – Vermittler

Besteht gegenüber der Bausparkasse keine Weisungsgebundenheit und keine Berichterstattungspflicht, verwendet die Vermittlerin ihr eigenes Auto und erhält sie dafür weder eine Spesenvergütung noch ein Fixum oder eine sonstige Entlohnung unabhängig vom Arbeitserfolg, so berechtigt selbst das Bestehen eines Konkurrenzverbots nicht dazu, ein Überwiegen jener unterscheidungskräftigen Kriterien anzunehmen, die für das Vorliegen eines Beschäftigungsverhältnisses in persönlicher und wirtschaftlicher Abhängigkeit maßgeblich sind.[187]

4.20. BedienerInnen

Eine mit Arbeiten im Haushalt, großteils in Abwesenheit des Leistungsempfängers, beschäftigte Person ist im arbeitsbezogenen Verhalten nicht persönlich unabhängig, insbesondere wenn sie den Weisungen des Auftraggebers und durch die „stille Autorität" des Auftraggebers auch dessen Kontrollen unterliegt. Es ist von einem **echten Dienstverhältnis** i.S.d. § 4 Abs. 2 ASVG auszugehen.[188]

4.21. Berater

Ist eine Beraterin an ein Konkurrenzverbot gebunden, werden ihr die Arbeitsräume und Arbeitsmittel vom Dienstgeber zur Verfügung gestellt und ist es ihr ausdrücklich untersagt, das bereitgestellte Adressmaterial an Dritte weiterzugeben, ist sie vielmehr verpflichtet, alle Unterlagen im Verhinderungsfall (z.B. im Falle einer Erkrankung) unverzüglich an den Dienstgeber zurückzugeben, ist von einer persönlichen Arbeitspflicht der Beraterin auszugehen, die ein sozialversicherungspflichtiges Dienstverhältnis begründet.[189] Es liegt mE auf der Hand, dass bei Nichtvorliegen bzw. bei bloß eingeschränktem Vorliegen der obig genannten Elemente auch ein freier Dienstvertrag oder aber ein Werkvertrag denkbar und argumentierbar ist.

4.22. 24-Stunden-Betreuung

Die Betreuung von Personen in deren Privathaushalt („24-Stunden-Betreuung") kann im Rahmen eines Dienstvertrages oder einer selbständigen Erwerbstätigkeit erfolgen. Dabei verbleibt es grundsätzlich bei der allgemein höchstgerichtlich judizierten Abgrenzung der Vertragstypen. Ein echtes **Dienstverhältnis** wird daher dann vorliegen, wenn die ausschließliche Ausrichtung der Betreuung an den subjektiven – auch unsachlichen – Wünschen der betreuten Person beabsichtigt ist.[190]

---

187   Vgl. BMAGS 29.10.1997, 120.383/1-7/97.
188   Vgl. VwGH 16.4.1991, 90/08/0153.
189   Vgl. VwGH 25.4.2007, 2005/08/0084.
190   Vgl. OGH 2.10.2011, 8 ObA 17/11z.

4.23. Billeteure

Der VwGH hat entschieden, dass es bei einem Billeteur, der gegen Ende der von September bis Juni dauernden Saison eine Urlaubsersatzleistung erhält, zur Verlängerung der Pflichtversicherung kommt, ungeachtet der Tatsache, dass das Dienstverhältnis von Juli bis August unterbrochen ist.[191] Ein **echtes Dienstverhältnis** i.S.d. § 4 Abs. 2 ASVG wird in aller Regel vorliegen.

4.24. Botendienste

Allein aus der Tatsache, dass ein Unternehmen sein Fahrzeug jemandem überlässt, damit dieser für das Unternehmen eine Botenfahrt durchführt, kann noch nicht abgeleitet werden, dass trotz einer allfällig bestehenden wirtschaftlichen Abhängigkeit auch eine persönliche Abhängigkeit gegeben ist.[192] Anders ist der Sachverhalt jedoch zu beurteilen, wenn der Botendienstfahrer nebst Benützung des Fahrzeugs des Unternehmers verpflichtet ist, Funkaufträge anzunehmen, die Erledigung der Funkaufträge zu kommunizieren, u.s.w. Damit ist **Kontrollunterworfenheit** und Eingliederung in den betrieblichen Organismus des Dienstgebers gegeben.[193] Es ist diesfalls von einem **echten Dienstvertrag** auszugehen.[194]

4.25. Buchhalter

Ein Buchhalter wird in der Regel in einem echten Dienstverhältnis i.S.d. § 4 Abs. 2 ASVG stehen. Wenn ein Buchhalter jedoch gegenüber mehreren Auftraggebern tätig ist, ohne dabei ein bestimmtes Maß an Arbeitszeit zu vereinbaren und insbesondere eine erfolgsorientierte Entlohnung vereinbart ist, weiters die Möglichkeit besteht, Aufträge ablehnen zu können, ist nach Ansicht von Teilen der Lehre von einem **Wegfall der persönlichen Abhängigkeit** auszugehen.[195] Ein echtes Dienstverhältnis i.S.d. § 4 Abs. 2 ASVG scheidet diesfalls aus. Zu einer ähnlichen Ansicht kam seinerzeit das zuständige Bundesministerium.[196] Dabei wurde betont, dass ein Stundenbuchhalter, der selbständig die Buchhaltung und Bilanzierung eines Unternehmens vornimmt und dem dabei freigestellt wird, wann konkret und an welchen Tagen er arbeitet, nicht in einem Verhältnis persönlicher und wirtschaftlicher Abhängigkeit stehen kann.

---

191 Vgl. VwGH 3.7.2002, 98/08/0397.
192 Vgl. VwGH 8.2.1994, 91/08/0020.
193 Vgl. VwGH 3.4.2001, 96/08/0023.
194 Sehr restriktiv i.d.Z. auch ASG Wien 16.5.2001, 29 Cga 100/00p. Demnach liegt bei organisatorischer Eingliederung des Botenfahrers und bei Bindung an die Anordnungen des Arbeitgebers selbst dann ein echtes Dienstverhältnis vor, wenn der Botenfahrer die Fahrten mit dem eigenen PKW durchführt, er sich bei der Tätigkeit von einer Ersatzkraft vertreten lassen kann und aufgrund der spezifischen Vertragsgestaltung das finanzielle Risiko seiner Tätigkeit trägt.
195 Vgl. *Gager/Nagl*, Atypische Beschäftigungsverhältnisse aus arbeits-, steuer- und sozialversicherungsrechtlicher Sicht, 2000, 36.
196 Vgl. BMfsV 7.6.1960, II-46.177-10, SV-Slg. VII/Nr. 10.202.

4.26. Buchrestauratoren

Buchrestauratoren, welche antike Bücher, Schriftrollen etc. restaurieren und dabei über eigene spezifische Werkzeuge verfügen, sind m.E. wegen des Vorliegens wesentlicher eigener Betriebsmittel als neue selbstständige Erwerbstätige i.S.d. § 2 Abs. 1 Z 4 GSVG zu qualifizieren. Dafür spricht m.E. neben den speziellen Betriebsmitteln (z.B. spezielle Klebstoffe, Geräte, Materialien) insbesondere auch das spezifische Fachwissen, das die Auftragnehmer besitzen und das für die jeweilige Anwendung der Restaurationsmethoden prägend ist.

4.27. Chefredakteur

Ist ein Chefredakteur zur persönlichen Arbeitsleistung verpflichtet, die eine Vertretung nur durch andere beim Dienstgeber Beschäftigte zulässt und ist er in die Betriebsorganisation bis hin zu Vorgaben für die Art der Arbeitserbringung einschließlich der zumindest faktischen Ausübung einer Funktion als Zwischenvorgesetzter eingebunden, so überwiegen – ungeachtet der nicht durchgehenden Bindung an den Arbeitsplatz und einer gewissen eingeschränkt gegebenen zeitlichen Flexibilität – die Merkmale persönlicher und wirtschaftlicher Abhängigkeit gegenüber den Merkmalen einer selbständigen Erwerbstätigkeit. Es wird daher diesfalls **Dienstnehmereigenschaft** vorliegen.[197]

4.28. Chorsänger

Wenn Chorsänger bei einer von einer Festspielleitung vorgegebenen Produktion in organisatorischer Eingliederung in dem Betrieb mitwirken, wobei diese Einordnung über die bei derartigen Produktionen stets notwendige und rein sachlich bedingte Zusammenarbeit der einzelnen Mitwirkenden in Bindung an Weisungen der Regisseure etc. betreffend Probenzeiten, Probenanzahl, szenische Abfolgen etc. hinausgeht, wird dadurch ein Überwiegen der Merkmale persönlicher Abhängigkeit bewirkt. Es ist diesfalls davon auszugehen, dass **echte Dienstverhältnisse** i.S.d. § 4 Abs. 2 ASVG bestehen.[198] Anders beurteilte dies der VwGH hingegen, wenn ein generelles Vertretungsrecht gegeben war, das über den Fall der Vertretung im Krankheits- und Urlaubsfall hinausgegangen ist. Diesfalls fehlte es an der persönlichen Abhängigkeit, ein echtes Dienstverhältnis i.S.d. § 4 Abs. 2 ASVG war nicht gegeben.[199]

4.29. Dienstleistungsscheck

Auftragnehmer, die einfache haushaltstypische Tätigkeiten, wie z.B. Reinigung der Wohnung, Einkaufen oder einfache Gartenarbeit absolvieren, sind nach der

---

197 Vgl. VwGH 22.12.2009, 2006/08/0333.
198 Vgl. VwGH 25.1.1994, 92/08/0264.
199 Vgl. VwGH 25.5.2011, 2010/08/0025.

Systematik des Dienstleistungsscheckgesetzes (DLSG) zwangsläufig **echte Dienstnehmer** i.S.d. § 4 Abs. 2 ASVG.[200]

4.30. Diplomierte Krankenpfleger

Zu prüfen ist folgende Gestaltung, die in der Praxis nicht selten anzutreffen ist: Ein Krankenhaus bzw. Pflegeheim hat Personalbedarf. Es kontaktiert ein Unternehmen und teilt mit, an welchen Tages- oder Nachtdiensten Personalbedarf besteht. Dieses Unternehmen rekrutiert sodann aus dem ihm zur Verfügung stehenden „Poolpersonal" die entsprechenden Personen und übermittelt diesen eine entsprechende Diensteinteilung. Das Personal findet sich im Weiteren zu den entsprechend vorgegebenen Zeiten in dem Krankenhaus/Pflegeheim ein. Vom Tätigkeitsablauf aus betrachtet unterscheidet sich dieses „Fremdpersonal" nicht vom eigenen Personal des Krankenhauses/Pflegeheims. Zudem arbeitet es nie alleine, sondern immer gemeinsam mit dem jeweiligen hausinternen Personal. Die Qualität der Arbeit wird von der Stationsschwester, der diensthabenden Schwester bzw. nächtens auch fallweise von der Pflegedienstleiterin kontrolliert. Zudem findet eine Arbeitsübergabe zwischen hausinternem Personal und „Poolpersonal" statt. Die entsprechenden diesbezüglich relevanten Modalitäten finden sich in einem Merkblatt zum „Vermittlungsvertrag". Am Monatsende rechnet das Unternehmen mit dem Krankenhaus/dem Pflegeheim ab. Der Rechnungsbetrag besteht im Wesentlichen aus dem Honorar der diplomierten Krankenpfleger, welches diesen von dem Unternehmen ausbezahlt wird und der dem Unternehmen gebührenden Provision. Ein Geldfluss zwischen dem Krankenhaus/Pflegeheim und den diplomierten Krankenpflegern findet nicht statt.

Das Bundesministerium für Soziale Sicherheit, Generationen und Konsumentenschutz hat in einem an alle Landeshauptleute gerichteten Erlass vom 23.1.2003 klargestellt, dass eine freiberufliche Tätigkeit von diplomiertem Gesundheits- und Pflegepersonal in Krankenanstalten und Pflegeheimen durch Arbeitskräfteüberlassung den einschlägigen Rechtsvorschriften widerspricht und daher nicht zulässig ist.[201] Nach Ansicht des Hauptverbandes handelt es sich bei dieser Gestaltung um **Arbeitskräfteüberlassung** i.S.d. AÜG. Des Weiteren sind die überlassenen „Pool-Krankenpfleger" als Dienstnehmer bei dem überlassenden Unternehmen aufzufassen. Dieses Unternehmen ist als Dienstgeber anzusehen.[202]

Erwähnenswert ist in diesem Zusammenhang das kürzlich ergangene „Visicare-Urteil" des Verwaltungsgerichtshofs. Diesbezüglich hat der Verwaltungsgerichtshof ganz klar herausgearbeitet, dass seitens der Behörde genau überprüft und festgestellt werden muss, ob der Leistungsinhalt eines Vertrages jener einer Ver-

---

200 Vgl. detailliert *Freudhofmeier/Steiger*, Der Dienstleistungsscheck (DLS), taxlex 2006, 85.
201 Vgl. Erlass des BMSGK vom 23.1.2003, 21.250/86-VI/C/13/02.
202 Vgl. HVSVT 27.3. bzw. 3.4.2003, FO-MVB-32-51.1/02 Rv/Mm, E-MVB 004-ABC-A-003.

mittlung ist oder aber einer direkten Leistungsbeziehung. Sofern die vermittelnde Funktion des Auftraggebers gegeben ist, so ist dies von den erhebenden Behörden zu prüfen und zu würdigen. Wenn sich dies entsprechend verfestigt und die vermittelnde Funktion im Vordergrund steht, so bestehen direkte Vertragsverhältnisse mit den Vertragspartnern, die der Vermittler eben vermittelt hat, nicht aber mit dem Vermittler selbst. Wie der VwGH in dieser Entscheidung herausgearbeitet hat, nimmt eine solche Qualifizierung auch dadurch keinen Schaden, dass das Inkasso durch den Vermittler erfolgt und in weiterer Folge unter Einbehalt einer Vermittlungsgebühr der verbleibende Honorarwert oder Entgeltwert an die vermittelte Person weitergeleitet wird.[203]

4.31. Diskjockeys

Bei einem Diskjockey ist eine Einstufung als echter Dienstnehmer gemäß § 4 Abs. 2 ASVG, als freier Dienstnehmer i.S.d. § 4 Abs. 4 ASVG oder aber auch als Neuer Selbstständiger Erwerbstätiger gemäß § 2 Abs. 1 Z 4 GSVG denkbar. Ein echtes Dienstverhältnis nach **§ 4 Abs. 2 ASVG** wird vorliegen, wenn der Diskjockey in einem Dauerschuldverhältnis tätig ist (gleichsam: „Wochenende für Wochenende"), die Betriebsmittel der Diskothek/der Bar verwendet bzw. ein Vertretungsrecht nicht gegeben ist.[204]

Hingegen ist in einem anders gelagerten Fall durchaus denkbar, dass Pflichtversicherung gemäß **§ 2 Abs. 1 Z 4 GSVG** vorliegt. Diskjockeys, die mit eigenen Betriebsmitteln, z.B. einem eigenen Mischpult, eigenen Datenträgern, einer eigenen speziellen Anlage, allenfalls einem eigenen „Co-DJ" etc., auftreten, verfügen über eine derart ausgeprägt unternehmerische Position, dass eine Pflichtversicherung gemäß ASVG ausscheidet und eine Subsumierung unter den Tatbestand des § 2 Abs. 1 Z 4 GSVG vorzunehmen wäre. Diesfalls tritt im Übrigen auch die Tatsache, dass der Ort vorgegeben ist, an dem die Leistung als Diskjockey zu erbringen ist (das Veranstaltungslokal oder dergleichen) in den Hintergrund.[205]

4.32. Dolmetscher/Übersetzer

Sollte ein zu übersetzendes Dokument und die damit einhergehende Honorarvereinbarung klar abgrenzbar und als einmaliges Werk qualifiziert werden können, kann argumentiert werden, dass derjenige, der die Übersetzung vornimmt, aufgrund des **Vorliegens eines Zielschuldverhältnisses gemäß § 2 Abs. 1 Z 4 GSVG** einzustufen wäre. Wesentlich eigene Betriebsmittel können in diesem Zusammen-

---

203 Vgl. VwGH 31.3.2017, Ro 2015/13/0015.
204 Vgl. in diesem Zusammenhang auch VwGH 20.4.1993, 91/08/0180; darin kommt der VwGH insbesondere zu dem Schluss, dass die Erwartung einer durch den persönlichen Stil geprägten künstlerischen Note der von den einzelnen Diskjockeys zu erbringenden Dienstleistungen mit einer generellen Vertretungsmöglichkeit in Widerspruch stehe.
205 Vgl. VwGH 20.4.1993, 91/08/0180.

hang eigene Wörterbücher, eine spezielle Übersetzungssoftware oder dergleichen sein.

In einer etwas älteren Aussage hat auch das damals zuständige Bundesministerium für Arbeit und Soziales die Meinung vertreten, dass ein **Synchronsprecher** Auftragnehmer eines **Werkvertrags** ist, da der geschuldete Vertragsgegenstand „die Übersetzung der betreffenden Filmschleife" sei und die zeitliche Dauer der Tätigkeit bzw. ein Zurverfügungstellen der Arbeitsleistung gegenüber dem konkret geschuldeten Erfolg in den Hintergrund trete.[206] Auch der HVSVT hat vor einigen Jahren die Meinung vertreten, dass das Vertonen eines bereits fertiggestellten Videoprojekts durch Sprachaufnahmen als eine Tätigkeit als Neuer Selbstständiger Erwerbstätiger gemäß § 2 Abs. 1 Z 4 GSVG aufzufassen ist.[207]

4.33. Eislaufplatz-Betreuer

Ein auf bestimmte Zeit abgeschlossener Vertrag, wonach sich eine Einzelperson dazu verpflichtet, die Betreuung eines Eislaufplatzes insoweit zu übernehmen, als sie für die Reinigung der Eisfläche, das Inkasso, die Bereitstellung der Schlittschuhe etc. zuständig und zur Ausübung dieser Tätigkeit nach der Faktenlage ohne Einfluss auf die Gestaltung der Preise und ohne Beibringung eigener Betriebsmittel verpflichtet ist, führt zum Vorliegen eines echten Dienstverhältnisses gem. § 4 Abs. 2 ASVG. Dies u.a. auch deshalb, da die Öffnungszeiten des Platzes auch noch vorgegeben waren. [208]

4.34. Erntehelfer

Für den Wirtschaftszweig Landwirtschaft wird mit Verordnung des BMASK – aufgeteilt auf die einzelnen Bundesländer – ein bundesweites Kontingent für die kurzfristige Beschäftigung von ausländischen Erntehelfern festgelegt, in dessen Rahmen Beschäftigungsbewilligungen erteilt werden dürfen, deren Geltungsdauer 6 Wochen nicht überschreiten darf.[209]

Sozialversicherungsrechtlich gelten Erntehelfer aufgrund der persönlichen Abhängigkeit als **echte Dienstnehmer** i.S.d. § 4 Abs. 2 ASVG.[210]

4.35. Erwachsenenbildung – Trainer

Auch wenn in einem als „Werkvertrag" bezeichneten Vertrag mit einer Trainerin in einer Erwachsenenbildungseinrichtung ein uneingeschränktes (generelles) Ver-

---

206 Vgl. BMAS 27.5.1991, SVSlg 36.925.
207 Vgl. HVSVT 23.2.2000, 32-51.1/00 Sm/Mm.
208 Vgl. VwGH 29.4.2015, 2014/08/0196.
209 Vgl. ARD 6217/1/2012.
210 Vgl. HVSVT 13.7.2000, 32-51.1/00 Ch/Sö.

tretungsrecht vereinbart war, liegt ein Beschäftigungsverhältnis in persönlicher und wirtschaftlicher Abhängigkeit i.S.d. **§ 4 Abs. 2 ASVG** vor, wenn das tatsächliche Vertretungsrecht de facto nicht praktiziert wurde und die Vortragende zudem organisatorisch in den Betrieb des Dienstgebers integriert war, darüberhinaus seinen sachlichen Weisungen unterlag und durch eine Kontrollmöglichkeit auch eine Einschränkung der persönlichen Bestimmungsfreiheit bestand.[211]

4.36. Essenszusteller

Essenszusteller sind nach Ansicht des VwGH dann als **echte Dienstnehmer** i.S.d. § 4 Abs. 2 ASVG zu qualifizieren, wenn sie von einem bestimmten Gastronomiebetrieb aus Zustellungen an dessen Kunden vornehmen müssen (und damit eine Bindung an einen spezifischen Arbeitsort gegeben ist), wenn ihre Arbeitszeitwünsche nur dann berücksichtigt werden, wenn dies der Notwendigkeit des lückenlos zu besetzenden Betriebes nicht widerspricht (zeitliche Bindung), sie die Aufnahme und Beendigung der Tätigkeit telefonisch dem Arbeitgeber mitzuteilen haben und die Getränke und Speisen in Behältnissen transportiert werden, welche vom Arbeitgeber (dem Gastronomiebetrieb) zur Verfügung gestellt werden. Durch letzteres Kriterium ist auch immanent, dass eine entsprechende organisatorische Eingliederung der Essenszusteller gegeben ist und diese überdies mit den Betriebsmitteln des Gastronomiebetriebes arbeiten.[212]

4.37. Expeditarbeiter

Der OGH hat im Fall eines Expeditarbeiters **trotz Ablehnungsrecht** entschieden, dass ein **echtes Dienstverhältnis** gegeben sei. Konkret war in dem zugrunde liegenden Sachverhalt ein Expeditaushelfer mit dem Einlegen von Werbematerial und Sonntagsbeilagen in Zeitungen beschäftigt. Der Expeditmitarbeiter konnte sich über ein Telefonservice über das Angebot an Arbeit informieren und ein konkretes Beschäftigungsangebot unter Verwendung eines bestimmten Telefoncodes annehmen oder auch per Telefon mittels eines Zifferncodes wieder ablehnen. Im Krankheitsfall war der Expeditarbeiter ermächtigt, eine geeignete Person zur Vertretung bekannt zu geben. Der Expeditmitarbeiter machte bei Gericht Entgeltfortzahlung für die Phasen des Krankenstandes geltend. Der OGH bejahte das Bestehen eines echten Dienstvertrags v.a. mit der Begründung, dass bei Würdigung des Gesamtbildes die Möglichkeit, Beschäftigungsangebote des Arbeitgebers auszuschlagen bzw. sich vertreten zu lassen in den Hintergrund trat, zumal der Arbeitnehmer von der Möglichkeit, Aufträge abzulehnen de facto keinen Gebrauch gemacht hat.[213]

---

211 Vgl. VwGH 11.7.2012, 2010/08/0204.
212 Vgl. VwGH 19.10.2005, 2002/08/0242.
213 Vgl. OGH 13.11.2003, 8 Ob A 86/03k; vgl. *Gerhard*, Charakteristika des Arbeitsvertrages, ASoK 2005, 321 ff.

4.38. Fachautoren

Sollte eine Verpflichtung zur regelmäßigen Leistung, insbesondere zur persönlichen Dienstleistung, gegeben sein und darüber hinaus eine Eingliederung in den betrieblichen Organismus des Auftraggebers vorliegen, ist bei einem Fachautor von einem echten Dienstnehmer gemäß § 4 Abs. 2 ASVG auszugehen.

Bei regelmäßiger Tätigkeit des Fachautors ohne Verpflichtung tätig zu werden bzw. bei fehlender organisatorischer Eingliederung ist jedoch auch ein freies Dienstverhältnis gemäß § 4 Abs. 4 ASVG denkbar.

Tantiemen aus Autoren(Werknutzungs)verträgen für Bücher und Tantiemen aus Autoren(Werknutzungs)verträgen für Loseblattsammlungen und Buchserien, die regelmäßig erscheinen, unterliegen jedoch nicht der Sozialversicherungspflicht gemäß § 4 Abs. 4 ASVG.[214]

Pflichtversicherung als **Neuer Selbstständiger Erwerbstätiger** im Sinne des § 2 Abs. 1 Z 4 GSVG wird vorliegen, wenn der Auftragnehmer entweder Auftragnehmer eines Werkvertrages ist und sich seine Vertragsverpflichtung daher auf ein konkretes Werk (z.B. ein Buch, einen Aufsatz) erstreckt, ohne dass eine auf Dauer angelegte Vertragsbeziehung entsteht oder aber der Auftragnehmer wesentliche eigene Betriebsmittel einbringt und seine Verpflichtung z.B. mit einer Spezialsoftware (Satz-, Layout-, Grafikprogramme etc.) absolviert. Des Weiteren wird eine Pflichtversicherung nach ASVG insbesondere dann ausscheiden, wenn Autorentätigkeiten ohne diesbezügliche Verpflichtung erbracht wurden (sinngemäß durch Annahme eines unverbindlichen Anbots des bereits vollendeten Werkes durch den Autor und Entrichtung des hierfür im Gegenzug angebotenen Honorars). In Ermangelung einer Verpflichtung zum Tätigwerden muss hier davon ausgegangen werden, dass sowohl eine Pflichtversicherung gemäß § 4 Abs. 2 ASVG als auch gemäß § 4 Abs. 4 ASVG ausscheidet.[215]

In diesem Zusammenhang existiert bereits eine breite Vielfalt an Judikatur des VwGH, die nachstehend kurz dargestellt werden soll.

Das Bearbeiten von Urteilen für ein Steuermagazin in Form der Bearbeitung und Wiedergabe von Gerichtsentscheidungen stellt nach Ansicht des VwGH selbst dann einen Werkvertrag dar, wenn Gerichtsentscheidungen über einen längeren Zeitraum regelmäßig wiederkehrend einem Autor übermittelt und von diesem in Form von Leitsätzen bearbeitet werden. Dies allein bedeutet keineswegs, dass deswegen eine dauernde Vertragsbeziehung zwischen Verlag und Autor bestanden haben muss.[216]

Der ständige Redakteur, der sich gegenüber dem Verlag als Journalist auf Dauer vertraglich zu Dienstleistungen verpflichtet, die in wesentlichen Eckpunkten vom

---

214   Vgl. E-MVB 004-ABC-A-011.
215   So auch HVSVT 3.9.1996, 32-51.1/96 Sm/Mm; E-MVB 004-ABC-A-011.
216   Vgl. VwGH 3.7.2002, 2000/08/0161.

Verlag vorgegeben werden, ist in keinem Werkvertrag tätig, selbst wenn diese Dienstleistungen zum Teil auch in „Werken" bestanden haben.[217]

Wenn die nebenberufliche Tätigkeit eines Universitätsprofessors als Herausgeber und Schriftleiter einer wissenschaftlichen Fachzeitschrift die Beurteilung von eingereichten Manuskripten, fallweise auch die Kontaktaufnahme mit den Autoren zur fachlichen Diskussion, der Akquisition von Fachbeiträgen sowie die Möglichkeit, Fachaufsätze zu veröffentlichen umfasst und er für die Lieferung des bereits fertigen Inhaltes zur Veröffentlichung in der Fachzeitschrift einen fixen Betrag „pro Werk" und einen fixen Betrag pro Druckseite für die Fachaufsicht erhält, ist nicht die Herstellung eines abgeschlossenen individuellen Werkes, sondern die Erbringung von Dienstleistungen im Rahmen eines Dauerschuldverhältnisses geschuldet. In Ermangelung von Bindungen an Weisungen hinsichtlich Arbeitsort, Arbeitszeit sowie arbeitsbezogenen Verhaltens ist dieses Dauerschuldverhältnis jedoch als freier Dienstvertrag zu qualifizieren.[218]

Aufgrund der seit 1.1.2001 geltenden Rechtslage ist bei einer Tätigkeit als Schriftsteller in aller Regel Pflichtversicherung gemäß § 2 Abs. 1 Z 4 GSVG gegeben. Dies ist insbesondere dann augenscheinlich, wenn ein Unternehmerrisiko vorliegt. Sollte der Sachverhalt daher so ausgestaltet sein, dass ein Schriftsteller einem Verlag ein Manuskript abgibt und dieser Verlag sodann selbst entscheiden kann, ob er die Veröffentlichung vornimmt oder ablehnt, ist aufgrund des unzweifelhaft gegebenen Unternehmerwagnisses jedenfalls Pflichtversicherung gemäß § 2 Abs. 1 Z 4 GSVG gegeben.[219]

4.39. Fahrlehrer

Das Kraftfahrzeuggesetz (KFG) unterscheidet zwischen Fahrlehrern und Fahrschullehrern. Die Voraussetzungen hierfür sind in § 109 Abs. 1 lit. b (Vertrauenswürdigkeit) und lit. g (Vorliegen einer Lenkerberechtigung) KFG angeführt. Eine Zuordnung der Fahrlehrer zu **§ 4 Abs. 2 ASVG oder § 4 Abs. 4 ASVG** ist aufgrund der konkreten Umstände des Einzelfalles vorzunehmen. Zumindest betreffend Personen, die den theoretischen Unterricht vornehmen, wird Pflichtversicherung gemäß § 4 Abs. 2 ASVG gegeben sein.[220]

4.40. Fahrradbotendienste

In der Regel wird beim Fahrradbotendienst ein echtes Dienstverhältnis gemäß § 4 Abs. 2 ASVG vorliegen. Das Fahrrad ist grundsätzlich nach herrschender Ansicht der Verwaltungsbehörden nicht als wesentliches eigenes Betriebsmittel zu erach-

---

217 Vgl. VwGH 19.10.2005, 2002/08/0264.
218 Vgl. VwGH 7.9.2005, 2002/08/0203.
219 Vgl. *Freudhofmeier* in *Ehrke-Rabel/Freudhofmeier/Linzner-Strasser/Toifl/Vrignaud*, Künstler und Sportler im nationalen und internationalen Steuerrecht², 2006, 261.
220 So auch HVSVT 25., 26.9.2003, FO-MVB/32-51.1/03 Rv/Mm.

ten. Die Verwaltungsbehörden stellen bei der Beurteilung der Frage, ob ein Betriebsmittel wesentlich ist oder nicht, auf eine Gesamtbetrachtung des Beschäftigungsverhältnisses und der dabei eingesetzten Betriebsmittel ab. Da beim Fahrradbotendienst die geschuldete Leistung „Botendienst" im Vergleich zum dafür eingesetzten (Hilfs-)Betriebsmittel „Fahrrad" von überwiegender Bedeutung sei, wäre die **Wesentlichkeit des Betriebsmittels** und damit eine Zuordnung des Fahrradbotendienstes unter § 2 Abs. 1 Z 4 GSVG nicht möglich.[221]

4.41. Fahrscheinkontrolleure

Wenn Kontrollunterworfenheit und Berichtspflicht besteht und darüber hinaus kein Unternehmerrisiko gegeben ist, ist bei Fahrscheinkontrolleuren von dem Bestehen eines echten Dienstverhältnisses gemäß § 4 Abs. 2 ASVG auszugehen. Denkbar wäre allenfalls bei Vorliegen der entsprechenden „Freiheitsrechte" das Bestehen eines freien Dienstverhältnisses gemäß § 4 Abs. 4 ASVG, was in einem solchen Fall vom VwGH allerdings verneint wurde.[222] In dieser Entscheidung hat der VwGH den Umstand in den Vordergrund gerückt, dass bei Fahrscheinkontrolleuren ein fixer Stundenlohn ohne Unternehmerrisiko besteht, keine eigenen Betriebsmittel zur Durchführung der Tätigkeit benötigt werden und daher vom Bestehen eines echten Dienstverhältnisses auszugehen ist. Sollte jedoch – so der VwGH – kein durchgehendes Beschäftigungsverhältnis vorliegen, weil eine konkrete Arbeitsverpflichtung erst durch Eintragung der Kontrolleure in den Dienstplan zustande kommt, wobei die Eintragung über Initiative des jeweiligen – mit anderen in einem Pool zusammengefassten – Kontrolleurs erfolgt, handelt es sich um **fallweise beschäftigte Personen** im Sinne des § 471a Abs. 1 ASVG.

4.42. Ferialpraktikanten

Für Zwecke des **Arbeitsrechts** ist bei Beurteilung eines Ferialpraktikanten zu evaluieren, ob eine durch Schule bzw. Studium prädestinierte Ausbildung oder aber der Wille, sich in den Ferien etwas „dazuverdienen" zu wollen, im Vordergrund steht. Ein Beispiel aus der jüngeren Rechtsprechung sei in diesem Zusammenhang angeführt: Stehen bei der Tätigkeit eines Schülers einer Gartenbauschule in einem facheinschlägigen Unternehmen nicht Ausbildungszwecke im Vordergrund, sondern möchte sich der Schüler nur Geld für einen Urlaub verdienen, ist er überdies an fixe Arbeitszeiten gebunden und überwiegend zu Büroarbeiten eingesetzt, ist von einem echten Dienstverhältnis und nicht von einem Ferialpraktikum (Volontariat) auszugehen.[223] Wesentliche Charakteristika für den echten Ferialpraktikanten sind daher:

---

221 Vgl. HVSVT 28.1.1998, 32.51.1/98 Sm/Mm.
222 Vgl. VwGH 21.12.2005, 2004/08/0066.
223 Vgl. OLG Wien 28.1.2004, 8 Ra 179/03g.

- Weisungsfreiheit
- Keine Bindung an betriebliche Arbeitszeiten
- Nicht in das organisatorische Gefüge des Arbeitgebers eingebunden
- Nicht je nach betrieblicher Notwendigkeit zu konkreten Arbeitstätigkeiten eingeteilt
- Vorrangig: die Ausbildung steht im Vordergrund
- Die Tätigkeit erfolgt unentgeltlich oder gegen geringes Entgelt, sog. „Taschengeld"

Sollten diese Charakteristika nicht überwiegen, ist arbeitsrechtlich tendenziell von dem Bestehen echter Dienstverträge auszugehen. Diesfalls gilt das spezielle Arbeitsrecht, wie z.B. AngG, BMSVG, UrlG, Kollektivvertrag.[224] Insbesondere die Zuweisung einer Hilfstätigkeit wird ein echtes Ferialpraktikum in der Regel ausschließen.[225]

Für **Zwecke der Lohnsteuer** sind auch echte Ferialpraktikanten nach Ansicht der Finanzverwaltung als echte Dienstnehmer zu betrachten.[226] Es ist ein Lohnkonto zu führen. Auch ein Lohnzettel ist auszustellen. Im Falle eines Praktikums von Fachhochschulstudenten wird in der Regel aus lohnsteuerlicher Sicht ein Dienstverhältnis angenommen, wenn die Elemente der persönlichen Abhängigkeit und der Integration in den betrieblichen Organismus gegeben sind.[227] Wegen der geringen Ausgestaltung des Bezuges („Taschengeldes") wird in der Regel keine Lohnsteuer anfallen.

Sozialversicherungsrechtlich ist zu differenzieren. Erhält der echte Ferialpraktikant für seine Tätigkeit kein Entgelt (nicht einmal ein „Taschengeld"), ist keine Anmeldung bei der GKK erforderlich. Es fallen auch keine SV-Beiträge mehr an. Die Tätigkeit ist durch die Schülerunfallversicherung mitabgedeckt. Gebührt ein Entgelt, erfolgt sozialversicherungsrechtlich eine Anmeldung als echter Dienstnehmer i.S.d. § 4 Abs. 2 ASVG bei der Gebietskrankenkasse. Dies wird mit dem in § 4 Abs. 2 letzter Satz ASVG enthaltenen Verweis der Lohnsteuerpflicht begründet.[228]

4.43. Filmkomparsen

Gemäß einer etwas älteren Ansicht der Verwaltungsbehörden unterliegen **Filmkomparsen** mangels persönlicher Abhängigkeit nicht der Pflichtversicherung i.S.d. § 4 Abs. 2 ASVG.[229] Auch der Hauptverband der Sozialversicherungsträger hat vor einigen Jahren die Ansicht vertreten, dass bei **Statisten** eine Pflichtversicherung gemäß § 4 Abs. 4 ASVG möglich sei, zumal Statisten nicht als Kunst-

---

224 Zu beachten ist allerdings der Sonderfall des Gastgewerbes. Der Kollektivvertrag für Arbeiter in der Hotellerie und Gastronomie regelt einen Entgeltanspruch auch für Ferialpraktikanten.
225 Vgl. PV für die Praxis, Ferialpraktikanten – gibt es die noch?, 2006, 114.
226 Vgl. LStR, Rz. 976.
227 Vgl. UFS Linz 31.1.2008, GZ RV/0795-L/06.
228 PV für die Praxis, Ferialpraktikanten – gibt es die noch?, 2006, 114.
229 Vgl. Amt der Wr. Landesregierung, 21.1.1960, MA. 14 – S 16/59, SoSi. 1960 Nr. 11, 358.

schaffende aufzufassen wären.[230] Allerdings weist der HVSVT darauf hin, dass auch echte Dienstverhältnisse möglich sein können, wenn die Kriterien der persönlichen Abhängigkeit erfüllt sind.

4.44. Fitness-, Aerobic- und sonstige Sporttrainer

Fitnesstrainer, die in Fitnessstudios tätig sind, werden in der Regel als echte Dienstnehmer im Sinne des **§ 4 Abs. 2 ASVG** zu qualifizieren sein, zumal insbesondere fixe Arbeitszeiten, regelmäßig das Nichtbestehen des Vertretungsrechtes sowie die Vorgabe gewisser Kleidervorschriften gegeben sein werden.

Auch **Aerobictrainer** mit persönlicher Leistungspflicht und ohne Recht auf jederzeitige Vertretung, sind regelmäßig echte Dienstnehmer gemäß § 4 Abs. 2 ASVG.[231] Allenfalls wäre bei einem Aerobictrainer mit Recht zur jederzeitigen Vertretung die Möglichkeit eines freien Dienstverhältnisses gemäß § 4 Abs. 4 ASVG gegeben. Diesfalls wäre eine Pflichtversicherung gemäß § 4 Abs. 2 ASVG ausgeschlossen.[232]

Bei **Amateurtrainern** (z.B. Amateurtrainer einer Fußballmannschaft; beispielsweise im Nachwuchsbereich) ist mE eine Gestaltung als **freier Dienstnehmer** denkbar. Nicht selten kommt es bei Amateurtrainern vor, dass zwei oder drei Personen eine (Jugend-)Mannschaft betreuen und sich dabei im Falle einer Verhinderung entweder gegenseitig vertreten oder vertreten lassen können oder aber es nicht unbedingt erforderlich ist, dass sie bei jeder Trainingseinheit oder bei jedem Spiel anwesend sind.

Auch der VwGH ist in einer bereits älteren Entscheidung zu dem Schluss gelangt, dass ein **Fußballtrainer** unter gewissen Bedingungen auf Basis eines freien Dienstvertrags tätig sein kann, wobei sich in dem der Entscheidung zugrunde liegenden Sachverhalt der Trainer seine Arbeitszeit selbst einteilen konnte und an keine Weisungen hinsichtlich seines arbeitsbezogenen Verhaltens gebunden war. Zudem war der Trainer mehrfach abwesend, ohne dass der Vereinsleitung hierüber zuvor Mitteilung gemacht worden wäre.[233]

Im Gegensatz wurde von der Rechtsprechung die Tätigkeit eines **Basketballtrainers** als echter Dienstvertrag qualifiziert. Zwar hatte der Trainer in dem zu entscheidenden Sachverhalt die Möglichkeit, das Training individuell zu gestalten, nicht jedoch, die vorgegebenen bzw. vereinbarten Trainingszeiten und die Orte, an denen trainiert wurde, jederzeit zu ändern.[234]

---

230 Vgl. HVSVT 004-ABC-ST-001.
231 Vgl. VwGH 24.1.2006, 2004/08/0101.
232 Vgl. VwGH 24.1.2006, 2004/08/0102.
233 Vgl. VwGH 11.5.1993, 91/08/0025, ARD 4481/28/1993; vgl. in diesem Zusammenhang auch *Tomandl,* Sozialrechtliche Probleme des Fußballsports, in *Karollus/Achatz/Jabornegg,* Aktuelle Rechtsfragen des Fußballsports III, 2002, 65.
234 Vgl. OLG Wien 15.7.2004, 9 Ra 53/04m.

In einer anderen Entscheidung hat der VwGH festgestellt, dass es sich bei den Verträgen von **Skilehrern,** im konkreten Fall von Tiroler Skilehrern, um echte Dienstverträge handelt, da ein persönliches Abhängigkeitsverhältnis gegeben sei. Es sei eine Bindung an die Betriebsordnung der Skischule, skischulspezifische Kleidung sowie insbesondere keine Vertretungsmöglichkeit gegeben. Im Übrigen würde das Tiroler Skischulgesetz den Abschluss freier Dienstverträge zwischen Skischule und Skilehrer gar nicht zulassen.[235]

Kritisch ist nach Ansicht des Autors die Auffassung des HVSVT zu **Drachenfluglehrern.** Drachenfluglehrer, die an Drachenflugschulen tätig sind, dort eigene Kurse abhalten und nach Stunden bezahlt werden, die von ihnen geschuldeten Leistungen aber mit ihren eigenen Drachenfluggeräten (kurz „Drachen") abhalten, erfüllen nach Ansicht des HVSVT nicht den Tatbestand neuer selbstständiger Erwerbstätiger i.S.d. § 2 Abs. 1 Z 4 GSVG. Insbesondere sei der eigene Drachen nicht als wesentliches eigenes Betriebsmittel i.S.d. gesetzlichen Bestimmung zu werten, zumal in den Vordergrund gerückt werden müsste, dass die zu unterrichtenden Schüler Drachen der Drachenflugschule zur Verfügung gestellt bekämen. Weiters stützt der HVSVT seine Ansicht darauf, dass bei den Drachenfluglehrern im zu entscheidenden Sachverhalt ein Verhältnis persönlicher Abhängigkeit gegeben war, da Gebundenheit an Arbeitszeit und -ort sowie mangelnde Vertretungsbefugnis vorgelegen sei.[236]

4.45. Fleischbeschauer

Dient das Weisungs- und Überwachungsrecht der Gemeinde gegenüber einem als Fleischbeschauer tätigen Tierarzt nur der Wahrung veterinär-, sanitäts- und lebensmittelpolizeilicher Belange, so kann es nicht als Merkmal für eine persönliche Abhängigkeit angesehen werden. Ein **echtes Dienstverhältnis** würde bei einer diesbezüglichen Sachverhaltskonstellation **ausscheiden.**[237]

4.46. Fluglehrer

Sofern Fluglehrer einer Paragleitschule zur persönlichen Arbeitsleistung verpflichtet sind und ihnen kein generelles Vertretungsrecht, sondern nur die Möglichkeit der Vertretung durch Kollegen zukommt und zudem Weisungs- und Kontrollmöglichkeiten des Dienstgebers gegeben sind, so ist vom Vorliegen persönlicher Abhängigkeit der Fluglehrer und somit von einem echten Dienstverhältnis gem. § 4 Abs. 2 ASVG auszugehen.[238]

---

235   Vgl. VwGH 21.4.2004, 2000/08/0113.
236   Vgl. HVSVT 5.6.2003, FO-MVB/32-51.1/02 Rv/Mm.
237   Vgl. VwGH 8.7.1959, 1013/58, SoSi 1959, Nr. 10, 318.
238   Vgl. VwGH 22.12.2009, 2006/08/0317.

In einer jüngeren Entscheidung hat der VwGH zum Ausdruck gebracht, dass die Tätigkeit eines Fluglehrers dann als echtes Dienstverhältnis gem. § 4 Abs. 2 ASVG zu beurteilen ist, wenn die Tätigkeit in den Betriebsräumlichkeiten der Flugschule mit deren Betriebsmitteln (v.a. dem Flugzeug) und zu in der Regel vorgegebenen Betriebszeiten ausgeübt wird. Die Tatsache, dass dem Fluglehrer zu keiner Zeit persönliche Weisungen erteilt werden, hat der VwGH in diesem Fall, wegen der in diesem Fall in substantiellem Ausmaß gegebenen organisatorischen Eingliederung und der „stillen Autorität" des Dienstgebers als unbeachtlich gewertet.[239]

4.47. Flüchtlingsberater

Flüchtlingsberater werden vom Bundesasylamt aufgrund ihrer Vertretungsmöglichkeit als freie Dienstnehmer gem. § 4 Abs. 4 ASVG angemeldet. Sie beziehen Geldleistungen nach § 40 Asylgesetz. Diese sind als Aufwandsentschädigung bezeichnet und gelten als Entgelt im sozialversicherungsrechtlichen Sinn.

Der Hauptverband der Sozialversicherungsträger sieht daher bei Flüchtlingsberatern die Elemente eines freien Dienstvertrages gem. § 4 Abs 4 ASVG als gegeben an.[240]

4.48. Forschungsprojekte

Ein im Ruhestand befindlicher Universitätsprofessor vereinbarte mit seinem Auftraggeber die Absolvierung eines Forschungsprojekts; dieses wurde vom Jubiläumsfonds der Österreichischen Nationalbank (OeNB) finanziert. Das Forschungsprojekt bezog sich auf ein historisches Thema. Nach diversen Recherchearbeiten sollte ein Zwischenbericht und schließlich ein Endbericht erstellt werden. Der VwGH kam zu dem Schluss, dass die Absolvierung des Forschungsprojekts im Rahmen eines Werkvertrages an sich denkbar wäre, wobei es für die Qualifizierung als Werkvertrag maßgeblich darauf ankomme, ob ein abgrenzbarer und „gewährleistungstauglicher" Erfolg geschuldet wird. Substantielle Bedeutung hat daher die Frage, ob Gewährleistungsansprüche bestehen, ausgeschlossen wurden oder von vornherein nicht bestanden haben.[241]

4.49. Frühförderinnen

Eine Sozialorganisation beschäftigte mobile Frühförderinnen zur Betreuung von behinderten Kindern in deren gewohnter Umgebung. Der VwGH qualifizierte diese Tätigkeiten als echte Dienstverhältnisse, da er in den Vordergrund rückte,

---

239 Vgl. VwGH 26.8.2014, 2012/08/0100.
240 Vgl. HVSVT 23.1.2001, 32-51.1/01 Ch/Mn.
241 Vgl. VwGH 23.5.2007, 2005/08/0003.

dass die Frühförderinnen trotz Mobilität und Flexibilität und trotz der Möglichkeit, Aufträge ablehnen zu können, dennoch qualifizierte Vorgaben hinsichtlich ihrer Arbeit zu befolgen hatten (Besprechungen, Teamsitzungen sowie diverse Büroarbeiten) und darüber hinaus im Falle der Übernahme eines Kindes i.d.R. zwei oder mehrere Jahre durchgehend mit dieser Betreuung beschäftigt waren. Da die Frühförderinnen zudem Betriebsmittel seitens des Auftraggebers beigestellt bekamen, war bei der Gesamtbeurteilung des Sachverhalts von echten Dienstverträgen auszugehen.[242]

4.50. Funktionäre

Je nach konkreter Ausgestaltung des Sachverhalts sind im Hinblick auf die abgabenrechtliche Beurteilung von Funktionären unterschiedliche Handhaben möglich. Bei der Tätigkeit als Funktionär eines Vereins wird vielfach kein Dienstverhältnis gegeben sein. Nichtsdestotrotz, ausgeschlossen ist dies keineswegs. Wenn ein **Dienstverhältnis** besteht, Weisungen erteilt werden und eine organisatorische Eingliederung besteht, wird Pflichtversicherung i.S.d. § 4 Abs. 2 ASVG gegeben sein und werden Einkünfte i.S.d. § 25 Abs. 1 Z 1 lit. a EStG vorliegen. Funktionsgebühren an Funktionäre öffentlich-rechtlicher Körperschaften stellen sonstige Einkünfte i.S.d. § 29 Z 4 EStG dar; hingegen sind Bezüge aus einem Dienstverhältnis zu einer öffentlich-rechtlichen Körperschaft nicht unter § 29 Z 4 EStG, sondern unter § 25 Abs. 1 Z 1 lit. a EStG zu subsumieren.

Das OLG Wien verneinte bei einem Vereinsvorstand das Bestehen eines Dienstverhältnisses. In dem der Entscheidung zugrunde liegenden Sachverhalt wurde ein als Koch beschäftigter Arbeitnehmer als Vorstandsmitglied und stellvertretender Kassier in einem Sportverein, dessen Obfrau die Arbeitgeberin des Arbeitnehmers war, regelmäßig zur Bedienung der Vereinsmitglieder mit den von der Obfrau des Vereins besorgten Getränken im Vereinslokal herangezogen. Das Begehr des Kochs auf Bezahlung ausstehender Überstundenentgelte lehnte das OLG Wien mit der Begründung ab, dass dem Koch bezüglich der angesprochenen Serviertätigkeit als Vorstandsmitglied des Vereins das für die Eigenschaft als Arbeitnehmer erforderliche Element der Fremdbestimmtheit fehle, weil er aufgrund seiner Funktion als Vorstandsmitglied nicht hierarchisch untergeordnet sei.[243]

4.51. Garderobiere

Mitglieder des Publikumsdienstes eines Opernhauses (Garderobiere), mit denen zumindest zwei unmittelbar aufeinander folgende **Dienstverträge** jeweils vom 1.9. bis 30.6. des Folgejahres geschlossen wurden, stehen in einem durchgehenden ununterbrochenen Dienstverhältnis. Für den Zeitraum der Unterbrechung besteht,

---

242   Vgl. VwGH 21.2.2007, 2003/08/0232.
243   Vgl. OLG Wien 26.2.2004, 7 Ra 162/03z.

da dieser Zeitraum von 1.7. bis 31.8. und somit länger als einen Monat dauert, gemäß § 11 Abs. 3 lit. a ASVG keine Pflichtversicherung.[244] Ebenso vertritt die Finanzverwaltung die Auffassung, dass Personen, welche Publikumsdienste in Theaterbetrieben erbringen, i.d.R. als echte Dienstnehmer i.S.d. § 4 Abs. 2 ASVG zu qualifizieren sind.[245]

4.52. Geschäftsführer einer GmbH

Der Fremdgeschäftsführer einer GmbH bezieht Einkünfte i.S.d. § 25 Abs. 1 Z 1 lit. a EStG und ist gemäß **§ 4 Abs. 2 ASVG** pflichtversichert. Auch arbeitsrechtlich wird in aller Regel ein Dienstverhältnis gegeben sein.[246] Selbiges wird grundsätzlich auch für den Fall der Beteiligung von 0–25 % gelten. Bei einer Beteiligung von über 25 %, aber unter 50 % werden bei einem GmbH-Gesellschafter-Geschäftsführer zwar Einkünfte aus selbstständiger Arbeit i.S.d. § 22 Z 2 EStG vorliegen, jedoch wird grundsätzlich weiterhin in aller Regel Pflichtversicherung i.S.d. § 4 Abs. 2 ASVG gegeben sein – abgesehen von dem Fall der qualifizierten Sperrminorität oder dem Nichtbestehen eines Dienstverhältnisses. Ab 50%iger Beteiligung besteht jedoch wegen des dann immanenten Wegfalls einer Weisungsbindung keine Pflichtversicherung i.S.d. § 4 Abs. 2 ASVG, sondern regelmäßig Pflichtversicherung gemäß **§ 2 Abs. 1 Z 3 GSVG** oder § 2 Abs. 1 Z 4 GSVG (im Falle der fehlenden Kammerzugehörigkeit der GmbH).[247] Ab einer Beteiligung dieser Größenordnung schließt die Tatsache des beherrschenden Einflusses des Gesellschafter-Geschäftsführers auf die Gesellschaft auch dessen Qualifizierung als Dienstnehmer im arbeitsrechtlichen Sinne aus.[248]

Dennoch kann dies nur eine allgemeine Leitlinie für die abgabenrechtliche Qualifizierung eines Geschäftsführers sein. Im konkreten Einzelfall ist durchaus auch eine alternative Gestaltung denkbar. So hat der VwGH vor einigen Jahren ausgesprochen, dass das Weisungsrecht der Generalversammlung allein nicht notwendigerweise auch die Berechtigung zur Erteilung persönlicher Weisungen, also Weisungen in den für die persönliche Abhängigkeit maßgebenden Belangen, umfassen muss. Erhält der Geschäftsführer einer GmbH nämlich überhaupt keine Weisungen von der als Dienstgeber genannten Gesellschaft bzw. von deren Alleingesellschafterin, führt er den Betrieb alleine und war er nicht der Kontrolle durch die Alleingesellschafterin unterlegen, so ist nach Ansicht des VwGH **nicht zwangsläufig von einem Dienstverhältnis** auszugehen.[249]

---

244 Vgl. BMSGK 20.3.2001, 122.385/3-7/00.
245 Vgl. Salzburger Steuerdialog, Erlass des BMF, GZ BMF-010222/0152-VI/7/2009.
246 Vgl. ausführlich *Knell* in *Knell/Freudhofmeier/Weber/Wentner*, Dienstverträge für Führungskräfte, 2003, 43 ff.
247 Vgl. im Detail *Shubshizky*, a.a.O.
248 Vgl. *Knell*, a.a.O.
249 Vgl. VwGH 20.12.2006, 2004/08/0041.

4.53. Griller

Im streitgegenständlichen Fall wurden ca. 30 Personen damit beschäftigt, dass diese in Grillwagen an verschiedenen Standorten zum Grillen diverser Fleischwaren tätig wurden. U.a. wurden auch drei Franchisenehmer auf Basis eines Werkvertrages tätig. Das LVwG kam zu dem Ergebnis, dass es sich bei dem Vertragsverhältnis eines Grillers um einen freien Dienstvertrag i.S.d. § 4 Abs. 4 ASVG handle. Dies deshalb, da sich die Griller für eine unbestimmte Zeit zur Erbringung von Dienstleistungen verpflichteten. Die Dienstleistungen waren im Wesentlichen persönlich zu erbringen und die Griller verfügten über keine nennenswerten eigenen Betriebsmittel. Eine persönliche Abhängigkeit im Sinne einer persönlichen Arbeitspflicht lag jedoch nicht vor, sodass vom Vorliegen eines freien Dienstvertrages gem. § 4 Abs. 4 ASVG auszugehen war.[250]

Im Ergebnis kann im Zusammenhang mit Grillern daher festgehalten werden, dass bei Vorliegen einer dementsprechenden Gewerbeberechtigung aufgrund des „Zick-Zack-Kurses" in der Sozialversicherung keine Pflichtversicherung im Rahmen des ASVG erfolgt. Vielmehr ist diese Person sodann aufgrund ihres Gewerbescheins gem. § 2 Abs. 1 Z 1 GSVG bei der SVA pflichtversichert.

4.54. Güterbeförderungsgewerbe

In einem von der Niederösterreichischen Gebietskrankenkasse zu beurteilenden Fall schloss ein Unternehmen in der Branche der Güterbeförderung mit seinen Mitarbeitern „Dienstleistungsverträge" ab, in denen sich die LKW-Fahrer verpflichteten, ihre Arbeitskraft zur Verfügung zu stellen. Gleichzeitig lösten die LKW-Fahrer eine Gewerbeberechtigung lautend auf „Zurverfügungstellung der eigenen Arbeitskraft zur Lenkung von Kraftfahrzeugen". Dennoch wurde – trotz Gewerbeberechtigung – die Tätigkeit seitens der Behörde nicht als selbständige Tätigkeit beurteilt, da das Transportunternehmen den Lenkern alle notwendigen Betriebsmittel zur Verfügung stellte (Fahrzeug, Anhänger, Tankkarten, Mobiltelefone), die Fahrer den finanziellen Erfolg ihrer Tätigkeit nicht beeinflussen konnten, zur persönlichen Dienstleistung verpflichtet waren und via Mobiltelefon laufend Anweisungen betreffend die einzuhaltenden Fahrtrouten, Termine,etc. erhielten. Insgesamt betrachtet war daher von echten Dienstverhältnissen auszugehen. Der aufrechte Bestand der angesprochenen Gewerbeberechtigungen änderte daran nichts.[251]

4.55. Handelsvertreter

Ein Handelsvertreter, der mit seiner vollen Arbeitskraft ausschließlich für einen Auftraggeber für den Vertrieb von Holzstiegen mit Geländern im Raum Steiermark

---

250 Vgl. LVwG 20.10.2016, 33.29-1730/2016.
251 Vgl. *Ortner*, Gewerbeberechtigung schützt nicht vor „echtem" Dienstverhältnis, PVInfo 09/2007, 19; vgl. DG-Info NÖ GKK, NÖDIS 4/2007.

tätig war und mit welchem eine Abschlussberechtigung, nicht aber eine Inkasso-berechtigung, vereinbart war, ist als **arbeitnehmerähnliche Person** zu qualifizieren, zumal Weisungen in Bezug auf Preise, Rabatte und Zahlungsbedingungen zu befolgen waren und außerdem eine Berichtspflicht vertraglich vereinbart war. Die Beurteilung als arbeitnehmerähnliche Person hatte in gegenständlichem Fall insoweit Bedeutung, als dadurch der Handelsvertreter in den Anwendungsbereich des Dienstnehmerhaftpflichtgesetzes (DHG) fiel.[252]

Das zuständige Bundesministerium hat unlängst bei einem Handelsvertreter ein **echtes Dienstverhältnis** angenommen. Vor dem Hintergrund der Zuweisung eines bestimmten Tätigkeitsgebietes oder Kundenkreises, der Weisungsgebundenheit, des Konkurrenzverbots, der Berichterstattungspflicht sowie der mangelnden Verfügung über eine eigene Betriebsstätte und eigene Betriebsmittel kann kein begründeter Zweifel daran bestehen, dass trotz des Nichtbestehens des Bezuges eines Fixums oder einer Spesenvergütung jene unterscheidungskräftigen Merkmale überwiegen, die für das Vorliegen des Beschäftigungsverhältnisses eines Handelsvertreters in persönlicher Abhängigkeit maßgeblich sind.[253] Sind die obig angesprochenen Kriterien einer persönlichen bzw. wirtschaftlichen Abhängigkeit jedoch nicht oder nicht in diesem Ausmaß gegeben, ist es mE sehr wohl vorstellbar, dass die Pflichtversicherung nach ASVG ausscheidet. Einzelne Indizien, die auf persönliche Abhängigkeit schließen lassen könnten (z.B. Konkurrenzverbot bzw. Exklusivität), würden diesfalls (bei Überwiegen der persönlichen Unabhängigkeit) an Bedeutung zurücktreten.[254]

4.56. Hausbesorger

Das Hausbesorgergesetz gilt seit der Wohnrechtsnovelle 2000 nur mehr für jene Dienstverhältnisse, die vor dem 1.7.2000 abgeschlossen wurden. Es gilt weiters für jene befristeten Dienstverhältnisse, die nach diesem Datum verlängert wurden. Für die (übrigen) Dienstverhältnisse, die nach dem 30.6.2000 begonnen haben, und die Hausbesorgertätigkeiten zum Inhalt haben, sind die allgemeinen arbeitsrechtlichen Vorschriften im Rahmen des jeweiligen sachlichen und persönlichen Anwendungsbereiches maßgeblich. Nach Ansicht der Verwaltungsbehörden wird es sich bei Vertragsverhältnissen mit Hausbesorgern regelmäßig um **Dienstverhältnisse** i.S.d. § 1151 ABGB handeln.[255] Bezüglich der Entgelte sind die jeweiligen arbeitsrechtlichen Mindestlohntarife maßgebend.

Auch das ASG Wien hat entschieden,[256] dass, wenn ein Arbeitnehmer sich einem Hauseigentümer gegenüber zu genau umschriebenen Reinigungs-, Wartungs- und Beaufsichtigungstätigkeiten im Haus verpflichtet, deren Einhaltung der Kontrolle

---

252 Vgl. OGH 10.7.2003, 6 Ob 83/03d.
253 Vgl. BMSG 5.1.2006, 225.864/0001-Ü7A/3/2005.
254 Ähnlich BMAGS 29.10.1997, 120.383/1-7/97.
255 Vgl. E-MVB 004-ABC-H-001.
256 Vgl. ASG Wien 27.2.2001, 27 Cga 116/00a, rk.

des Hauseigentümers unterliegt, selbst dann ein **echtes Dienstverhältnis** vorliegt, wenn der Hausbesorger sich die Zeit frei einteilen kann und ihm keine Dienstwohnung zur Verfügung gestellt wurde. Ähnlich argumentierte jüngst der UFS Graz, der einen Hausbetreuer als echten Dienstnehmer einstufte und insbesondere auf die vorliegenden genau umschriebenen Reinigungs-, Wartungs- und Beaufsichtigungstätigkeiten, die Weisungsbindung und die organisatorische Eingliederung verwies.[257]

Für die Verrichtung von (neuen) Hausbesorgertätigkeiten ist auch eine geringfügige Beschäftigung möglich. Die Hauseigentümer sind jedoch angehalten, diesfalls die Vertretung dieser Hausbetreuer zur Sozialversicherung anzumelden.[258]

Festzuhalten ist allerdings, dass Hausbesorger, die nicht unter das „alte" HausbesorgerG fallen, bei Vorliegen der entsprechenden Tatbestandsmerkmale als freie Dienstnehmer i.S.d. § 4 Abs. 4 ASVG qualifiziert werden können.[259]

4.57. Heimarbeiter

Heimarbeiter i.S.d. § 2 Abs. 1 lit. a des HeimarbeitsG ist, wer ohne Gewerbetreibender nach den Bestimmungen der GewO zu sein, in eigener Wohnung oder selbstgewählter Arbeitsstätte im Auftrage und für Rechnung von Personen, die Heimarbeit vergeben, mit der Herstellung, Bearbeitung oder Verpackung von Waren beschäftigt ist. Heimarbeiter sind grundsätzlich nach **§ 4 Abs. 1 Z 7 ASVG** pflichtversichert. Aufgrund der hierarchischen Struktur des ASVG scheidet daher eine Pflichtversicherung gemäß § 4 Abs. 4 ASVG als freier Dienstnehmer aus.[260]

4.58. Heimhelfer

Die Ausbildung zum Heimhelfer ist im Niederösterreichischen Alten-, Familien- und Heimhelfergesetz geregelt. Die Ausbildung umfasst einen theoretischen und einen praktischen Teil. Die Ausbildung hat im Rahmen eines Lehrganges zu erfolgen. Die Ausbildungseinrichtungen stellen keine Schulen i.S.d. § 8 Abs. 1 Z 3 lit. h ASVG dar. Daher kommt auch keine Pflichtversicherung i.S.d. § 4 Abs. 1 Z 11 ASVG in Betracht.

Letztlich ist damit nach allgemeinen Kriterien zu evaluieren, ob die Tatbestandsmerkmale **eines echten Dienstverhältnisses i.S.d. § 4 Abs. 2 ASVG** gegeben sind. Dies wäre insbesondere durch Bindung an Arbeitszeiten, Weisungsgebundenheit sowie persönliche und wirtschaftliche Abhängigkeit indiziert.[261]

---

257 Vgl. UFS Graz, 18.2.2008, RV/0489-G/04.
258 Vgl. HVSVT 13.7.2000, 32-51.1/00 Ch/Sö.
259 Vgl. HVSVT 10. und 17.7.2001, 32-41.1/01 Rv.
260 Vgl. HVSVT 22.4.1997, 32-51:52:53/97 Sm/Mm.
261 Vgl. E-MVB 004-ABC-H-002; HVSVT 3.5.2005, FO-MVB 51.1/05 Rv/Mm.

Im Jahr 2008 entschied der VwGH, dass Heimhelferinnen, die nach einem vom Dienstgeber erstellten Dienstplan Dienstleistungen für pflegebedürftige Personen verrichten (z.B. Reinigung, Hausarbeiten, Hilfestellung bei täglichen Verrichtungen, Botengänge) und nach Übernahme eines angebotenen Pflegedienstes verpflichtet sind, diesen auch durchzuführen, als echte Dienstnehmer gemäß § 4 Abs. 2 ASVG einzustufen sind.[262]

4.59. Hotline-Betreuer

Call-Center-Agents, die „**Inbound-Calls**" (eingehende Telefonate, wie z.B. Bestellungen, Reklamationen, Beschwerden) bearbeiten, sind nach einer Empfehlung des HVSVT vom 12.9.2000 als echte Dienstnehmer im Sinne des § 4 Abs. 2 ASVG einzustufen.[263]

Nach einer restriktiven Ansicht der Sozialversicherungsträger sind auch Call-Center-Agents, die „**Outbound-Calls**" (ausgehende Telefonate wie z.B. aktive Verkaufsgespräche, Kundenwerbung, Meinungsumfragen) bearbeiten, als Dienstnehmer im Sinne des § 4 Abs. 2 ASVG anzusehen. Die bisherige Meinung, wonach bei entsprechender vertraglicher und tatsächlicher Gestaltung auch freie Dienstverhältnisses vorliegen können, wurde von den Gebietskrankenkassen laut HV-Protokoll vom Dezember 2005 aufgegeben.[264] Die Ansicht der Gebietskrankenkassen wird durch die in diesem Zusammenhang restriktive Rechtsprechung des VwGH gestützt.[265] In seiner Entscheidung vom 7.9.2005 hat der VwGH zudem ausgesprochen, dass bei Inbound- und Outbound-Call-Center-Agents das Recht, im Einzelfall Aufträge ablehnen zu können bzw. die Tatsache, dass die periodisch wiederkehrende Leistungspflicht nicht im Voraus vereinbart wird, zur Einstufung der Call-Center-Agents als fallweise echte Beschäftigte i.S.d. § 471a ASVG führt.[266] Auch der UFS Salzburg hat in einem vergleichbar gelagerten Sachverhalt (kein Unternehmerrisiko, Abarbeiten von Adressdateien in vorgegebener Reihenfolge, fixer Dienstort, Entlohnung nach Stunden, Telearbeitsplatz wird vom Arbeitgeber zur Verfügung gestellt etc.) ähnlich entschieden.[267] In Einzelfällen muss bei Vorliegen der Prämissen jedoch auch eine andere Beurteilung möglich sein.[268]

Das zuständige Bundesministerium hat festgestellt, dass Call-Center-Agents der Pflichtversicherung gemäß § 4 Abs. 2 ASVG unterliegen.[269] Ein Supervisor ist nach

---

262 Vgl. VwGH 4.6.2008, 2006/08/0206.
263 Vgl. Oberösterreichische Gebietskrankenkasse, DG-Info Nr. 150/2000, Oktober 2000.
264 Vgl. jüngst NÖDIS 9/2006.
265 Vgl. VwGH 20.4.2005, 2001/08/0097.
266 Vgl. VwGH 7.9.2005, 2002/08/0215.
267 Vgl. UFS Salzburg, 11.5.2007, RV/0478-S/06.
268 So *Freudhofmeier*, Werkvertrag, freier Dienstvertrag oder echter Dienstvertrag?, SV-rechtliche Einstufung anhand des Beispiels Callcenter-Agents, PVInfo 2006, H 5, 7; der Autor kommt darin zum Schluss, dass entgegen der generellen Ansicht der Gebietskrankenkassen auch alternative Erscheinungsbilder in der Praxis möglich sind, die eine Handhabe i.S.d. § 4 Abs. 4 ASVG zulassen.
269 Vgl. HVSVT 21.9.2004, FO-MVB/51.1/04 Rv/Mm.

Ansicht des Hauptverbandes aufgrund seines Tätigkeitsbildes jedenfalls als echter Dienstnehmer i.S.d. § 4 Abs. 2 ASVG zu werten.[270]

4.60. Immobilienmakler

War eine Immobilienmaklerin bei ihrer Tätigkeit mehr oder weniger auf die zur Verfügung gestellte Büroinfrastruktur angewiesen, weil das für die Tätigkeit erforderliche Maklerprogramm nur an den PCs des Unternehmens lief, hatte sie ihre Anwesenheiten und Termine in das kanzleiinterne Kalendersystem einzutragen und an wöchentlichen Jour-fixe-Terminen verpflichtend teilzunehmen und unterlag sie bei der Ausführung ihrer Tätigkeit der Kontrolle und Weisung ihrer direkten Vorgesetzten, ist von einem Überwiegen der Merkmale der persönlichen Abhängigkeit und somit von einem **echten Dienstverhältnis** auszugehen. Dass sich die Dienstnehmerin die Tage der Objektbesichtigungen und die Fahrtroute frei einteilen konnte und die Möglichkeit hatte, ihr zugeteilte Objekte abzulehnen, sowie für Auswärtstermine ihren Privat-PKW und ihr privates Mobiltelefon verwenden musste, tritt im Hinblick darauf, dass im Übrigen die gesamte Infrastruktur und die Arbeitsmittel vom Arbeitgeber zur Verfügung gestellt wurden, als nicht ausschlaggebend in den Hintergrund.[271]

4.61. Interviewer

Der Hauptverband hat dazu Stellung genommen, wie die sozialversicherungsrechtliche Situation von Interviewern zu beurteilen sind, die für die Statistik Austria im Rahmen der Mikrozensuserhebung tätig sind. Der HVSVT kam dabei zu dem Schluss, dass unterschiedliche Gestaltungen bzw. Handhaben möglich sind.

Wenn die Entlohnung der Interviewer von der Erbringung der vereinbarten Anzahl von Interviews abhängig ist, ist – wohl aufgrund des diesfalls gegebenen Unternehmerrisikos – von einer Einstufung als Neuer Selbstständiger Erwerbstätiger i.S.d. **§ 2 Abs. 1 Z 4 GSVG** auszugehen. Bei Inhabern eines Gewerbescheins ist grundsätzlich Pflichtversicherung i.S.d. § 2 Abs. 1 Z 1 GSVG gegeben. Diesfalls ist aber zu prüfen, ob die de facto ausgeübte Tätigkeit auch vom Umfang der Gewerbeberechtigung gedeckt ist.[272]

4.62. IT-Supportmitarbeiter

Wenn die im IT-Support tätige Person ihre Tätigkeit in den Betriebsräumlichkeiten des Unternehmens erbracht hat, sich an mit den Kollegen abgesprochene Dienstpläne halten musste, ihre Arbeitszeit durch die Verwendung einer Stechkarte doku-

---

270 Vgl. HVSVT 12.9.2000, 32-51.1/00 Sm/Mm.
271 Vgl. OLG Linz 26.1.2011, 12 Ra 101/10z.
272 Vgl. im Detail HVSVT 3.5.2005, FO-MVB 51.1/05 Rv/Mm.

mentieren und dem Dienstgeber auf Verlangen Einblick in den Fortgang der Arbeit geben musste, vom Dienstgeber Anweisungen bezüglich des Arbeitsablaufes erhalten und überwiegend mit unternehmenseigener Hard- und Software gearbeitet hat und sich nur durch Kollegen aus der EDV-Abteilung vertreten lassen konnte, ist von einem **echten Dienstverhältnis** i.S.d. § 4 Abs. 2 ASVG auszugehen.[273]

Ähnlich beurteilte für arbeitsrechtliche Belange der OGH die Tätigkeit eines IT-Technikers am Help-Desk. Hier gab die Ausschaltung der Bestimmungsfreiheit des Arbeitnehmers, der hinsichtlich Arbeitsort, Arbeitszeit und arbeitsbezogenem Verhalten dem Weisungsrecht des Arbeitgebers unterworfen war, den Ausschlag für die Annahme eines echten Dienstverhältnisses.[274]

4.63. Journalisten

Die Aktivität eines Journalisten kann unterschiedlich ausgestaltet sein. Nach Ansicht des Autors ist bei Journalisten aufgrund der regelmäßig gegebenen Freiheiten betreffend den Ort der Arbeit und insbesondere auch aufgrund der Flexibilität betreffend die Arbeitszeit bzw. die der Erstellung der Berichte vorgelagerten Erhebungen und vorbereitenden Aktivitäten von einer Pflichtversicherung als **freier Dienstnehmer gemäß § 4 Abs. 4 ASVG** auszugehen. Schon vor etlichen Jahren hatte der VwGH die redaktionelle Bearbeitung einer Zeitschrift als Beschäftigung aufgefasst, die nicht in personeller und wirtschaftlicher Abhängigkeit absolviert wird.[275] Dieser Ansicht ist der VwGH in einem im Jahr 2005 ergangenen Erkenntnis erneut gefolgt und hat darauf aufbauend das Bestehen eines freien Dienstvertrags bestätigt.[276]

Auch das OLG Wien hat als Letztinstanz entschieden, dass der Redakteur einer Wochenzeitschrift, der ein Honorar für abgelieferte Beiträge erhielt, keine Anwesenheitszeiten seitens der Redaktion zu beachten hatte, als freier Dienstnehmer i.S.d. § 4 Abs. 4 ASVG zu qualifizieren sei.[277] Dass der Redakteur bei Redaktionssitzungen anwesend sein musste, sei in diesem Zusammenhang für die Einordnung unter § 4 Abs. 4 ASVG unschädlich.[278]

Auch ein **Radioredakteur** wurde vom OLG Wien als freier Dienstnehmer angesehen.[279] Der Redakteur hatte sich zu Moderationsdiensten, Nachrichtendiensten, Beitragsgestaltungen, Live-Berichten und dem Verfassen entsprechender Texte verpflichtet und diese Tätigkeiten auch tatsächlich verrichtet. Die Bezahlung er-

---

273 Vgl. VwGH 2.7.2008, 2005/08/0023.
274 Vgl. OGH 28.3.2012, 8 ObA 48/11h.
275 Vgl. VwGH 5.10.1967, 856, SoSi 1967, Nr. 1.
276 Vgl. VwGH 19.10.2005, 2002/08/0264.
277 Vgl. OLG Wien, ARD 5317/10/2002.
278 Vgl. *Schneller*, Atypisch Beschäftigte im Medienbereich – Gedanken zur neueren Rechtsprechung, RdA 2006, 190.
279 Vgl. OLG Wien, ARD 5317/9/2002.

folgte allerdings pro Beitrag und es bestand keine Verpflichtung, sich grundsätzlich oder auch nur für eine bestimmte Mindestzeit zur Verfügung zu halten. Erst durch schriftliche Abgabe von Wünschen zur Diensteinteilung für den jeweils folgenden Monat wurde eine Arbeitszeitfixierung geschaffen. Die vom Ressortleiter bzw. Chefredakteur vorgenommene „akustische Aufsicht" in Form von „Airchecks" wäre ebenso wenig als Eingliederung in die Betriebsorganisation zu werten wie die Bindung an das Sendeschema.[280]

Weiters hat das OLG Wien den **Redakteur einer Tageszeitung** als freien Dienstvertrag beurteilt.[281] Zu Ungunsten des eingeklagten Dienstverhältnisses hatten folgende Kriterien den Ausschlag gegeben: Dem freien Dienstnehmer war freigestanden, ob und welche Artikel er ablieferte, er wurde nur in Ausnahmefällen um die Ablieferung eines Artikels gebeten, es trafen ihn keine Verpflichtungen, an Redaktionssitzungen teilzunehmen und er hatte keine Anwesenheitspflicht in den Redaktionsräumen. Dass er die „Regeln des guten Journalismus" einzuhalten hätte, sei zudem nicht als Weisung das persönliche Verhalten am Arbeitsplatz betreffend anzusehen.[282]

In einem anderen Fall hat das OLG Wien das Bestehen eines Werkvertrags angenommen. Der der Entscheidung zugrunde liegende Sachverhalt war folgendermaßen ausgestaltet: Wenn der Chefredakteur keineswegs von vornherein mit der Arbeit des Journalisten rechnen kann, sondern die Anregung zu Beiträgen im Wesentlichen von dem Journalisten selbst kommt, so dass es dem Arbeitgeber lediglich freisteht, die Vorschläge des Journalisten zu akzeptieren, auf dessen Beiträge zu verzichten oder mit dessen Zustimmung ein anderes Thema zu vereinbaren, muss der Journalist keinerlei Rechenschaft über seine Tätigkeiten außerhalb der Büroräumlichkeiten abgeben; ist er weiters auch nicht verpflichtet, sich in den Räumlichkeiten des Arbeitgebers während der Arbeitszeit aufzuhalten und erfolgte seine Entscheidung, seinen Aufenthalt anlässlich der Arbeiten in den Räumen des Arbeitgebers zu nehmen, um die Infrastruktur zu nützen, nicht auf Grund einer Weisung des Arbeitgebers, sondern auf Grund seiner eigenen freiwilligen Entscheidung, liegt kein echter Dienstvertrag vor, sondern erbringt der Journalist seine Leistungen, wie auch auf Grund seiner Bezahlung auf Einzelhonorarbasis und der monatlich bei den Abrechnungen ausgewiesenen Umsatzsteuer zu erkennen ist, als selbständig Erwerbstätiger (**Werkvertrag**). Anzumerken ist an dieser Stelle, dass allein die Form der Rechnungslegung für die Beurteilung der Frage, welcher Vertragstyp gegeben ist, wohl sekundär, aber durchaus mit Indizwirkung versehen ist. Klar zum Ausdruck kommt mE jedoch, dass ein Zutritt zu der betrieblichen Struktur des Auftraggebers nicht gleichzeitig auch bedeuten muss, dass eine Integrierung in betriebliche Abläufe und damit zwangsläufig ein echter Dienstvertrag gegeben sein muss.

---

280 Vgl. *Schneller*, a.a.O.
281 Vgl. OLG Wien, ARD 5649/6/2006.
282 Vgl. *Schneller*, a.a.O.

Liegt hingegen eine vollständige organisatorische Eingliederung durch Zurverfügungstellung von Büro, Computer, Diktiergerät und Fotoapparat vor und besteht eine Verpflichtung zur Teilnahme an Besprechungen und eine klare Vorgabe von Aufgabengebieten, ist vom Bestehen eines echten Dienstvertrags auszugehen.[283]

4.64. Kanzleikraft

Wird einer Kanzleikraft von ihrem Arbeitgeber eine weitgehende zeitliche Flexibilisierung in der Gestaltung der täglichen Arbeitszeit eingeräumt – und zwar in Form einer festgelegten Rahmenzeit von 13:00 bis 18:00 Uhr –, so kann dieser Aspekt im Hinblick auf das für die Beurteilung maßgebende Gesamtbild ihrer Beschäftigung ein Überwiegen der Merkmale selbstständiger Erwerbstätigkeit nicht rechtfertigen, wenn sonst die Merkmale der unselbstständigen Erwerbstätigkeit überwiegen (wie z.B. Bindung an den Arbeitsort und persönliche Erbringung der Arbeitsleistung).[284]

4.65. Kellner

Bei einem Kellner wird in aller Regel aufgrund der ihn treffenden Verpflichtung eine spezifische Arbeitszeit einzuhalten und die von ihm geschuldete Leistung an einem vorgegebenen Arbeitsort zu erbringen, ein **echtes Dienstverhältnis** i.S.d. § 4 Abs. 2 ASVG gegeben sein. In aller Regel werden auch spezifische das Verhalten am Arbeitsort prägende Weisungen, insbesondere hinsichtlich der Kleidung und des Verhaltens gegenüber dem Gast, gegeben sein.[285] In Einzelfällen wäre ggf. eine Handhabe als freier Dienstnehmer i.S.d. § 4 Abs. 4 ASVG denkbar, v.a. wenn ein generelles Vertretungsrecht gegeben ist und der Kellner sich insbesondere von von ihm für geeignet befundenen Personen vertreten lassen kann.

4.66. Kindertanzkurse

Die wöchentliche Abhaltung von Kindertanzkursen durch eine Tanzlehrerin stellt kein eigenständiges Werk dar. Es liegt aber ebenso auch keine Beschäftigung in persönlicher Abhängigkeit vor, wenn die Planung und Durchführung der Kurse eigenständig durch die Tanzlehrerin selbst erfolgt, sie nicht in die betriebliche Organisation eingegliedert ist und auch keine Berichtspflicht hat. Die Bindung der Tanzlehrerin an zu Beginn des Semester festgelegte Kurszeiten und die organisierten Veranstaltungsorte sind unbeachtlich, ebenso die bloß abstrakt gegebene Möglichkeit der Durchführung von Kontrollen.[286] Es ist daher vorliegend von einem freien Dienstverhältnis gem. § 4 Abs. 4 ASVG auszugehen.

---

283 Vgl. UFS Linz 14.11.2012, RV/0500-L/11.
284 Vgl. VwGH 10.6.2009, 2006/08/0177.
285 Vgl. sinngemäß E-MVB 004-ABC-K-001.
286 Vgl. VwGH 29.4.2015, 2013/08/0198.

4.67. Klavierspieler

Eine Klavierspielerin in einem Restaurant, die auf einem von der Restaurantleitung zur Verfügung gestellten Klavier sechsmal in der Woche je drei Stunden für die Restaurantgäste spielt und die weder die Möglichkeit noch die Verpflichtung hat, im Falle einer Verhinderung für ihre Vertretung zu sorgen, unterliegt einer persönlichen Arbeitspflicht und ist **gemäß § 4 Abs. 2 ASVG pflichtversichert.**[287]

4.68. Köche

In der Regel wird bei einem Koch ein **echtes Dienstverhältnis** gegeben sein. Für die Verwirklichung des Tatbestands des § 4 Abs. 2 ASVG wird insbesondere sprechen, dass der Koch an vorgegebene Arbeitszeiten gebunden ist und regelmäßig Weisungen das persönliche Verhalten am Arbeitsplatz betreffend unterliegen wird. Der VwGH hat wiederholt zum Ausdruck gebracht, dass ein Wegfall der Pflichtversicherung allein aufgrund eines Vertretungsrechtes in der Regel nicht gegeben sein wird. Dies wird insbesondere dann zutreffen, wenn das Vertretungsrecht nur eingeschränkt besteht – z.B. für den Fall der Krankheit oder der Verhinderung des Dienstnehmers.[288]

4.69. Kolporteure

Kolporteure und Zeitungszusteller sind nach langjähriger Verwaltungspraxis und übereinstimmender Ansicht von BMF und BMAGS dem selbstständigen Bereich zuzuordnen und grundsätzlich einkommensteuerpflichtig. Gemäß der Ansicht des HVSVT vom 14.3.2000 sind Zeitungszusteller, Trafikzusteller, Hauszusteller als Neue Selbstständige Erwerbstätige im Sinne des § 2 Abs. 1 Z 4 GSVG zu behandeln.

Hinzuweisen ist jedoch auf eine neuere Judikaturlinie sowohl seitens des Obersten Gerichtshofes als auch des Verwaltungsgerichtshofes.

Für arbeitsrechtliche Agenden hat der **Oberste Gerichtshof** vor einigen Jahren ausgesprochen, dass bei der Prüfung, ob ein **Zeitungskolporteur** als echter oder freier Dienstnehmer anzusehen ist, nicht der erstellte Vertrag entscheidend ist, sondern wie dieser Vertrag tatsächlich „gelebt" wird. Bestehen – so der OGH – im konkreten Einzelfall genaue Vorgaben hinsichtlich Arbeitszeit, Arbeitsort, Arbeitskleidung und Arbeitsverhalten sowie ein stark eingeschränktes Vertretungsrecht, ist von einem echten Dienstverhältnis auszugehen.[289]

Hingegen hat der OGH in Zusammenhang mit einem **Zeitungszusteller** in den Vordergrund gerückt, dass die Tatsache, dass Zeitungszusteller die für sie be-

---

287 Vgl. VwGH 11.2.1997, 96/08/0064.
288 Vgl. VwGH 17.11.2004, 2001/08/0131.
289 Vgl. OGH 25.11.2003, 8 ObA 44/03h.

stimmten Zustellpakete an einer bestimmten Abgabestelle entgegennehmen müssen und die Zustellung innerhalb einer gewissen Zeitspanne vornehmen müssen für sich allein betrachtet für das Bestehen eines echten Dienstvertrags noch nicht indikativ ist, da es sich hierbei schlicht um sachliche, in der Natur der durchzuführenden Tätigkeit liegende Weisungen handelt. Weiters hat der OGH in diesem Zusammenhang festgehalten, dass selbst die Vorgabe einer spezifischen Fahrtroute in den Hintergrund tritt, wenn keine persönliche Dienstpflicht besteht und ein umfassendes Vertretungsrecht eingeräumt wurde; daher war in diesem Sachverhalt von einer Verneinung eines echten Dienstverhältnisses auszugehen.[290]

In der älteren Judikatur des **Verwaltungsgerichtshofs** wurde vertreten, dass Straßenkolportage von Zeitungen eine dem Kommissionshandel angenäherte selbstständige Erwerbstätigkeit darstelle und daher nicht durch persönliche und wirtschaftliche Abhängigkeit gekennzeichnet sei.[291] Der VwGH hat bei Zeitungskolporteuren hingegen in seiner neueren Judikatur ein **Dienstverhältnis** gemäß § 4 Abs. 2 ASVG angenommen, wenn der Zeitungskolporteur den Zeitungsverkauf nicht nur an einem bestimmten Standort und zu einer bestimmten Mindestzeit vorzunehmen hat, sondern er auch persönlichen Weisungen unterliegt sowie bestimmte Jacken, Kappen und Taschen zu tragen hat und darüber hinaus ein generelles Vertretungsrecht auszuschließen ist.[292] Ähnlich hat der VwGH auch bereits 1995 argumentiert und insbesondere aus Weisungen betreffend einen spezifischen Arbeitsplatz bzw. Weisungen hinsichtlich einem „gepflegten Äußeren" geschlossen, dass für eine unternehmerische Ausgestaltung diesfalls kein Platz sei.[293]

Weiters hat der VwGH in einer anderen Entscheidung die Ansicht vertreten, dass das **Einlegen von Prospekten in Zeitungen** oder das Verpacken von Druckwerken als Tätigkeit zu qualifizieren ist, welche nach der Lebenserfahrung nicht als selbstständige Tätigkeit zu bewerten ist, da diese nicht ohne zeitliche Koordinierung mit den an der Herstellung und dem Vertrieb der Druckwerke beteiligten Personen ausgeübt werden kann.[294]

4.70. Kommanditisten

Die sozialversicherungsrechtliche Stellung von Kommanditisten ist einerseits von dem Zeitpunkt der Anmeldung der Kommanditbeteiligung beim Firmenbuchgericht und andererseits von der Frage abhängig, ob eine typische oder atypische Kommanditistenstellung gegeben ist. Nur in letzterem Fall kann Pflichtversicherung i.S.d. **§ 2 Abs. 1 Z 4 GSVG** gegeben sein.

---

290 Vgl. OGH 30.10.2003, 8 ObA 45/03f.
291 Vgl. VwGH 31.3.1965, 773/64 und 177/65.
292 Vgl. VwGH 19.10.2005, 2004/08/0082.
293 Vgl. VwGH 31.1.1995, 92/08/0213.
294 Vgl. VwGH 28.4.2004, 2000/14/19.

Die Frage, ob vor dem Hintergrund der obigen Überlegungen Pflichtversicherung i.S.d. § 2 Abs. 1 Z 4 GSVG gegeben ist, ist nur dann relevant, wenn die Kommanditbeteiligung nach dem 30. Juni 1998 beim Firmenbuchgericht angemeldet wurde. Erfolgte die Anmeldung bereits vor dem 1. Juli 1998, dann ist – unabhängig davon, ob die Kommanditbeteiligung typisch oder atypisch ist – keine Pflichtversicherung i.S.d. § 2 Abs. 1 Z 4 GSVG gegeben.[295]

Für alle Kommanditbeteiligungen, die nach dem 30. Juni 1998 angemeldet wurden, stellt sich die Frage, ob der Kommanditist ein typischer oder atypischer Kommanditist ist.

Der **typische Kommanditist,** der „nur sein Geld arbeiten lässt", bezieht Einkünfte i.S.d. § 27 Abs. 1 Z 2 EStG und erfüllt nicht die Tatbestandskriterien des Neuen Selbstständigen Erwerbstätigen.

Der **atypische Kommanditist,** der über diese finanzielle Beteiligung hinaus auch ein Unternehmerrisiko trägt, welches über seine Haftungseinlage hinausgeht, sich aktiv an den Geschäftsabläufen beteiligt, Dienstleistungen gegenüber der Gesellschaft erbringt etc., erfüllt in aller Regel die Tatbestandsvoraussetzungen des § 2 Abs. 1 Z 4 GSVG und ist diesfalls Neuer Selbstständiger Erwerbstätiger.

Bei einer entsprechenden Ausprägung der letztgenannten Kriterien könnte ein Überwiegen der ein echtes oder freies Dienstverhältnis auslösenden Charakteristika eintreten und unabhängig von den obig genannten Überlegungen Pflichtversicherung gemäß § 4 Abs. 2 ASVG oder § 4 Abs. 4 ASVG gegeben sein. Letztere Möglichkeit wird auch nicht durch die „hierarchisch höher gereihte" Pflichtversicherung gemäß § 2 Abs. 1 Z 2 GSVG ausgeschlossen, da § 2 Abs. 1 Z 2 GSVG nur die voll haftenden Gesellschafter einer kammerzugehörigen Personengesellschaft inkludiert.

4.71. Konsulenten

Konsulenten können regelmäßig als **freie Dienstnehmer gemäß § 4 Abs. 4 ASVG** aufgefasst werden, da sie in der Regel Beratungsleistungen gegenüber Unternehmen bzw. Auftraggebern erbringen und dabei frei von Weisungen sind und im Übrigen Ort und Zeit der Tätigkeit weitgehend selbst bestimmen können. Im Übrigen dürfte für das Vorliegen eines Dauerschuldverhältnisses (freien Dienstvertrags) sprechen, dass das Zurverfügungstellen von „Know-how" über einen längeren Zeitraum ein Zielschuldverhältnis ausschließt.

Anders wäre der Fall zu beurteilen, wenn die Absolvierung eines singulären – zeitlich eingegrenzten – Projektes im Vordergrund stünde. Diesfalls wäre auch

---

295 Grund hierfür ist, dass nach der ursprünglichen Ausgestaltung des ASRÄG 1997 Kommanditisten einer KG und einer KEG ausdrücklich von der Pflichtversicherung gemäß § 2 Abs. 1 Z 4 GSVG ausgenommen waren. Diese Ausnahme ist durch die 23. GSVG-Novelle jedoch mit Wirkung ab 1.1.2000 weggefallen.

das Vorliegen eines zielorientierten Vertragsverhältnisses und damit das **Bestehen eines Werkvertrags** argumentierbar.[296]

Freilich ist alleine die Bezeichnung „Konsulentenvertrag" noch nicht aussagekräftig und schließt bei der entsprechenden Sachverhaltsausgestaltung das Bestehen persönlicher und wirtschaftlicher Abhängigkeit nicht aus.[297] Die wahre wirtschaftliche Ausgestaltung des Sachverhalts i.S.d. § 539a Abs. 1 ASVG bzw. § 21 Abs. 1 BAO ist entscheidend.

4.72. Krankenpflegeschüler

Krankenpflegeschüler, die im Rahmen ihrer Ausbildung ein „Taschengeld" oder andere Bezugsbestandteile erhalten, beziehen Einkünfte i.S.d. **§ 25 Abs. 1 Z 1 EStG.** Die Tatsache, dass rein arbeitsrechtlich ein Dienstverhältnis nicht besteht, ändert daran nichts. Hingegen führt die Bereitstellung eines „Burschenzimmers" – ähnlich der Vorgehensweise im Bereich des Gastgewerbes – zu keinem lohnsteuerpflichtigen Sachbezug.[298]

4.73. Kursleiter

Im zu beurteilenden Fall werden Deutschkurse abgehalten. Die einzelnen Kurstage werden zwischen Kursleiter und Organisator vereinbart. Wenn eine Gruppe von Teilnehmern zustande gekommen ist, wird ein Kurs in einem vom Organisator zur Verfügung gestellten Raum abgehalten. Die Unterrichtsunterlagen werden vom Kursleiter zur Verfügung gestellt, Kopiermöglichkeiten sowie Wörterbücher werden vom Organisator beigestellt. Aufgrund des eben geschilderten Sachverhalts kann nach Ansicht des HVSVT nicht vom Vorliegen einer Tätigkeit als Neuer Selbstständiger Erwerbstätiger ausgegangen werden. Es kommt aber eine Einordnung unter dem Begriff des freien Dienstnehmers gem. § 4 Abs. 4 ASVG in Betracht.[299]

4.74. Künstler

Das Vorliegen eines freien Dienstverhältnisses gemäß § 4 Abs. 4 ASVG scheidet aufgrund der gesetzlich definierten Ausnahmebestimmung aus. Der Künstler kann damit nur entweder **echter Dienstnehmer** gemäß § 4 Abs. 2 ASVG **oder** aber **Neuer Selbstständiger Erwerbstätiger** gemäß § 2 Abs. 1 Z 4 GSVG sein.

---

296 Vgl. im Übrigen die Entscheidung des VfGH 28.11.2000, B 256/98 hinsichtlich der Konsulententätigkeit eines emeritierten Universitätsprofessors.

297 Vgl. VwGH 13.1.1971, 1537/70.

298 Vgl. *Gager/Nagl*, a.a.O. Hinzuweisen ist allerdings auf die ab 2013 restriktive Linie bei der Beurteilung eines „Burschenzimmers"; eine Befreiung betreffend den Ansatz eines Sachbezugs ist in der Regel nur bis 30 m² gegeben sein.

299 Vgl. Hauptverband 20.4.2004, Zl. FO-MVB/51.1/04Rv/Mm.

Ein echtes Dienstverhältnis gemäß § 4 Abs. 2 ASVG wird unter anderem bei einem Schauspieler im Sinne des Schauspielergesetzes vorliegen.[300] Nach Ansicht des Bundesministeriums ist bei einer Beschäftigung in einem Theaterbetrieb davon auszugehen, dass alle an den Aufführungen beteiligten Schauspieler in einem bestimmten Zeitraum am selben Ort die wesentlichen – konkret vom Regisseur bestimmten – Tätigkeiten auszuführen haben. Dabei ist insbesondere bei tragenden Rollen eine dem Schauspieler anheimgestellte Vertretung durch von ihm für geeignet befundene Personen ausgeschlossen. Insoweit erfordert es die Beschäftigung, dass die Verfügungsgewalt der Schauspieler über ihre Arbeitskraft für diese Zeit ausgeschlossen ist und daher persönliche Abhängigkeit besteht.[301] Auch der VwGH vertritt eine ähnliche Auffassung. In einem Fall, in dem der **Schauspieler** verpflichtet war, für eine bestimmte Rolle in einem Theaterstück drei Monate lang für Proben und insgesamt 17 Aufführungen zur Verfügung zu stehen, wofür ihm ein von den Einspielergebnissen unabhängiges Entgelt zustand und auf die Arbeitszeiteinteilung bezogene Weisungs- und Kontrollrechte der Organe des Theaterunternehmens bestanden, kam der VwGH zu dem Schluss, dass ein echtes Dienstverhältnis anzunehmen sei. Der Ansicht, dass in Anbetracht der unter Umständen relativ kurzen Spielzeit der erfolgsbezogene Charakter im Vordergrund stehe und man auf diese Weise argumentieren könne, das Absolvieren einer Spielsaison sei ein abgrenzbares „Werk", sei in Anbetracht der gewichtigen Argumente betreffend die persönliche Abhängigkeit nicht zu folgen.[302] Eine ähnliche Auffassung hat der VwGH bereits in seiner älteren Rechtsprechung vertreten.[303]

Hingegen wird z.B. ein **Fotograf auf Honorarbasis** beispielsweise ebenso wie ein **Schriftsteller,** der für ein erstelltes Werk bezahlt wird und damit Unternehmerrisiko trägt, als Neuer Selbstständiger Erwerbstätiger gemäß § 2 Abs. 1 Z 4 GSVG zu qualifizieren sein.[304] Wenn ein Fotograf hingegen terminisierte Aufträge bekommt, er nach den Aufnahmen die Filme an ein Labor zur Entwicklung zu übergeben bzw. die fertigen Filme abzuholen hat und er für diese Tätigkeit rd. 40 Stunden pro Woche benötigt, er des Weiteren an bestimmte Arbeitszeiten gebunden ist und für seine Tätigkeit darüber hinaus ein festes monatliches Entgelt erhält, Weisungen des Vorgesetzten unterliegt und Kontrollen ausgesetzt ist, dann stellt die Tätigkeit des Fotografen eine solche dar, bei der die Merkmale der persönlichen und wirtschaftlichen Abhängigkeit überwiegen und deshalb Pflichtversicherung gemäß § 4 Abs. 2 ASVG vorliegen wird.[305]

Bei einer Pflichtversicherung gemäß § 2 Abs. 1 Z 4 GSVG ist auf die besondere **Förderungsmöglichkeit gemäß §§ 16 ff. K-SVFG** hinzuweisen. Gemäß §§ 16 ff.

---

300 So die Niederösterreichische Gebietskrankenkasse; vgl. NÖ GKK, DG-Info 3/2001.
301 Vgl. BMAGS 5.6.1997, 120.475/5-7/96.
302 Vgl. VwGH 21.9.1999, 97/08/0486.
303 Vgl. VwGH 17.12.1991, 90/08/0205.
304 Vgl. *Freudhofmeier* in *Ehrke-Rabel/Freudhofmeier/Linzner-Strasser/Toifl/Vrignaud*, Künstler und Sportler im nationalen und internationalen Steuerrecht[2], 2006, a.a.O.
305 Vgl. LReg Wien 16.10.1978, MA 14-F 19/77.

K-SVFG leistet der Künstlersozialversicherungsförderungs-Fonds Zuschüsse (Beitragszuschüsse) zu den von den Künstlern zu leistenden Beiträgen zur Pflichtversicherung in der Pensionsversicherung gemäß § 2 Abs. 1 Z 4 GSVG.

Für nebenberufliche Mitglieder in einem Theaterunternehmen, für Musiker und Filmschauspieler – soweit sie als Dienstnehmer i.S.d. § 4 Abs. 2 ASVG oder als freie Dienstnehmer i.S.d. § 4 Abs. 4 ASVG tätig sind – regelt die Verordnung des Bundesministeriums für Soziale Sicherheit und Generationen, die Möglichkeit beitragsfreier **pauschalierter Aufwandsentschädigungen**.[306] Die Verordnung erging in Umsetzung der gesetzlichen Bestimmung des § 49 Abs. 7 ASVG. Die pauschalierte monatliche Aufwandsentschädigung beläuft sich auf € 537,78 p.m. Ein spezieller Nachweis ist nicht zu erbringen. Wichtig ist jedoch für die Inanspruchnahme dieser pauschalierten Aufwandsentschädigung, dass die Tätigkeit nicht hauptberuflich ausgeübt wird.

4.75. Lehrende – Vortragende

Bevor auf die komplexe sozialversicherungsrechtliche und steuerrechtliche Einstufung von Lehrenden und Vortragenden näher eingegangen wird, muss festgehalten werden, dass für sozialversicherungsrechtliche Belange die **Unterscheidung Lehrende – Vortragende** seit 1.1.2003 nicht weitergeführt wird.

Hingegen ist es sozialversicherungsrechtlich nach wie vor möglich, dass nebenberufliche Vortragende (Dienstnehmer im Sinne des § 4 Abs. 2 ASVG ebenso wie freie Dienstnehmer im Sinne des § 4 Abs. 4 ASVG) über einen pauschalen Freibetrag für Aufwandsentschädigungen[307] in der Höhe von € 537,78 p.m. verfügen können.

Die **steuerliche Sonderstellung** von Lehrenden in der Erwachsenenbildung, die darin bestand, dass Vortragende, Lehrende und Unterrichtende an Einrichtungen der Erwachsenenbildung von der steuerlichen Dienstverhältnisfiktion für Lehr-/Stundenplan gebundene Lehrbeauftragte entbunden sind, wurde vom VfGH für verfassungswidrig, weil gleichheitswidrig, befunden und mit 1.1.2007 abgeschafft.[308]

Dies bedeutet, dass seit 1.1.2007 **Lehrende an Erwachsenenbildungseinrichtungen** steuerlich grundsätzlich als echte Dienstnehmer einzustufen sind. Aufgrund des gesetzlichen Querverweises gelten diese Personen ab 1.1.2007 grundsätzlich auch als echte Dienstnehmer im sozialversicherungsrechtlichen Sinn (§ 4 Abs. 2 ASVG).

Eine Klarstellung für die Praxis hat der 2. Lohnsteuerrichtlinien-Wartungserlass 2006 gebracht. Dieser sieht eine „zweistufige Prüfmethode" vor, um festzustellen, ob ein echtes Dienstverhältnis und damit Lohnsteuerpflicht besteht.[309]

---

306 Vgl. VO des Bundesministeriums für soziale Sicherheit und Generationen über beitragsfreie pauschalierte Aufwandsentschädigungen, BGBl. II 2002/409 i.d.F. BGBl. II 2009/246. vgl. E-MVB 004-ABC-K-004.
307 Vgl. Verordnung BGBl. II 2002/409.
308 Vgl. VfGH 20.6.2006, G 9/06.
309 Vgl. im Detail: Personalverrechnung für die Praxis, Jänner-Ausgabe 2007, 5 ff.; LStR, Rz. 992 ff.

Zunächst ist in einem ersten Schritt zu evaluieren, ob ein „Ziffer-1-Dienstverhältnis" vorliegt. Ein Dienstverhältnis i.S.d. § 25 Abs. 1 Z 1 EStG liegt nach Annahme der Finanzverwaltung dann vor, wenn im Durchschnitt eines Semesters mehr als 15 Vortragsstunden wöchentlich geleistet werden.[310] So dies gegeben ist und ein „Ziffer-1-Dienstverhältnis" vorliegt, ist Lohnsteuer-, Sozialversicherungs-, DB-, DZ- und Kommunalsteuerpflicht gegeben.

In einem zweiten Schritt ist zu prüfen, ob ein „Ziffer-5-Dienstverhältnis" vorliegt. Dies ist dann gegeben, wenn die Lehr- bzw. Vortragtätigkeit im Ausmaß von zumindest einer Semesterwochenstunde im Rahmen eines von der Bildungseinrichtung vorgegebenen Studien-, Lehr- oder Stundenplans ausgeübt wird.[311] Die entscheidende Bedeutung liegt in diesem Zusammenhang darin, wie die Begriffe „Studien-, Lehr- oder Stundenplan" ausgelegt werden. Als vorgegebene Studien-, Lehr- oder Stundenpläne gelten:[312]

1. Gesetzlich geregelte, aufgrund einer gesetzlichen Ermächtigung erlassene oder aufgrund einer gesetzlichen Regelung beschlossene Studien-, Lehr- oder Stundenpläne.
2. Studien-, Lehr- oder Stundenpläne eines akkreditierten Lehrgangs oder Studiums.
3. Studien-, Lehr- oder Stundenpläne sonstiger Lehrgänge, die länger als 4 Semester dauern.

Wenn ein „Ziffer-5-Dienstverhältnis" vorliegt, ist Lohnsteuer und Sozialversicherungspflicht, jedoch keine DB-, DZ- bzw. Kommunalsteuerpflicht gegeben.[313]

Sozialversicherungsrechtlich wird bei Lohnsteuerpflicht gemäß § 4 Abs. 2 ASVG Pflichtversicherung anzunehmen sein. Liegt keine Lohnsteuerpflicht vor, so könnte entweder ein freies Dienstverhältnis gemäß § 4 Abs. 4 ASVG oder eine Pflichtversicherung nach dem GSVG vorliegen.[314]

4.76. Marktforscher

Personen, die für Marktforschungsinstitute Erhebungen durchführen, werden in der Praxis in unterschiedlich ausgestalteten Kooperationsformen tätig. Je nach der tatsächlichen Umsetzung richtet sich auch die Pflichtversicherung dieser Personen.

Wenn – wie dies nicht selten der Fall ist – die Bezahlung eines Honorars für die Absolvierung einer spezifischen Stückzahl an durchgeführten bzw. vollständig absol-

---

310 Vgl. LStR, Rz. 992. Anzumerken ist in diesem Zusammenhang, dass das Vorliegen eines echten Dienstverhältnisses bei durchschnittlich 15 Vortragsstunden pro Woche eine Fiktion der Finanzverwaltung ist, die weder durch Gesetz noch Judikatur bestätigt wurde; mE müssen selbst bei einem Stundenausmaß dieser Höhe (oder sogar darüber) im Falle des Vorliegens der entsprechenden Rahmenbedingungen auch andere Gestaltungen zulässig sein.
311 Vgl. LStR, Rz. 992a.
312 Vgl. LStR, Rz. 992b.
313 Vgl. die diesbezüglichen Verweisbestimmungen in FLAG, WirtschaftskammerG und KommStG.
314 Vgl. im Detail *Steiger*, Was Personalverrechner zum Thema „Vortragende/Lehrende" wissen sollten, PV für die Praxis, 2007, 82.

vierten Interviews vereinbart ist und das Honorar bei nicht vollständiger Absolvierung nicht zusteht, ist unzweifelhaft ein **Zielschuldverhältnis** gegeben und von einem Werkvertrag auszugehen. Diesfalls richtet sich die Sozialversicherung nach **§ 2 Abs. 1 Z 4 GSVG**. Verfehlt ist mE die Ansicht der Abgabenbehörden, wonach ein Dauerschuldverhältnis gegeben sei, wenn die Bezahlung nach der Anzahl der erbrachten Meinungsumfragen erfolgt.[315] Diese Ansicht erscheint nicht konsequent. Von einem Dauerschuldverhältnis ist mE vielmehr dann auszugehen, wenn die Bezahlung nach zeitlichen Einheiten, z.B. nach Stunden, erbracht wird. Die zitierte Ansicht der Verwaltungsbehörden übersieht das der Bezahlung nach erstellten Umfragen innewohnende Unternehmerrisiko. Dieses manifestiert sich darin, dass das Risiko der Erbringung der geschuldeten Leistung in dem Faktor Zeit liegt. Benötigt der Auftragnehmer weniger Zeit für die Herstellung des gewünschten Erfolgs (die Absolvierung der entsprechenden Anzahl an Umfragen), dann gereicht ihm dies zu seinem Vorteil; benötigt er länger, so geht dies zu seinen Lasten.

Hingegen ist der Ansicht der Verwaltungsbehörden insoweit zu folgen, als davon auszugehen ist, dass bei Erbringung der geschuldeten Leistungen als Marktforscher in aller Regel keine wesentlichen eigenen Betriebsmittel verwendet werden. Die Bedeutung des Kfz, das zur Anreise verwendet wird, muss in diesem Zusammenhang wohl in den Hintergrund treten.[316]

4.77. Masseure

Der VwGH kam zum Schluss, dass Masseure in einem freien Dienstverhältnis nach Maßgabe des § 4 Abs. 4 ASVG stehen.[317] In dem der gegenständlichen Entscheidung zugrundeliegenden Sachverhalt war eine Abrechnung nach Stunden vereinbart und es wurde monatlich fakturiert. Darüber hinaus war keine Bindung an Arbeitszeiten vereinbart, vielmehr konnte sich der Masseur seine Termine selbst organisieren. Eine Vertretungsmöglichkeit war vorgesehen, wurde aber in der Praxis nicht genützt. Der VwGH sprach aus, dass kein Werkvertrag, sondern in diesem Fall ein freier Dienstvertrag gem. der Bestimmung des § 4 Abs 4 ASVG vorlag, da zum einen eine auf Dauer angelegte Zurverfügungstellung einer Dienstleistung erfolgte und zum anderen keine wesentlichen eigenen Betriebsmittel (keine Spezialbetriebsmittel, aktivierten Anlagegüter) verwendet wurden.

4.78. Models

Bei Models, die von einer Agentur vermittelt und entlohnt werden, liegt nach Ansicht des HVSVT grundsätzlich ein Dienstverhältnis gemäß § 4 Abs. 2 ASVG vor

---

315   Vgl. E-MVB 004-ABC-M-001.
316   Vgl. HVSVT 28.1.1998, 32-51.1/98 Sm/Mm; HVSVT 12.1.1999, 32-51.1/98 Sm/Bc.
317   Vgl. VwGH 11.6.2014, 2012/08/0245.

bzw. wäre im Falle entsprechender Freiheiten allenfalls ein freies Dienstverhältnis gemäß § 4 Abs. 4 ASVG denkbar.[318]

Hingegen ist davon auszugehen, dass die Übernahme von Aufträgen durch Fotomodels und Mannequins für ständig wechselnde Auftraggeber in aller Regel kein Dienstverhältnis i.S.d. § 4 Abs. 2 ASVG begründet.[319]

Sich selbst vermarktende Models sind insbesondere beim Bestehen einer eigenen unternehmerischen Struktur wohl als **Neue Selbstständige Erwerbstätige** gemäß § 2 Abs. 1 Z 4 GSVG zu qualifizieren.[320]

4.79. Musiker

Die zwischen einem Gastwirt und einer Musikgruppe getroffene Vereinbarung über die fallweise Durchführung von Musikveranstaltungen bei Tanzunterhaltungen, wobei für die einzelnen Musiker gegenüber dem Veranstalter keine persönliche Anwesenheits- und Leistungspflicht besteht, begründet mangels persönlicher Abhängigkeit zu dem Veranstalter kein Dienstverhältnis i.S.d. § 4 Abs. 2 ASVG.[321]

Wenn ein Musiker in einem Lokal als Alleinunterhalter im Rahmen eines sog. „Bunten Abends" tätig und ihm der Inhalt der Gestaltung desselben selbst überlassen ist, hat er sich zur Erbringung gattungsmäßig definierter Leistungen verpflichtet. Von einer Weisungsgebundenheit bzw. einer „stillen Autorität" des Gaststättenbesitzers kann diesfalls aber noch nicht gesprochen werden. Es ist daher wegen des Überwiegens der Indizien der persönlichen Unabhängigkeit von einer selbstständigen Tätigkeit und vom Nichtvorliegen eines Dienstverhältnisses i.S.d. § 4 Abs. 2 ASVG auszugehen.[322]

4.80. Musiklehrer

Die Tatsache, dass durch die Beschäftigung als Musiklehrer in der Musikschule einer Gemeinde nur ein geringer Teil der einer Person an sich zur Verfügung stehenden Zeit in Anspruch genommen wird, schließt die persönliche Abhängigkeit dieser Person während dieser und durch diese Beschäftigung nach Ansicht des Verwaltungsgerichtshofs nicht von vornherein aus.[323] Bei anderer Ausgestaltung des Sachverhalts sind jedoch nach Ansicht des Autors auch alternative Gestaltungen denkbar. Insbesondere wäre bei Vorliegen eines generellen Vertretungsrechts auch ein **freier Dienstvertrag i.S.d. § 4 Abs. 4 ASVG** möglich.

---

318 Vgl. E-MVB 004-ABC-M-004.
319 Vgl. *Gager/Nagl*, a.a.O.
320 Vgl. HVSVT 17.7.2001, 32-51.1/01 Rv.
321 Vgl. VwGH 18.10.1974, 496/74.
322 Vgl. VwGH 8.2.1994, 92/08/0153.
323 Vgl. VwGH 21.2.2001, 96/08/0028.

Der VwGH hatte jüngst folgenden Sachverhalt zu beurteilen: Zwischen einem Musiklehrer und einem Elternverein wurde ein Werkvertrag abgeschlossen. Gemäß dem vereinbarten Vertragsinhalt war vorgesehen, dass der Musiklehrer an festzulegenden Tagen stundenplanmäßig den Musikunterricht für bestimmte Instrumente vorzunehmen hatte. Im Krankheitsfall oder im Fall einer Verhinderung mussten die Unterrichtsstunden entweder zu einem neu festzulegenden Zeitpunkt nachgeholt werden oder wäre nach Rücksprache mit der Musikschule eine Vertretung möglich gewesen. Der VwGH ist in diesem Fall der Berufung auf das Bestehen eines Werkvertrags nicht gefolgt. Insbesondere hatte das Vertretungsrecht nach Ansicht des VwGH nicht den Charakter eines generellen Vertretungsrechtes. Der VwGH kam daher zu dem Schluss, dass ein Werkvertrag nicht gegeben und von Pflichtversicherung nach dem ASVG auszugehen sei.[324]

4.81. Nachbarschaftshilfe in der Landwirtschaft

Die Tätigkeit eines selbstständigen Landwirts für einen anderen Landwirt im Rahmen der Nachbarschaftshilfe ist nach Ansicht der Verwaltungsbehörden nicht durch persönliche und wirtschaftliche Abhängigkeit gekennzeichnet und unterliegt daher nicht der Sozialversicherung, insbesondere **nicht der Pflichtversicherung gemäß § 4 Abs. 2 ASVG**.[325]

4.82. Nachhilfelehrer

Je nach Vertragsgestaltung und tatsächlicher Handhabe in der Praxis wird ein echtes Dienstverhältnis gemäß § 4 Abs. 2 ASVG (bei Eingliederung in die Betriebsorganisation, z.B. Bindung an Arbeitszeiten, Arbeitsort) oder aber ein freies Dienstverhältnis gemäß § 4 Abs. 4 ASVG (keine Eingliederung) vorliegen.

Die Einstufung als Neuer Selbstständiger Erwerbstätiger i.S.d. § 2 Abs. 1 Z 4 GSVG wird nur ausnahmsweise möglich sein, da kein konkretes Werk vorliegend ist. Denkbar wäre die Qualifikation als Neuer Selbstständiger Erwerbstätiger jedoch allenfalls dann, wenn z.B. wesentliche eigene Betriebsmittel verwendet werden oder aber die Nachhilfe überwiegend durch Vertreter („Subbeauftragte") vorgenommen wird. Der VwGH hat jedoch das Vorliegen eines Werkvertrages bei Nachhilfeunterricht abgelehnt, da ein in einem Nachhilfeinstitut beschäftigter Nachhilfelehrer nach Ansicht des VwGH gattungsmäßig definierte Leistungen und keinen konkreten Erfolg schuldet. Der VwGH hat in gegenständlichem Fall, da der Nachhilfelehrer sich vertreten lassen konnte und darüber hinaus die Ersatzperson durch den Nachhilfelehrer selbst zu bezahlen war, ein **freies Dienstverhältnis** als gegeben angenommen.[326] Auch das zuständige Bundesministerium

---

324 Vgl. VwGH 26.5.2004, 2001/08/0134.
325 Vgl. BMfsV 14.10.1976, 121.454/3-6/76, SV-Slg. XV/24.037.
326 Vgl. VwGH 26.5.2004, 2003/08/0149.

kam in einem ähnlich gelagerten Fall zum Schluss, dass ein freier Dienstvertrag gegeben sei, wenn das Vermitteln von Fachwissen in den Räumlichkeiten des Nachhilfeinstituts unter freier Zeiteinteilung ohne Weisungen und Kontrollen stattfindet.[327]

4.83. Orchestermitglieder

Orchester-, Chor- sowie Ballettensemblemitglieder sind nach Ansicht der Sozialversicherungsträger grundsätzlich als **echte Dienstnehmer** i.S.d. § 4 Abs. 2 ASVG anzusehen.[328] Diese restriktive Ansicht der Sozialversicherungsträger muss nach Ansicht des Autors im jeweiligen Einzelfall kritisch gewürdigt werden. Insbesondere für einmalige oder kurzfristige Engagements muss auch eine alternative Gestaltung möglich sein, insbesondere wenn das Recht besteht, sich vertreten lassen zu können.

Im Hinblick auf Personen aus dem Ausland, insbesondere dem EU-Ausland, ist im Übrigen zu prüfen, ob diese Personen im Ausland sozialversichert sind. Wenn dem so ist, entsteht keine Versicherungspflicht in Österreich.[329]

4.84. Orchestersubstituten

Durch die Möglichkeit, jederzeit einen Ersatzmann senden zu können, begibt sich der in die Liste der Orchestersubstituten bei der Bundestheaterverwaltung Aufgenommene nicht der freien Verfügung über seine Arbeitszeit und Arbeitskraft. Das Vorliegen persönlicher Abhängigkeit hinsichtlich der Beschäftigung als Orchestersubstitut ist daher zu verneinen. Hingegen liegt **Pflichtversicherung i.S.d. § 4 Abs. 2 ASVG** dann vor, wenn ein Orchestersubstitut verpflichtet ist, die im Dienstplan festgesetzten Spielzeiten einzuhalten und zudem nicht berechtigt ist, sich durch einen Ersatzmann vertreten zu lassen.[330]

4.85. Pferdepfleger

Ein Pferdepfleger mit Gewerbeschein wurde in der Entscheidung des VwGH als echter Dienstnehmer i.S.d. § 4 Abs. 2 ASVG qualifiziert.[331] Demzufolge kann nach Ansicht des VwGHs bei manuellen einfachen Tätigkeiten oder Hilfstätigkeiten, die im Bezug auf die Art der Arbeitsausführung keinen Gestaltungsspielraum des Dienstnehmers erlauben, das Vorliegen eines Beschäftigungsverhältnisses in persönlicher Abhängigkeit vorausgesetzt werden.

---

327 Vgl. BMSG 10.4.2003, 223.540/2-6/2003.
328 Vgl. HVSVT 20.1.2004, FO-MVB/51.1/04 Rv/Mm.
329 Zu beachten sind insbesondere die entsprechenden Kollisionstatbestände der EU-VO 883/2004.
330 Vgl. VwGH 25.10.1974, 2001/73.
331 Vgl. VwGH 12.9.2012, 2010/08/0032.

4.86. Pferdetrainer

Wenn sich Pferdetrainer dazu verpflichten, im Rahmen einer einmaligen befristeten Periode Polopferde an die klimatischen und übrigen Bedingungen zu gewöhnen und dabei selbst entscheiden können, wie sie ihren Arbeitsalltag gestalten und welche Maßnahmen sie zur Erbringung der ihnen gestellten Aufgaben setzen, überwiegen die Elemente der persönlichen Unabhängigkeit und es ist kein Dienstverhältnis i.S.d. der Bestimmung des § 4 Abs. 2 ASVG gegeben. Auch ein freies Dienstverhältnis nach Maßgabe des § 4 Abs. 4 ASVG kann in diesem Fall nicht vorliegen, da die Dienstleistungen im konkreten Sachverhalt nicht gegenüber einem qualifizierten Dienstgeber i.S.d. § 4 Abs. 4 ASVG (im Konkreten ging es um eine Privatperson) erbracht werden.[332]

4.87. „Pfusch"-Arbeiter

Personen, die meist neben ihrer unselbstständigen Beschäftigung für wechselnde, oft private, Auftragnehmer tätig werden, begründen zu diesen in aller Regel kein echtes Dienstverhältnis i.S.d. § 4 Abs. 2 ASVG. Jedoch erfüllt ein Tätigwerden als „Pfuscher" und somit ein Tätigwerden, das die Herstellung eines Werks in selbstständiger Arbeit zum Inhalt hat, ohne dass die entsprechende Gewerbeberechtigung vorliegt, in aller Regel die Tatbestandskriterien des Neuen Selbstständigen Erwerbstätigen i.S.d. **§ 2 Abs. 1 Z 4 GSVG**.[333]

4.88. Physiotherapeuten

Besteht für einen Physiotherapeuten die Möglichkeit, im Rahmen einer übernommenen Gesamtverpflichtung einzelne Behandlungen ablehnen zu können, ohne dass dadurch allein das Auftragsverhältnis Schaden nimmt, ist von einer Form der Kooperation auszugehen, die das Verhältnis persönlicher Abhängigkeit ausschließt.[334] An dieser Entscheidung des VwGH ist deutlich erkennbar, dass die Gewichtung des Gesamtbildes des Sachverhalts von entscheidender Bedeutung ist und in manchen Fällen – so wie in diesem – die starke Ausprägung eines der „Freiheitsrechte" des **freien Dienstnehmers** bereits ausreichend sein kann, um das Verhältnis persönlicher Abhängigkeit auszuschließen.

4.89. Plakatierer

Wenn einen Plakatierer gemäß der Ausgestaltung des Auftragsverhältnisses die Pflicht trifft, innerhalb einer gewissen Zeitspanne die entsprechende Anzahl an Plakaten zu plakatieren und er in diesem Zusammenhang berechtigt ist, mit Sub-

---

332 Vgl. VwGH 24.5.2014, 2012/08/0081.
333 So auch *Gager/Nagl*, a.a.O.
334 Vgl. VwGH 30.9.1997, 95/08/0165.

auftragnehmern zu kooperieren bzw. sich vertreten zu lassen, liegt eine Tätigkeit in **persönlicher Abhängigkeit nicht vor.**[335] Diesfalls ist nach Ansicht des Autors je nach Ausgestaltung der faktischen Gegebenheiten entweder von einem freien Dienstverhältnis i.S.d. § 4 Abs. 4 ASVG oder von einer Tätigkeit als Neuer Selbstständiger Erwerbstätiger i.S.d. § 2 Abs. 1 Z 4 GSVG auszugehen.

4.90. Posthilfsstellenleiter

Ist der Geschäftsführer einer Posthilfsstelle bei seiner Tätigkeit, die überwiegend aus dem Verkauf von Briefmarken und Postvordrucken, der Entleerung des Briefkastens, der Aufgabe und Abholung von Briefsendungen und Paketen und der Besorgung geringfügiger Geldangelegenheiten besteht, nicht an die Einhaltung bestimmter Öffnungszeiten gebunden, kann er sich jederzeit und auch überwiegend vertreten lassen und unterliegt er nur rein sachlichen Weisungen, überwiegen die Merkmale der persönlichen und wirtschaftlichen Unabhängigkeit, so dass kein echtes Dienstverhältnis vorliegen kann. Es handelt sich diesfalls um ein **freies Dienstverhältnis.**[336]

Auch der HVSVT hat die Ansicht vertreten, dass jene Personen, denen die Übernahme der Geschäftsführung von Postservicestellen angeboten wurde und die diese Tätigkeit im Rahmen ihres Gewerbebetriebes absolviert haben, nicht in einem echten Dienstverhältnis stehen. Wegen Vorliegen einer Gewerbeberechtigung war in diesem Sachverhalt von Pflichtversicherung gemäß § 2 Abs. 1 Z 1 GSVG auszugehen.[337]

4.91. Praktikanten

Bei Praktikanten ist zu eruieren, wie der Sachverhalt konkret ausgestaltet ist. Ein Praktikant, der über eine bloße Teilnahme an den betrieblichen Geschehnissen im Sinne einer praktischen Ergänzung der theoretischen Ausbildung hinaus in persönlicher und wirtschaftlicher Abhängigkeit agiert, Weisungen zu befolgen hat und in die betriebliche Struktur des Arbeitgebers integriert ist, ist als echter Dienstnehmer i.S.d. § 4 Abs. 2 ASVG zu qualifizieren.[338] Auch die Tatsache, dass aus der Tätigkeit des Praktikanten eine Wertschöpfung für das Unternehmen lukriert wird, wird von den Verwaltungsbehörden in der Regel als Argument dafür verwendet, dass Pflichtversicherung i.S.d. § 4 Abs. 2 ASVG gegeben ist.[339] Nach Ansicht des Autors kann die Wertschöpfung allein jedoch maximal Indizwirkung haben, zumal die Tätigkeit eines Praktikanten im eigentlichen Sinn ebenso wie auch die Aktivitäten eines freien Dienstnehmers für ein Unternehmen Wertschöpfung bedeuten kann.

---

335 Vgl. VwGH 28.1.1970, 924/69.
336 Vgl. ASG Wien 21.1.2002, Cga 92/01w, rk.; ARD 5326/1/2002.
337 Vgl. HVSVT 10.7.2001, 32-51.1/01 Rv; HVSVT 7.9.2001, 32-51.1/01 Rv.
338 Vgl. HVSVT 16.10.2002, FO-MVB/32-52.6/02.
339 Vgl. E-MVB 004-ABC-P-002.

4.92. Präsenzdiener

Weder durch den ordentlichen noch einen außerordentlichen Präsenzdienst wird ein Dienstverhältnis i.S.d. § 4 Abs. 2 ASVG zur Republik Österreich begründet.[340]

4.93. Privatzimmervermieter

Wenn eine Person im Zusammenhang mit der Vermietung von Privatzimmern Personen beschäftigt, handelt es sich bei dem Auftraggeber um keine „Privatperson", sondern um eine Kooperation im Rahmen seiner geschäftsbetrieblichen Aktivitäten. Daher ist ein „qualifizierter Dienstgeber" i.S.d. § 4 Abs. 4 ASVG gegeben und ein **freier Dienstvertrag** nach dieser gesetzlichen Bestimmung grundsätzlich möglich.[341]

4.94. Programmierer

Diese Personen können je nach Art der Tätigkeit und Ausgestaltung der Vereinbarung entweder echte Dienstnehmer im Sinne des § 4 Abs. 2 ASVG, freie Dienstnehmer im Sinne des § 4 Abs. 4 ASVG oder aber Neue Selbstständige Erwerbstätige gemäß § 2 Abs. 1 Z 4 GSVG sein.

Möchte man einen **Werkvertrag** erreichen, ist neben der weisungsfreien und ungebundenen Tätigkeit des Programmierers (insbesondere Tätigkeit von zu Hause aus bzw. an frei gewählten Orten, völlig freie Zeiteinteilung, keine Weisungsbindung, keine organisatorische Eingliederung etc.) unabdingbar notwendig und erforderlich, dass eine konkrete Umschreibung des Werkes vorgenommen wird. Diese Umschreibung des Werkes sollte so konkret sein, dass eine nachträgliche Präzisierung durch weitere Weisungen entfallen kann.

Der VwGH hat vor einigen Jahren in diesem Sinne ausgesprochen, dass ein Werkvertrag bei einer Programmiertätigkeit dann nicht möglich ist, wenn die Durchführung nicht näher beschriebener Programmierungsentwicklungen und Adaptierungen auf unbestimmte Zeit vereinbart ist und sich der Programmierer überdies weder vertreten lassen kann noch Arbeitsleistungen sanktionslos ablehnen kann und im Übrigen eine Bindung an eine Konkurrenzklausel gegeben ist.[342]

4.95. Protokollführer

Protokollführer bei Sitzungen sind nach Ansicht des HVSVT als Vertragspartner in einem **Dauerschuldverhältnis** entweder als echte Dienstnehmer i.S.d. § 4 Abs. 2 ASVG oder als freie Dienstnehmer i.S.d. § 4 Abs. 4 ASVG zu bewerten.[343]

---

340 Vgl. BMSG 7.5.2001, 127.614/4-7/01.
341 Vgl. HVSVT 3.9.1996, 32-51.1/96 Sm/Mm.
342 Vgl. VwGH 13.8.2003, 99/08/0174.
343 Vgl. HVSVT 5.9.2001, 32-51.1/01 Rv/Mm.

4.96. Provisionsvertreter

Ein Provisionsvertreter kann je nach Ausgestaltung seiner Tätigkeit bzw. Konzipierung der Vereinbarung echter Dienstnehmer i.S.d. § 4 Abs. 2 ASVG, freier Dienstnehmer i.S.d. § 4 Abs. 4 ASVG oder aber Neuer Selbstständiger Erwerbstätiger i.S.d. § 2 Abs. 1 Z 4 GSVG sein. Auf nebenberufliche Provisionsvertreter (inklusive Innendienstmitarbeitern der Versicherungsunternehmen) sind nach Ansicht der Verwaltungsbehörden jedoch die sozialversicherungsrechtlichen Bestimmungen des GSVG und nicht des ASVG anzuwenden.[344]

Aufgrund der gewerberechtlichen Bestimmungen ist dieser Personenkreis grundsätzlich verpflichtet, eine Gewerbeberechtigung zu erlangen. Selbstständige Versicherungsmakler, -berater und -agenten unterliegen daher als **Gewerbescheininhaber** der Pflichtversicherung gemäß § 2 Abs. 1 Z 1 GSVG.

Jene Personen, die keine Gewerbeberechtigung und keine Verpflichtung zur Dienstleistung haben, können – bei Überschreiten der jeweils relevanten Versicherungsgrenze – als Neue Selbstständige Erwerbstätige i.S.d. **§ 2 Abs. 1 Z 4 GSVG** pflichtversichert sein, sofern die Vermittlungstätigkeit weisungsfrei, d.h. nicht in persönlicher und wirtschaftlicher Abhängigkeit ausgeübt wird, der nachgewiesene Vertragswille auf eine Trennung der beiden Rechtsverhältnisse ausgerichtet ist, die Tätigkeiten verschieden und daher trennbar sind (z.B. ein Innendienstmitarbeiter ist Buchhalter, aber nicht im Kassendienst tätig, bei dem auch Versicherungsverträge vermittelt werden), und die Tätigkeit als Versicherungsvermittler außerhalb der Dienstzeit ausgeübt wird, wobei möglichst eine örtliche Trennung vorliegt, d.h. die nebenberufliche Vermittlung nicht am Dienstort (z.B. in der Bank) stattfindet.[345] Ebenso wäre eine Pflichtversicherung i.S.d. § 2 Abs. 1 Z 4 GSVG dann gegeben, wenn von einer Person für eine Bank lediglich ein Anbahnungsgeschäft geführt wird, keinerlei vertragliche Verpflichtung besteht, diese Gespräche zu führen, die Bank keine Weisungsmöglichkeit hat und zudem keine Betriebsmittel zur Verfügung stellt.[346]

Die Verwaltungsbehörden bringen mit dieser Ansicht zum Ausdruck, dass das **Nebeneinanderbestehen** eines Dienstvertrags und einer Tätigkeit, die zu einer Pflichtversicherung gemäß § 2 Abs. 1 Z 4 GSVG führt, grundsätzlich möglich ist; Prämisse ist eine fachliche und örtliche/zeitliche Trennung. Mit Risiken behaftet wäre hingegen eine Gestaltung, in der die Tätigkeiten ineinander inhaltlich bzw. organisatorisch verschränkt sind. Diesfalls würde wohl nur ein Pflichtversicherungstatbestand gegeben sein. Bei Überwiegen der Kriterien der persönlichen Abhängigkeit wäre dies wohl der **echte Dienstvertrag** i.S.d. § 4 Abs. 2 ASVG.[347]

---

344   Vgl. E-MVB 004-ABC-P-004.
345   Vgl. E-MVB 004-ABC-P-004.
346   Vgl. HVSVT 13.6.2006, 32-MVB-51.1/06/AfMm.
347   So auch VwGH 3.4.2001, 96/08/0053.

4.97. Rechtsanwaltsanwärter

Rechtsanwaltsanwärter sind gemäß § 5 Abs. 1 Z 8 i.V.m. § 7 Z 1 lit. e ASVG nur in der Kranken- und Unfallversicherung pflichtversichert. Von der Pensionsversicherung sind sie hingegen ausgenommen. Wenn Rechtsanwaltsanwärter neben ihrer Rechtsanwaltsanwärtertätigkeit noch einer anderen geringfügigen Beschäftigung (Entgelt nicht über der Geringfügigkeitsgrenze, im Kalenderjahr 2017 € 425,70 p.m.) nachgehen, so wird durch Zusammenrechnung der Entgelte aus ihrer Rechtsanwaltsanwärtertätigkeit und ihrer anderen geringfügigen Beschäftigung keine Vollversicherung begründet und sie können daher keine **Pensionsversicherungszeiten** durch die Zusammenrechnung dieser Entgelte erwerben.[348]

4.98. Regalbetreuer

Nach Ansicht des Hauptverbandes kommt für Regalbetreuer in aller Regel der Pflichtversicherungstatbestand des **freien Dienstnehmers** i.S.d. § 4 Abs. 4 ASVG zur Anwendung.[349]

4.99. Regisseure bei österreichischen Festspielveranstaltern

Regisseure bei Festspielveranstaltungen werden in aller Regel als Dienstnehmer gemäß **§ 4 Abs. 2 ASVG** zur Pflichtversicherung anzumelden sein.[350]

4.100. Reiseleiter

Reiseleiter werden je nach Art der Tätigkeit entweder echte Dienstnehmer i.S.d. § 4 Abs. 2 ASVG oder aber freie Dienstnehmer i.S.d. § 4 Abs. 4 ASVG sein. Eine Pflichtversicherung gemäß § 2 Abs. 1 Z 4 GSVG wäre ebenfalls möglich – bei Vorliegen entsprechender wesentlich eigener Betriebsmittel oder aber bei einer ziel-/erfolgsorientierten Vertragsgestaltung.

Der VwGH hat das Vorliegen eines **echten Dienstvertrags verneint,** wenn den Reiseleiter ein Unternehmerrisiko trifft.[351] Der der Entscheidung zugrunde liegende Sachverhalt war so konzipiert, dass der Reiseleiter im Rahmen seiner Reiseleitertätigkeit in der Lage war, Aufträge anzunehmen oder aber auch abzulehnen. Auf diese Weise war er in der Lage, den Umfang seines Tätigwerdens bzw. den wirtschaftlichen Erfolg selbst zu bestimmen. Zudem traf ihn das Risiko einer Erkrankung oder eines Unfalls, da er diesfalls selbst angehalten war, für eine Vertretung zu sorgen.

---

348 Vgl. HVSVT 30.9.1999, 32-51.1/99 Rj/Mm.
349 Vgl. HVSVT 1.2.2005, FO-MVB/51.1/05 Rv/Mm.
350 Vgl. HVSVT 5.6.2003, FO-MVB/32-51.1/02 Rv/Mm.
351 Vgl. VwGH 20.12.2000, 99/13/0223.

Auch in einer weiteren Entscheidung hat der VwGH ausgesprochen, dass das Vertragsverhältnis eines Zielortreiseleiters als **freier Dienstvertrag** einzustufen ist.[352] Dabei hat der VwGH insbesondere betont, dass bei fehlender Bindung an Arbeitsort und Arbeitszeit und bei weitgehender Freiheit in der Gestaltung des organisatorischen Ablaufs der von ihm zu erbringenden Leistungen Kontrollen und Weisungen des Gebietsbeauftragten des Reiseveranstalters als sachbezogen einzustufen sind, die lediglich den Zweck haben, das vom Reiseveranstalter durch den Abschluss derartiger Vereinbarungen verfolgte Ziel der bestmöglichen Betreuung der Kunden am Zielort sicherzustellen; diese schließen daher die persönliche Unabhängigkeit dessen, der insoweit auch für einen bestimmten Arbeitserfolg zu sorgen hat, ebenso wenig aus, wie allfällige Absprachen mit dem Gebietsbeauftragten bezüglich der Arbeitszeit, wenn diese von der Art der Tätigkeit her notwendig sind. Diese Entscheidung des VwGH bringt deutlich zum Ausdruck, dass das Überwiegen der jeweiligen Kriterien für die Gesamtbeurteilung eines Sachverhalts entscheidungsrelevant ist und Indizien, wie z.B. Rücksprachen, teilweise Vorgabe der Arbeitszeit und dgl. diesfalls unschädlich sind. Bereits im Jahr 1991 hatte der VwGH in diesem Sinne klargestellt, dass Weisungen bzw. Kontrollen eines Reiseleiters lediglich im Hinblick auf „touristische Belange" für sich allein noch nicht zu einem Vertragsverhältnis in persönlicher und wirtschaftlicher Abhängigkeit führen.[353]

4.101. Restauratoren

Der HVSVT vertritt im Hinblick auf Restauratoren grundsätzlich die Ansicht, dass im Regelfall **echte Dienstverhältnisse** i.S.d. § 4 Abs. 2 ASVG **oder** aber **freie Dienstverhältnisse** i.S.d. § 4 Abs. 4 ASVG vorliegen werden. Der HVSVT begründet seine Rechtsansicht damit, dass bei diesen Arbeiten die Erbringung von bestimmten Dienstleistungen (z.B. Reinigung, Nachfreilegung, Retusche) gegenüber der Erbringung eines im Voraus individuell konkretisierten Werks im Sinne eines selbstständigen Produkts im Vordergrund steht. Der HVSVT führt weiters aus, dass in der Regel wirtschaftliche Abhängigkeit gegeben sein wird (z.B. Zurverfügungstellung von Gerüsten) und dass trotz einer im Vorfeld genau festgelegten Aufgabe das Faktum der auf Dauer erfolgenden Erbringung von Dienstleistungen im Vordergrund stehe.[354] Auch diese Ansicht kann jedoch mE nicht generell auf den jeweiligen Anlassfall angewendet werden. Insbesondere muss geprüft werden, ob nicht der Charakter eines **Zielschuldverhältnisses** die obig angeführten Kriterien eines Dauerschuldverhältnisses überwiegt. Dies wird insbesondere dann der Fall sein, wenn Unternehmerrisiko besteht und der Auftragnehmer erst nach vollständiger und erfolgreicher Erbringung seiner geschuldeten Werkleistung Anspruch auf Honorar hat.

---

352 Vgl. VwGH 28.10.1997, 93/08/0168.
353 Vgl. VwGH 17.9.1991, 90/08/0131.
354 Vgl. HVSVT 11.3.1997, 32-51.1/97 Sm/Mm.

Buchrestauratoren, die antike Bücher, Schriftrollen etc. restaurieren und dabei über eigenes Spezialwerkzeug verfügen, sind nach Ansicht des Autors wegen des Vorliegens wesentlich eigener Betriebsmittel dem Bereich der **Neuen Selbstständigen Erwerbstätigen** i.S.d. § 2 Abs. 1 Z 4 GSVG zuzuordnen. Dafür spricht neben den speziellen Betriebsmitteln (z.B. spezielle Klebstoffe) insbesondere auch das spezifische Fachwissen, das die Auftragnehmer besitzen und das für die jeweilige Anwendung der Restaurationsmethode prägend ist.

4.102. Rezeptionisten

In aller Regel ist ein Rezeptionist als **echter Dienstnehmer** zu qualifizieren, da er naturgemäß angehalten ist, die geschuldete Arbeitsleistung an einem fixen Arbeitsort zu erbringen. Weiters entspricht es den Erfahrungen in der Praxis, dass der Rezeptionist fixe Arbeitszeiten einzuhalten hat. Es verhält sich weiters in aller Regel so, dass der Rezeptionist angehalten ist, Weisungen sein persönliches Verhalten am Arbeitsplatz betreffend zu beachten (z.B. ein gewisses Auftreten gegenüber Kunden, Kleidungsvorschriften). Die Einhaltung dieser Weisungen wird regelmäßig durch Vorgesetzte kontrolliert. Zudem besteht in aller Regel kein Recht, sich durch andere Personen, v.a. nicht durch von dem Rezeptionist selbst für geeignet befundene Personen, vertreten zu lassen. Für die Annahme eines freien Dienstvertrags i.S.d. § 4 Abs. 4 ASVG fehlt es daher regelmäßig an dem Vorliegen der hierfür erforderlichen Freiheitsrechte. Dies hat auch der VwGH seinerzeit bestätigt.[355]

4.103. Sachverständige für Feuerbrand

Feuerbrandsachverständige als behördlich bestellte Sachverständige sind hinsichtlich der Beurteilung der Versicherungspflicht einem gerichtlich beeideten Sachverständigen gleichzuhalten. Es wird dadurch keine Versicherungspflicht i.S.d. § 4 Abs. 4 ASVG begründet.[356]

4.104. Schilehrer

Schilehrer können grundsätzlich echte Dienstnehmer i.S.d. § 4 Abs. 2 ASVG, freie Dienstnehmer i.S.d. § 4 Abs. 4 ASVG oder aber Neue Selbstständige Erwerbstätige i.S.d. § 2 Abs. 1 Z 4 GSVG sein.

In der aktuellen Judikatur werden tendenziell **echte Dienstverhältnisse** angenommen. Soll daher in der Praxis ein echtes Dienstverhältnis ausgeschlossen werden, sind insbesondere die entsprechenden Freiheitsrechte nachzuweisen. Ein laut Vertrag eingeräumtes Vertretungsrecht kann in diesem Zusammenhang nach der restriktiven Ansicht der Verwaltungsbehörden unzureichend sein, wenn von diesem de facto nicht Gebrauch gemacht wird.

---

355   Vgl. VwGH 12.11.1991, 91/08/0125.
356   Vgl. HVSVT 1.2.2005, FO-MVB/51.1/05 Rv/Mm.

Der VwGH rückt in den Vordergrund, dass, wenn für eine Tätigkeit eine entsprechende Qualifikation gesetzlich vorgeschrieben ist (konkret: das Schilehrerdiplom nach dem Tiroler Schischulgesetz), für deren Einhaltung der Auftraggeber verantwortlich ist, ein dem Auftragnehmer eingeräumtes „generelles" und unbeschränktes Vertretungsrecht als bloße Scheinvereinbarung anzusehen ist. Diese Annahme erscheint v.a. auch deshalb gerechtfertigt, weil z.B. nach dem Tiroler Schischulgesetz 1995, LGBl. Nr. 15 ein Schischulinhaber den bei ihm tätigen Lehrkräften kein unbeschränktes Recht, sich vertreten zu lassen, einräumen darf.[357] Ein echtes Dienstverhältnis wird demnach durch ein derartiges Vertretungsrecht nicht ausgeschlossen. Vielmehr ist von persönlicher und wirtschaftlicher Abhängigkeit auszugehen.[358]

Umstritten ist jedoch, ob nicht durch Vergesellschaftung doch eine ASVG-Pflicht verhindert werden könnte. Dabei ist auf den jeweiligen Einzelfall abzustellen.[359]

4.105. Schneearbeiter/Schneeschaufler

Die Tätigkeit eines Schneearbeiters einer Gemeinde wird nach Auffassung des VwGH in der Regel in persönlicher und wirtschaftlicher Abhängigkeit gegen Entgelt ausgeübt und hat daher Pflichtversicherung nach ASVG zur Folge.[360]

Bei anderer Ausgestaltung des Sachverhalts muss mE jedoch auch eine alternative Einstufung denkbar sein. Wenn eine Person sich beispielsweise verpflichtet, in einer Saison bzw. in einem Winter ein bestimmtes Gebiet (z.B. einen Stadtteil, einen Platz) schneefrei zu halten bzw. entsprechend durch Streumittel oder dgl. abzusichern, weiters ein pauschal vereinbartes Honorar ohne Ersatz von Fahrtkosten und Spesen besteht, dieses auch nur bei ordnungsgemäßer Auftragserledigung zusteht, die Tätigkeit frei von Weisungen das persönliche Verhalten betreffend und ohne an vorgegebene Arbeitszeiten gebunden zu sein, absolviert werden kann und weiters berücksichtigt wird, dass durch den nicht vorhersehbaren Faktor der Niederschlagsintensität – je nachdem, ob ein schneearmer oder schneereicher Winter gegeben ist – ein ob des vereinbarten Pauschalhonorars massives Unternehmerrisiko des Auftragnehmers gegeben ist, bleibt für die Annahme eines echten Dienstvertrags wohl wenig Argumentationsspielraum übrig. Diesfalls ist mE vielmehr von einem konkret vereinbarten Werk und daher folgerichtig auch von einem **Werkvertrag** auszugehen. Anders ist dies jedoch dann zu beurteilen, wenn der Auftragnehmer einem umfassenden Konkurrenzverbot unterliegt, die Dienstleistung vom Dienstgeber stichprobenartig kontrolliert wird und vom Dienstgeber auch die Betriebsmittel (insb. das Streugut) bereitgestellt werden.[361]

---

357 Vgl. *Teschner/Widlar/Pöltner*, ASVG, § 4, 128/3.
358 Vgl. VwGH 21.4.2004, 2000/08/0113.
359 Vgl. Hauptverband der Sozialversicherungsträger, Protokoll November 2009.
360 Vgl. VwGH 22.12.1965, 1557, SoSi 1966 Nr. 3, ÖJZ 1966, Heft 17, 474.
361 Vgl. VwGH 28.3.2012, 2009/08/0135.

4.106. Schnuppertage

Prinzipiell ist die sozialversicherungsrechtliche Abgrenzung zwischen einem unbeachtlichen „Kennenlernen" und der Begründung eines Arbeitsverhältnisses in der Praxis zum Teil schwierig. I.d.R. führt ein „Schnuppern" bereits dann zu einem Dienstverhältnis, wenn

- eine Verpflichtung zur Erbringung von Arbeitsleistungen und eine Bindung an Dienstzeiten vorliegt,
- das wirtschaftliche Ergebnis allfälliger Arbeitsleistungen dem Arbeitgeber zufließt,
- die Dauer des „Schnupperns" ein gewisses Quantum übersteigt.

Der VwGH hat in einem Fall, in dem der Kraftfahrer einer Bäckerei von einem Stellenbewerber von 03:00 Uhr früh bis zur Betretung durch die Behörden um 09:30 Uhr vormittags bei der Auslieferung von Backwaren begleitet wurde, eine faktische Arbeitsleistung bejaht. Selbst wenn für diese Zeitphase Unentgeltlichkeit vereinbart war, steht ein entsprechender Lohn zu und war von einem Dienstverhältnis gem. § 4 Abs. 2 ASVG auszugehen.[362]

4.107. Schreibkräfte

Personen, die sich zur Durchführung von Schreibarbeiten verpflichten, können je nach Art der Tätigkeit und Ausgestaltung ihrer Vereinbarung entweder echte Dienstnehmer i.S.d. § 4 Abs. 2 ASVG, freie Dienstnehmer i.S.d. § 4 Abs. 4 ASVG oder aber Neue Selbstständige Erwerbstätige i.S.d. § 2 Abs. 1 Z 4 GSVG sein. Ist ein Werkvertrag intendiert, ist neben einer weisungsfreien Ausgestaltung der Tätigkeit (z.B. Arbeiten von zu Hause bzw. von frei gewählten Orten, nach völlig freier Zeiteinteilung und ohne organisatorischen Eingliederung) die Umschreibung eines konkreten Werks Prämisse. In Frage kommt hierbei z.B. die Erstellung einer speziellen Power-Point-Präsentation, die Erstellung eines handschriftlichen Manuskripts oder dergleichen. Wenn bei vollständiger Erbringung dieses Erfolgs das vereinbarte Honorar gebührt, ist ein **Werkvertrag** argumentierbar. Sollte hingegen eine Bezahlung nach Stunden vereinbart sein, wäre dies wiederum ein starkes Indiz für das Bestehen eines Dauerschuldverhältnisses.

Der VwGH hat ausgesprochen, dass eine Schreibkraft, die eine mit einer bestimmten Höchstzahl pro Monat begrenzte Seitenzahl nach Diktat zu schreiben hat, nicht Auftragnehmerin eines Werkvertrags ist. Gegenstand des konkreten Vertrags sei nämlich kein Werk, sondern die Erbringung laufender Schreibarbeiten. Eine Entlohnung nach geschriebenen Seiten sei zwar leistungsbezogen, nicht aber erfolgsbezogen. Kann die Schreibkraft ihre Tätigkeit an jedem beliebigen Ort zu jeder beliebigen Zeit verrichten und steht es ihr frei, sich bei Erfüllung ver-

---

362   Vgl. VwGH 14.2.2003, 2012/08/0023.

treten zu lassen oder Hilfskräfte beizuziehen, sei von einem **freien Dienstvertrag** auszugehen.[363] Eine ähnliche Ansicht vertrat der VwGH bereits im Jahr 1981, als er bei einer mit der Verrichtung von Schreibarbeiten von zu Hause aus befassten Person keine persönliche und wirtschaftliche Abhängigkeit annahm, da diese Person in der Gestaltung des Arbeitsablaufes und ihrer Arbeitsorganisation völlig frei war und eine Kontrollunterworfenheit höchstens hinsichtlich des Arbeitsergebnisses bestand.[364] Der VwGH hat daher bereits damals verdeutlicht, dass eine sachliche – das Ergebnis betreffende – Kontrolle allein noch nicht dazu führt, dass ein echtes Dienstverhältnis vorliegen muss, solange persönliche Abhängigkeit bedingt etwa durch Weisungen das persönliche Verhalten betreffend nicht gegeben ist.

4.108. Sommer- und Kellergassenfeste

Zu prüfen ist, ob die Mitarbeit bei Sommer- und Kellergassenfesten allenfalls ein echtes Dienstverhältnis begründen kann. Im Einzelfall kann dies tatsächlich fraglich sein. Zudem vertreten die Gebietskrankenkassen i.d.Z. zum Teil abweichende Ansichten. Die Nö. GKK vertritt die Meinung, dass der Grundsatz, wonach ein Entgeltbezug Pflichtversicherung begründet, grundsätzlich für alle Helfer gilt. Rein rechtlich kommt es demnach nicht darauf an, ob es sich um ein Vereins- oder Familienmitglied handelt oder ob sich ein guter Freund als freiwilliger Helfer zur Verfügung stellt. Bei Vereinsmitgliedern und nahen Verwandten wird in der Regel die Vermutung nahe liegen, dass diese Personen tatsächlich kurzfristig **unentgeltlich** aushelfen (und somit **kein Dienstverhältnis** gegeben ist). V.a. bei Leistungen von Verwandten ersten Grades (Eltern, Kindern und Großeltern) und Ehepartnern ist bei solchen Veranstaltungen grundsätzlich von Unentgeltlichkeit auszugehen. Bei anderen Personen wäre ein solches „Naheverhältnis" glaubhaft zu machen. Im Zweifel kann aber nach Ansicht der Nö.GKK bei diesen Personen nicht per se davon ausgegangen werden, dass Unentgeltlichkeit vorliegt (Anspruchslohnprinzip). Diesfalls wäre vielmehr ein Dienstverhältnis gegeben und eine entsprechende sozialversicherungsrechtliche Anmeldung zu erstatten.[365]

Betreffend die Frage der familienhaften Mitarbeit haben sich 2016 der Hauptverband der österreichischen Sozialversicherungsträger, Wirtschaftskammer Österreich und BMF auf eine gemeinsame Sichtweise geeinigt, in welchen Fällen Familienmitglieder anzumelden sind.[366] Darin wird festgeschrieben, dass bei Ehepartnern, Lebensgefährten und auch Kindern die Vermutung der Unentgeltlichkeit gilt. Bei Eltern, Großeltern und Geschwistern wird für die Vermutung der Unent-

---

363   Vgl. VwGH 26.5.2004, 2001/08/0045.
364   Vgl. VwGH 20.11.1981, 153/80, RdA 1982 Nr. 3, 221.
365   Vgl. NöDIS Nr. 9/August 2012.
366   Diesbezüglich wurde ein dementsprechendes „Merkblatt zur familienhaften Mitarbeit in Betrieben" erstellt.

geltlichkeit zusätzlich gefordert, dass es sich um eine nur kurzfristige Tätigkeit handelt und daneben eine vollversicherte Beschäftigung, eine Berufs-/Schul-/Studienausbildung oder ein Pensionsbezug vorliegt. Um die Kurzfristigkeit sowie Unentgeltlichkeit glaubhaft zu machen, wird empfohlen, das dafür eigens erstellte Formblatt zu verwenden. Bei noch weiter entfernten Verwandten gilt die Vermutung der Entgeltlichkeit.

4.109. Schulwarte

Kurse von Volkshochschulen finden häufig in öffentlichen Schulgebäuden statt. Für die Betreuung wird von der Volkshochschule an die Schulwarte ein geringfügiges Entgelt geleistet. Nach Ansicht der Gebietskrankenkassen entsteht hierdurch eine Verpflichtung der Schulwarte gegenüber der Volkshochschule und ist deshalb von einer Pflichtversicherung gemäß **§ 4 Abs. 4 ASVG** auszugehen. Geht man hingegen davon aus, dass gegenüber der Volkshochschule keine Verpflichtung besteht, handelt es sich bei den gewährten Bezügen um Entgelt von dritter Seite, das in der Lohnverrechnung des Dienstgebers des Schulwarts entsprechend zu berücksichtigen wäre.[367]

4.110. Souvenirverkäufer

Nach Ansicht des VwGH sind Personen, die mittels fahrbarer Verkaufsstände Souvenirs und Erfrischungsgetränke verkaufen, als **echte Dienstnehmer** i.S.d. § 4 Abs. 2 ASVG zu qualifizieren.[368] Seine Entscheidung hat der VwGH in erster Linie damit begründet, dass die Tätigkeit ihrer Natur nach als eine Dienstleistung und keine Werkleistung zu qualifizieren sei, da weder ein im Voraus individuell festgelegter Leistungserfolg noch die Feststellung des Maßstabs, wonach zu beurteilen ist, ob eine mangelfreie Leistung vorliegt, gegeben war. Zudem war in dem der gegenständlichen Entscheidung zugrunde liegenden Sachverhalt weder ein generelles Vertretungsrecht vereinbart worden noch ist dieses de facto ausgeübt worden.

4.111. Sport – Mannschaftssportarten

Spieler der Kampfmannschaft, z.B. eines Fußballvereins, trifft allgemein die Pflicht zur Absolvierung von Trainings, Vorbereitungseinheiten, Teamcamps und naturgemäß zur Absolvierung der Spiele. Die **Fußballspieler** treffen somit naturgemäß strenge Pflichten zur Einhaltung von Arbeitszeiten. Fehlvergehen können in diesem Zusammenhang vereinsinterne und arbeitsrechtliche Konsequenzen zur Folge haben. Auch ein fix vorgegebener Arbeitsort (der Trainingsplatz, das Stadion usw.)

---

367   Vgl. ARD 4915/5/98; vgl. HVSVT 16.5.2000, 32-51.1/00 Sm/Mm.
368   Vgl. VwGH 20.9.2006, 2003/08/0274.

ist gegeben. Massiv im Vordergrund stehen auch Weisungen das persönliche Verhalten betreffend. Taktische und disziplinäre Weisungen des Trainers sind bestimmend für das Verhalten des Spielers auf dem Platz. Fußballspieler insbesondere in der Bundesliga stehen zudem im Blickpunkt der Öffentlichkeit. Vereine legen daher auch höchsten Wert auf das Verhalten des Spielers und sehen nicht selten Konsequenzen im Falle eines vereinsschädigenden Verhaltens vor. In der heutigen Welt des Fußballsports haben Fußballspieler zudem weitere Aufgaben, insbesondere Marketingtermine, Termine bei Fanclubs und Sponsorpartnern und dergleichen wahrzunehmen. Auch diese Verpflichtungen sind größtenteils direkte Konsequenzen aus dem Arbeitsverhältnis zum Verein.

Aus alldem muss abgeleitet werden, dass Fußballspieler in aller Regel **echte Dienstnehmer** i.S.d. § 4 Abs. 2 ASVG sein werden. Auch der VwGH hat dies bereits vor einigen Jahren bestätigt.[369] Eine ähnliche Ansicht vertrat seinerzeit auch das zuständige Bundesministerium.[370] Freiheitsrechte, die ein freies Dienstverhältnis i.S.d. § 4 Abs. 4 ASVG indizieren könnten, werden nur in sehr seltenen Fällen gegeben sein. Die Möglichkeit dieser Freiheitsrechte wird oft durch den Umstand begrenzt sein, dass es sich beim Fußballsport um einen Mannschaftssport handelt. Nicht das Verhalten des Einzelnen ist für den Erfolg des Vereins ausschlaggebend, sondern die Leistung des Teams. Disziplin und Weisungsbindung und damit die Tatbestandsmerkmale des echten Dienstvertrags i.S.d. § 4 Abs. 2 ASVG werden daher in der Praxis im Vordergrund stehen.[371]

Die Beurteilung betreffend Fußballspieler wird in dieser Form auch für die Spieler in anderen Mannschaftssportarten zutreffen. In Betracht kommen dabei insbesondere Eishockey, Handball,[372] Basketball, Faustball, Volleyball, Wasserball, American Football oder Rugby.

§ 49 Abs. 3 Z 28 ASVG beinhaltet eine sozialversicherungsrechtliche Begünstigung für Reiseaufwandsentschädigungen. Demnach gilt, dass pauschale Reiseaufwandsentschädigungen, die Sportvereine bzw. Sportverbände an Sportler oder Schieds-/Wettkampfrichter oder Sportbetreuer (Trainer, Masseure etc.) leisten,

---

369   Vgl. VwGH 2.7.1991, 89/08/0310.
370   Vgl. BmfAus 19.4.1988, 21.891/29-5/1988.
371   Vgl. *Freudhofmeier* in *Ehrke-Rabel/Freudhofmeier/Linzner-Strasser/Toifl/Vrignaud*, Künstler und Sportler im nationalen und internationalen Steuerrecht², 2006, a.a.O.; *derselbe*, Die arbeits- und abgabenrechtliche Stellung von Fußballspielern, FJ 2004, 388; *Holzer*, Das Dienstrecht der Lizenzfußballer im Österreichischen Fußballbund, RdA 1972, 63; *Tomandl/Schrammel*, Die Rechtsstellung von Vertrags- und Lizenzfußballern, JBl 1972, 234; *Scholz*, Die Versicherungspflicht von Fußballsportlern, SoSi 1988, 237.
372   Vgl. BmfAuS 25.9.1989, 121.170/6-7/89: Demnach ist ein Handballspieler, der sich verpflichtet hat, bei einem Handballklub gegen Entgelt „nach den Anordnungen des Trainers" zu spielen, Dienstnehmer eines echten Dienstvertrags, da die hierfür charakteristische persönliche Abhängigkeit insbesondere durch Direktiven, Weisungen und Integration in die Mannschaft gegeben ist; mit ähnlichen Argumenten hat der VwGH im Jahr 1991 bei einem Handballspieler ein echtes Dienstverhältnis als gegeben erachtet; vgl. VwGH 2.7.1991, 89/08/0310.

bis zu € 60,00 pro Einsatztag, höchstens aber bis € 540,00 pro Kalendermonat sv-frei sind. Dies unter der Prämisse, dass die Tätigkeit nicht den Hauptberuf und die Haupteinnahmequelle der Einnahmen bildet und die Steuerfreiheit nach Maßgabe des § 3 Abs. 1 Z 16c zweiter Satz EStG zusteht.

Sofern diese pauschale Entschädigung an freie Dienstnehmer i.S.d. § 4 Abs. 4 ASVG geleistet wird, entfällt bis zur Höhe der Aufwandsentschädigung die Verpflichtung, eine entsprechende Meldung i.S.d. der Verordnung ergangen zu § 109a EStG abzugeben. Grund hierfür ist, dass bis € 540,00 kein Entgelt gegeben ist.[373]

4.112. Sport – Einzelsportarten

Auch in **Einzelsportarten** ist denkbar, dass aufgrund der Verpflichtungen gegenüber Vereinen oder anderen Einrichtungen ein echtes Dienstverhältnis i.S.d. § 4 Abs. 2 ASVG oder aber ein freies Dienstverhältnis i.S.d. § 4 Abs. 4 ASVG bestehen kann.[374]

ME ist jedoch bei einem Einzelsportler, wie z.B. bei einem Tennisspieler oder einem Golfspieler hervorzuheben, dass dieser in erster Linie selbst durch Training und Vorbereitung den wirtschaftlichen und sportlichen Erfolg seiner Leistung steuert und – im Gegensatz zu einem Mannschaftssportler – regelmäßig nicht in ein Team oder eine Mannschaft und damit in ein entsprechendes Organisationsgefüge eingegliedert ist. Es ist daher davon auszugehen, dass Einzelsportler dem Bereich der Selbstständigen zuzuweisen sind. Regelmäßig wird daher Pflichtversicherung gemäß **§ 2 Abs. 1 Z 4 GSVG** vorliegen.

4.113. Sport – Schiedsrichter

Nach Ansicht des HVSVT wird bei Schiedsrichtern in aller Regel keine Pflichtversicherung nach dem ASVG vorliegen.[375] Es wird daher bei Überschreiten der jeweils relevanten Versicherungsgrenze von einer Pflichtversicherung i.S.d. **§ 2 Abs. 1 Z 4 GSVG** auszugehen sein.

4.114. Sportfotograf

Ist ein Sportfotograf in der Annahme und Ablehnung angebotener Arbeiten grundsätzlich frei und hat er sich seine Kameraausrüstung als wesentliches Arbeitsmittel selbst angeschafft, ist ein **freies Dienstverhältnis** anzunehmen.[376]

---

373 Vgl. BMF 24.2.2003, Finanzjournal 2003, 221.
374 Vgl. in diesem Zusammenhang E-MVB 004-ABC-SP-001.
375 Vgl. HVSVT 9.10.1996, 32-51.1/96 Sm/Mm; 24.10.2000, 32-51.1/00 Ch/Mm.
376 Vgl. LG Salzburg 19 Cga 181/94a vom 17.9.1996.

4.115. Sprecher für Videofilmproduktionen

Da der künstlerische Aspekt bei dieser Tätigkeit nur eine sehr nachrangige Rolle spielt, ist der Begriff „Kunstschaffender" in solchen Fällen i.d.R. nicht erfüllt. Vielmehr würde es sich beim Sprecher eines bereits fertiggestellten Videoprojektes durch Sprachaufnahmen um eine Tätigkeit als Neuer Selbstständiger Erwerbstätiger gem. § 2 Abs. 1 Z 4 GSVG handeln.[377]

4.116. Staubsaugervertreter

Erhält ein Staubsaugervertreter einen eigens zugewiesenen Kundenkreis, welchen er im Rahmen von wöchentlichen Dienstplänen besuchen muss, ist dieser an der Teilnahme von Meetings verpflichtet und muss dieser Prospekte etc. des Auftraggebers verwenden, liegen starke Argumente für die Integration in die betriebliche Struktur des Auftraggebers vor. Zumal im gegenständlichen Sachverhalt auch ein vertragliches Konkurrenzverbot vereinbart wurde, liegt laut Ansicht des VwGH bei einem Staubsaugervertreter ein echter Dienstvertrag gem. § 4 Abs. 2 ASVG vor.[378]

4.117. Stallbursche

Die einfachen manuellen Tätigkeiten oder Hilfstätigkeiten, die im vorliegenden Fall in Stall- oder Pferdebetreuungsarbeiten gelegen sind und nach Ansicht des VwGH keinen ins Gewicht fallenden freien Gestaltungsspielraum des Dienstnehmers erlauben sowie die Integration in den Betrieb des Dienstgebers sprechen für die Annahme eines echten Dienstverhältnisses nach Maßgabe des **§ 4 Abs. 2 ASVG**.[379]

4.118. Stenographen

Stenographen bei Sitzungen sind nach Ansicht des Hauptverbandes entweder echte Dienstnehmer i.S.d. § 4 Abs. 2 ASVG oder freie Dienstnehmer i.S.d. § 4 Abs. 4 ASVG.[380]

4.119. Stiftungsvorstände

In der Regel besteht Pflichtversicherung gemäß **§ 2 Abs. 1 Z 4 GSVG.** Es liegen Einkünfte i.S.d. § 22 EStG vor. Gegebenenfalls hat eine Prüfung zu erfolgen, ob Pflichtversicherung gemäß § 4 Abs. 2 ASVG oder § 4 Abs. 4 ASVG gegeben ist, insbesondere wenn der Stiftungsvorstand organisatorisch stark in die Stiftung eingebunden ist bzw. mit Aufgaben betraut wird, die über den gesetzlich geregelten Bereich hinausgehen. Eine Pflichtversicherung i.S.d. § 4 Abs. 1 Z 6 ASVG ist beim Stiftungsvorstand jedoch nicht gegeben.

---

377   Vgl. Hauptverband 23.2.2000, Zl. 32-51.1/00Sm/Mm.
378   Vgl. VwGH 12.9.2012, 2009/08/0041.
379   Vgl. VwGH 12.9.2012, 2010/08/0220.
380   Vgl. HVSVT 5.9.2001, 32-51.1/01 Rv/Mm.

4.120. Steuerberater

Vorliegend war ein Steuerberater über einen Zeitraum von fast zehn Jahren hinweg im Rahmen eines Werkvertrages für einen anderen Steuerberater tätig. Dabei war er mit diversen berufseinschlägigen Arbeiten (insbesondere Erstellung von Jahresabschlüssen, Steuererklärungen etc.) betraut. Hinsichtlich der Zeiteinteilung war der Steuerberater an keine Arbeitszeit gebunden, vielmehr konnte er seine einzelnen Arbeitsschritte selbst festlegen, um diese bis zum Fertigstellungstermin (Fristende) zu erbringen. Der Steuerberater war in die betriebliche Struktur des Auftraggebers nicht eingegliedert, es war ihm jedoch gestattet, die Räumlichkeiten des Auftraggebers zu benutzen. Zudem war kein Weisungsrecht hinsichtlich der Gestaltung des Arbeitsablaufes vorgesehen. Als Honorar wurde ein Stundensatz in der Höhe von € 50,00 zzgl. USt vereinbart, wobei die Abrechnung monatlich erfolgte. Der Steuerberater hat im Rahmen seiner Aktivitäten das EDV-Programm des Auftraggebers genutzt, ebenso das Briefpapier der Kanzlei und verfügte im Übrigen über eine entsprechende E-Mail-Adresse. Ebenso erhielt er Visitenkarten mit Logo und Aufdruck der Kanzlei Der Steuerberater verfügte über keine eigene Berufshaftpflichtversicherung, jedoch über diverse Anlagegüter, wie Bildschirm, Scanner, Aktenschrank, Faxgerät sowie PC mit einem Gesamtanschaffungswert von ca. € 1.000,00.

Der VwGH kam zu dem Ergebnis, dass im gegenständlichen Fall ein Werkvertrag nicht gegeben war. Vielmehr sei vom Vorliegen eines freien Dienstverhältnisses gem. § 4 Abs. 4 ASVG auszugehen. Da aufgrund der Spezialnorm des § 4 Abs. 4 lit. c ASVG keine Pflichtversicherung des Steuerberaters nach diesem Tatbestand entstehen kann, war von einer Pflichtversicherung als Neuer Selbstständiger Erwerbstätiger nach Maßgabe des § 2 Abs. 1 Z 4 GSVG auszugehen.[381]

4.121. Tagesmütter

Tagesmütter, die feste Arbeitszeiten einzuhalten haben, einen fix zugewiesenen Dienstort haben und Kontrollen bzw. Weisungen unterliegen, werden als **echte Dienstnehmer** i.S.d. § 4 Abs. 2 ASVG einzustufen sein. Allenfalls ist eine fallweise – auf einzelne Tage bezogene – Beschäftigung i.S.d. § 471a Abs. 1 ASVG denkbar. Dies wird insbesondere dann der Fall sein, wenn trotz der Möglichkeit, Aufträge teilweise sanktionslos ablehnen zu können, an den jeweiligen Tagen die Bestimmungsfreiheit nahezu ausgeschlossen ist und zudem eine durchgehende Kooperation nicht vereinbart ist.[382] Auch nach Ansicht des damals zuständigen Bundesministeriums[383] unterliegt eine Tagesmutter, die einem Verein gegenüber verpflichtet ist, ein vereinbartes wöchentliches Arbeitsausmaß einzuhalten und

---

381 Vgl. VwGH 26.5.2014, 201/08/0233.
382 Vgl. VwGH 17.12.2002, 99/08/0008.
383 Vgl. BmfAuS 1.9.1995, 120.799/4-7/95, SV-Slg. XXIV/Nr. 42.024.

daher nach dem Willen des Dienstgebers dazu angehalten ist, sich weitgehend nach dem tatsächlichen Betreuungsbedarf zu richten und die sich weiters nur bei Vorliegen triftiger Gründe, z.B. Krankheit, vertreten lassen darf, der Pflichtversicherung nach ASVG. Wenn für Tagesmütter der Kollektivvertrag BAGS (Berufsvereinigung von Arbeitgebern für Gesundheits- und Sozialberufe) gilt, hat eine Einstufung in der Beitragsgruppe D1 zu erfolgen.[384]

Sehr wohl ist aber auch eine Gestaltung dahingehend möglich, dass Pflichtversicherung gemäß § 2 Abs. 1 Z 4 GSVG oder aber § 4 Abs. 4 ASVG gegeben ist.[385] Der Hauptverband hat vor einigen Jahren vertreten, dass die Pflichtversicherung i.S.d. **§ 2 Abs. 1 Z 4 GSVG** bei Tagesmüttern sogar der Regelfall sein wird.[386] Eine Pflichtversicherung als freier Dienstnehmer i.S.d. § 4 Abs. 4 ASVG wird insbesondere dann vorliegen, wenn Dienstleistungen zwar auf Dauer geschuldet werden, diese jedoch ohne persönliche Abhängigkeit erbracht werden (generelles Vertretungsrecht etc.).

4.122. Tankstellenwarte

Ein Tankstellenwart, der das in der Zisterne abgefüllte Benzin zu bezahlen hat bzw. dafür auch Kredit eingeräumt erhält, dass er mit Fetten und Ölen wie ein selbstständiger Kaufmann handelt sowie dem die Tankstelleneinrichtung unentgeltlich zur Verfügung gestellt wird, verfügt über diese Betriebsmittel gleich einem Eigentümer.[387] Folge des (wirtschaftlichen) Eigentums an wesentlichen eigenen Betriebsmitteln ist eine **Unternehmerstellung**, die mit Unternehmerwagnis verbunden ist. Wirtschaftliche Abhängigkeit i.S.d. § 4 Abs. 2 ASVG muss daher diesfalls verneint werden.[388]

4.123. Taxilenker

Ein Taxilenker ist nach Ansicht des VwGH[389] wirtschaftlich abhängig, wenn die wesentlichen Betriebsmittel wie Taxi, Funkdienst und Diensthandy durch das Taxiunternehmen zur Verfügung gestellt werden. Besteht für ihn weiters keine generelle Vertretungsmöglichkeit, weil er einen etwaigen Vertreter dem Taxiunternehmen zu melden hat, ist seine Bestimmungsfreiheit weitgehend ausgeschaltet, wofür vor allem die Einteilung der Tag- und Nachtdienste und die Vorgaben sprechen, wann und wo das Taxi abzustellen ist, dann sind dies Indizien, die tendenziell eher für das Vorliegen eines echten Dienstverhältnisses sprechen. Dennoch sind im Einzelfall

---

384 Vgl. E-MVB 004-ABC-T-001.
385 Vgl. ARD 4915/5/98.
386 Vgl. HVSVT 18.3.1998, 32-51:52:53/97 Sm/Mm.
387 Vgl. *Teschner/Widlar/Pöltner*, ASVG, § 4, 130.
388 Vgl. BMfsV 30.6.1961, II-62.643-10, SV-Slg. VII/Nr. 10.203.
389 Vgl. VwGH 31.1.2007, 2005/08/0176.

auch alternative Gestaltungsformen denkbar.[390] Der UFS Graz hat unlängst Taxilenker jedoch wegen der organisatorischen Einbindung als echte Dienstnehmer
qualifiziert.[391] Anders hingegen eine jüngst ergangene Entscheidung des VwGH,
der wegen des in diesem Fall tatsächlich „gelebten" generellen Vertretungsrechts
und hohem Unternehmerrisiko ein **freies Dienstverhältnis** i.S.d. § 4 Abs. 4 ASVG
annahm. Der VwGH sah in diesem Fall insbesondere auch keine (starke) organisatorische Eingliederung als gegeben an; insbesondere führte der VwGH aus, dass
allein aus der Tatsache, dass „im Team gearbeitet" wurde, noch keine einem freien
Dienstverhältnis abträgliche organisatorische Eingliederung entsteht.[392]

4.124. Taxitänzer

Unterliegen Taxitänzer (welche von ihrer Agentur an Tanzlokale vermittelt werden, um dort die Gäste zum Tanzen zu animieren und aufzufordern und für volle
Tanzflächen zu sorgen haben) keinen persönlichen Weisungen, fehlt es zudem an
Kontrollen und sind sie darüber hinaus auch nicht verpflichtet, über ihre Tätigkeiten detailliert Rechenschaft abzulegen, liegen keine echten Dienstverhältnisse,
sondern vielmehr freie Dienstverhältnisse i.S.d. § 4 Abs. 4 ASVG vor.[393]

4.125. Technische Zeichner

Bei einem Architekten tätige technische Zeichner sind im Rahmen eines echten
Dienstverhältnisses gem. § 4 Abs. 2 ASVG tätig, wenn sie in den allgemeinen
Arbeitsablauf im Büro so integriert sind, dass sie – wie auch die anderen Mitarbeiter – um 09:00 Uhr anwesend sein müssen und weitere Kriterien, wie eine
spezifische Präsenzpflicht bzw. die Pflicht zur Rechenschaft gegenüber der Geschäftsführung für eine etwaige Abwesenheit, Kontrollen der Arbeit etc. vorliegen. Diese Elemente indizieren ein Verhältnis persönlicher Abhängigkeit.[394]

4.126. Telearbeiter

Telearbeiter sind analog zu Heimarbeitern i.S.d. § 4 Abs. 1 Z 7 ASVG als **echte
Dienstnehmer** zu behandeln, insbesondere wenn Erreichbarkeit während der
Dienstzeiten vereinbart ist und eine Kontrollmöglichkeit hinsichtlich der aktiven
Arbeitsleistungen gegeben ist. Im Falle von projektorientierten Tätigkeiten kann
bei Verwirklichung eines Unternehmerrisikos auch Pflichtversicherung gemäß
§ 2 Abs. 1 Z 4 GSVG gegeben sein.

---

390 Im konkreten Fall hat der VwGH daher der Behörde aufgetragen, den Sachverhalt nochmals konkret
     zu ermitteln und insbesondere festzustellen, ob es dem Taxilenker freigestanden war, seinen Dienst
     jeweils überhaupt anzutreten bzw. Aufträge ohne Sanktionen abzulehnen (vgl. im Detail ARD
     30.11.2007, 5821/2007).
391 Vgl. UFS Graz 28.2.2008, RV/0611-G/06.
392 Vgl. VwGH 24.11.2011, 2008/15/0180.
393 Vgl. VwGH 1.10.2015, 2015/08/0020.
394 Vgl. OLG Wien 25.2.2015, 9 Ra 108/14i.

4.127. Telefonmarketing

Interviewer, die von Marktforschungsinstituten beschäftigt werden, können diese Tätigkeiten – je nach Vertragsgestaltung – entweder in einem (freien) Dienstvertrag oder aber als Neue Selbstständige Erwerbstätige auf Basis eines Werkvertrags ausüben.

Für die Beurteilung, ob ein Zielschuldverhältnis vorliegt, ist die tatsächliche Handhabe maßgeblich. Ein Zielschuldverhältnis und damit ein Werkvertrag wird insbesondere dann vorliegen, wenn Interviews mit z.B. exakt 10 Personen geschuldet sind. Würden nur Interviews mit 9 Personen erstellt werden (aus welchen Gründen auch immer), erfolgt nach Vertragsinhalt keine Bezahlung des Honorars, da der geschuldete Erfolg nicht hergestellt ist. Eine Vertragsausgestaltung dieser Art hätte wohl eine so stark ausgeprägte Komponente eines Unternehmerwagnisses zum einen und eines Zielschuldverhältnisses zum anderen, dass von einem **Werkvertrag** und Pflichtversicherung i.S.d. § 2 Abs. 1 Z 4 GSVG auszugehen wäre. Würde hingegen eine Bezahlung nach gearbeiteten Stunden erfolgen, wäre dies wiederum ein starkes Indiz für das Bestehen eines Dauerschuldverhältnisses und würde zur Pflichtversicherung nach § 4 Abs. 2 ASVG oder § 4 Abs. 4 ASVG führen.[395] Der VwGH hat zum Ausdruck gebracht, dass ausschließlich die Tatsache, dass die Telefonate vom Betrieb des Arbeitgebers aus zu führen sind, noch nicht ausschlaggebend dafür ist, dass ein echtes Dienstverhältnis gegeben ist, wenn der im Bereich Telemarketing Beschäftigte hinsichtlich seiner Arbeitszeiteinteilung keinen Vorgaben seitens des Arbeitgebers unterliegt und er auch sonst nicht in dessen Betriebsorganisation eingebunden ist.[396]

4.128. Tontechniker

Der Beschwerdeführer, ein ausgebildeter Tontechniker mit Diplom, betrieb ein Unternehmen für Tontechnik und war für ein Unternehmen mehrmals als Tontechniker für diverse Veranstaltungen tätig. Im Zuge einer GPLA wurde festgestellt, dass er der Pflichtversicherung gemäß § 4 Abs. 2 ASVG unterliegt und der Auftraggeber als nunmehriger Dienstgeber verpflichtet ist, für die beschäftigten Zeiträume nachträglich diverse Lohnabgaben zu entrichten. Dagegen erhob der Beschwerdeführer Beschwerde und behauptete, er würde als Selbständiger der Pflichtversicherung nach dem GSVG und nicht als Dienstnehmer dem ASVG unterliegen.

Das BVwG gab der Beschwerde statt und begründete dies damit, dass vorliegend die Elemente eines Werkvertrages überwiegen. Der Beschwerdeführer verfügte über eine Gewerbeberechtigung, es erfolgte eine Individualisierung und Konkretisierung der Leistung bereits im Vorfeld in den mündlichen Verträgen, er schul-

---

395   Vgl. ARD 4915/5/98, 5123/22/2000.
396   Vgl. VwGH 20.12.2001, 98/08/0279, ARD 5303/13/2002.

dete keine (dauerhafte) Zurverfügungstellung der Arbeitskraft, sondern die Verpflichtung, eine genau umrissene Leistung bis zu einem bestimmten Termin zu
erbringen. Zudem erfolgte keine (persönliche) Weisungserteilung betreffend die
Ausführung der Arbeiten, keine Bindung an bestimmte Arbeitszeiten und keine
Verpflichtung zur Arbeitsaufzeichnung. Die Tontechnik wurde in Eigenregie selbst
ausgeführt. Darüber hinaus verfügte er über eine eigene unternehmerische Infrastruktur, trat werbend am Markt auf, trug das wirtschaftliche Risiko, hatte eigene
Betriebsmittel und eine eigene technische Ausrüstung (Kfz, diverses Werkzeug,
Mischpult, spezieller Computer, Audioschnittstellengerät, Home Office). Entscheidend war im vorliegenden Fall auch, dass der Beschwerdeführer über zahlreiche
weitere Kunden verfügte und sogar eine eigene Haftpflichtversicherung abschloss.
Des Weiteren lag ein gewährleistungstauglicher Erfolg vor, da die Tontechnik-
anlage im Rahmen der Veranstaltung keine Störungen aufweisen durfte und den
allgemeinen technischen Standards entsprechen musste.

Das BVwG sah im vorliegenden Vertragsverhältnis keine persönliche und wirtschaftliche Abhängigkeit des Beschwerdeführers, weshalb eine Pflichtversicherung nach dem GSVG vorlag.[397]

4.129. Totengräber

Ein Totengräber, der vom zuständigen Pfarrkirchenrat keine Arbeitsanweisung erhält und von diesem auch in seiner Tätigkeit nicht überwacht wird, wohl aber die
Bestimmungen der Friedhofsordnung einzuhalten hat, steht (allein deshalb) noch
nicht in einem Verhältnis persönlicher und wirtschaftlicher Abhängigkeit.[398]

4.130. Trainer in Sportcamps

Trainer in (Jugend-)Sportcamps sind nach Ansicht der Verwaltungsbehörde als
echte Dienstnehmer gem. § 4 Abs 2 ASVG einzustufen, wenn eine entsprechende
organisatorische Eingliederung gegeben ist. Dies wird v.a. dann der Fall sein, wenn
die wesentlichen Betriebsmittel dem Trainer zur Verfügung gestellt werden, die
Arbeitsleistung auf spezifische Sportplätze beschränkt ist und zudem vorgegebene
Stundenpläne einzuhalten sind.[399]

4.131. Unentgeltliches Tätigwerden

Sofern nichts anderes vertraglich vereinbart wurde, ist im Zweifel bei einer Tätigkeit von Entgeltlichkeit auszugehen und damit ein wesentliches Kriterium für die
Pflichtversicherung erfüllt. Wenn aber – wie in gegenständlicher VwGH-Ent-

---

397 Vgl. BVwG 25.1.2017, G312 2116967-1.
398 Vgl. VwGH 22.3.1961, 944/59, SoSi Nr. 8, 301.
399 Vgl. OÖGKK DG-Service August 2013.

scheidung – definitiv Unentgeltlichkeit vereinbart wurde und dies auch nachvollziehbar und objektiv klärbar ist, liegt ein Hauptkriterium für die Annahme eines echten Dienstverhältnisses gem. der Bestimmung des § 4 Abs 2 ASVG nicht vor. Diesfalls ist die Pflichtversicherung daher zu verneinen.[400]

4.132. Übersetzer

Literarische Übersetzer sind nach Ansicht des Hauptverbands als Kunstschaffende i.S.d. Sozialversicherungsrechts zu qualifizieren.[401] Es wird daher in der Regel wohl von Pflichtversicherung i.S.d. § 2 Abs. 1 Z 4 GSVG auszugehen sein; dies insbesondere dann, wenn Unternehmerwagnis vorliegt und konkrete Werke zu übersetzen sind.

4.133. Universität – wissenschaftliche Mitarbeiter

Nach der Dienstrechtsnovelle 2001 erfolgte ab 1. Oktober 2001 eine erstmalige Tätigkeit von Absolventen der Magister- oder Diplomstudien an der Universität (Universität der Künste) im Rahmen eines speziellen Rechtsverhältnisses als wissenschaftlicher (künstlerischer) Mitarbeiter. Nach diesem innovativen Dienstrechtsmodell sind Neubesetzungen ausschließlich im Rahmen privatrechtlicher **Dienstverhältnisse oder Ausbildungsverhältnisse** möglich. Die wissenschaftlichen (künstlerischen) Mitarbeiter, die an die Stelle der Universitätsassistenten treten, sind in der Kranken- und Unfallversicherung nach den Bestimmungen des B-KUVG zu versichern. Für die Pensionsversicherung ist eine Pflichtversicherung nach dem ASVG gegeben. Beitragsgrundlage ist der Ausbildungsbeitrag sowie eine allfällige Vergütung für Tätigkeiten an der Universität im Rahmen der Teilrechtsfähigkeit. Die Anmeldung zur Sozialversicherung ist bei der Versicherungsanstalt öffentlich Bediensteter vorzunehmen.[402]

4.134. Unternehmensberater

Der VwGH hat bestätigt, dass ein Unternehmensberater grundsätzlich dem Bereich der Selbständigen zuzuordnen ist. Prämisse hierfür sind naturgemäß die obig definierten Rahmenbedingungen, wie insb. das Bestehen einer eigenen unternehmerischen Struktur, die Übernahme des Unternehmerwagnisses etc. Der VwGH hat in gegenständlicher Entscheidung überdies verdeutlicht, dass die Pflichtversicherung nach Maßgabe des § 2 Abs. 1 Z 4 GSVG grundsätzlich für die Dauer der betrieblichen Tätigkeit (von deren Beginn bis zu deren Ende) als gegeben anzunehmen ist und selbst einige unterjährige Phasen des Nichttätigseins daran nichts

---

400 Vgl. VwGH 14.2.2013, 2011/08/0212.
401 Vgl. HVSVT 2.2.1998, 32-51.1/98 Sm/Mm.
402 Vgl. HVSVT 10. und 17.7.2001, 32-51.1/01 Rv.

zu ändern vermögen.[403] Liegt ein facheinschlägiger Gewerbeschein vor, wird – wenn die übrigen Tatbestandsmerkmale erfüllt sind – Pflichtversicherung i.S.d. **§ 2 Abs. 1 Z 1 GSVG** vorliegen.

4.135. Verkehrspsychologische Nachschulungen

Prinzipiell sind österreichweit einige Unternehmen vom Bundesminister für Verkehr, Innovation und Technologie zur Durchführung von Nachschulungen i.S.d. Führerscheingesetzes und der dazu ergangenen Nachschulungsverordnung ermächtigt. Thematisch geht es bei den Nachschulungskursen um eine Einstellungs- und Verhaltensänderung von straffälligen Lenkern (z.B. nach Verkehrsverstößen unter Alkoholeinfluss). Die Kurse dürfen nur von speziell ausgebildeten Psychologen durchgeführt werden. Inhalt und Ablauf der Nachschulungen sind in der Nachschulungsverordnung detailliert festgelegt. Laut Rechtsansicht des HVSVT sind Psychologen, welche ausschließlich für eine Nachschulungsstelle arbeiten, nach § 4 Abs. 2 bzw. § 4 Abs. 4 ASVG zu qualifizieren.[404]

4.136. Versicherungsagenten

Die ohne Arbeitsverpflichtung gelegentlich ausgeübte und nicht beaufsichtigte Tätigkeit von Innendienstmitarbeitern eines Versicherungsunternehmens als Versicherungsagenten eben dieses Unternehmens in einer selbstständigen Beschäftigung begründet nach Ansicht des damals zuständigen Bundesministeriums keine Pflichtversicherung nach ASVG. Die lukrierten Werbeprämien unterliegen daher **nicht der ASVG-Beitragspflicht**.[405]

4.137. Versicherungsvertreter

Die Vertragsbeziehung eines angestellten Versicherungsvertreters ist als **echtes Dienstverhältnis** i.S.d. § 4 Abs. 2 ASVG zu qualifizieren, wenn ihm ein bestimmter Kundenkreis vom Dienstgeber vorgegeben wurde, den er für bestimmte Versicherungspakete anwerben sollte, sowie eine regelmäßige Berichtspflicht, ein Konkurrenzverbot und eine Weisungs- und Kontrollunterworfenheit bestand. Die Bezeichnung der monatlichen Entgeltleistung als Provisions-Akonti ist für die Beurteilung der Dienstnehmereigenschaft nicht relevant, weil es bei der Beurteilung der Versicherungspflicht auf die wahren Verhältnisse ankommt und nicht darauf, unter welcher Bezeichnung der Dienstgeber die Entgeltzahlungen verbuchte.[406]

---

403 Vgl. VwGH 25.10.2006, 2004/08/0205.
404 Vgl. Hauptverband 21.4.2009, Zl. 32-MVB-51.1/09 v/Mm.
405 Vgl. BMfSV 26.2.1960, II-14.694-10, SoSi 1961, Nr. 9, 340.
406 Vgl. VwGH 18.1.2012, 2008/08/0252.

4.138. Verspachtler

Wenn ein Arbeiter von einem Unternehmen aufgrund eines Werkvertrages zum Verspachteln von Rigipswänden verwendet wird, liegt ein meldepflichtiges Dienstverhältnis i.S.d. **§ 4 Abs. 2 ASVG** vor, wenn das gesamte Baumaterial vom Unternehmen bereitgestellt wurde, der Arbeiter in den Betrieb eingegliedert war und die Ausführung der Arbeiten vom Dienstgeber kontrolliert wurde. Dass der Arbeiter Inhaber eines Gewerbescheins ist (in gegebenem Sachverhalt: „Verspachteln von bereits montierten Gipskartonplatten unter Ausschluss jeder einem reglementierten Gewerbe vorbehaltenen Tätigkeit"), steht der Annahme eines Beschäftigungsverhältnisses in persönlicher Abhängigkeit nicht entgegen, weil – so der VwGH – das Innehaben solcher Gewerbescheine oftmals Teil eines Missbrauchs der Gewerbeordnung ist, der zur Verschleierung abhängiger Beschäftigungsverhältnisse dient.[407]

4.139. Vertriebsleiter

Die Tätigkeit eines Vertriebsleiters, der auf Grund seiner fachlichen Qualifikation zwar weitgehend ohne Weisungen arbeitet, aber doch einer gewissen eingeschränkten Anwesenheitspflicht, einer Berichtspflicht und Weisungen in wesentlichen Angelegenheiten unterliegt, ist i.S.d. **§ 4 Abs. 2 ASVG** sozialversicherungspflichtig.[408]

4.140. Volontäre

Volontäre sind nach allgemeinem Verständnis Personen, die von einem Unternehmen die Möglichkeit eingeräumt erhalten, sich zur Erweiterung der theoretisch erworbenen Kenntnisse im Betrieb aufzuhalten und sich ohne Entgeltanspruch Fertigkeiten für die Praxis anzueignen. Die Initiative zur Beschäftigung geht nach den Erfahrungen in der Praxis regelmäßig vom Volontär aus.[409] Diese Personen unterliegen gemäß **§ 8 Abs. 1 Z 3 lit. c ASVG** der Pflichtversicherung in der Unfallversicherung und sind bei der AUVA zu melden.[410] Die bloße Gewährung eines (geringen) Taschengelds oder einer freien Station ändert daran – für sich allein betrachtet – noch nichts.[411] Ist hingegen der Volontär an die betriebliche Arbeitszeit gebunden, weisungsunterworfen, in den Arbeitsprozess „eingebaut" und liegt eine disziplinäre Einordnung in die Organisation des Unternehmens vor, ist ein echtes Dienstverhältnis gegeben.[412]

---

407 Vgl. VwGH 21.12.2011, 2010/08/0129.
408 Vgl. VwGH 30.3.1973, 1244/72.
409 Vgl. VwGH 17.10.2001, 96/08/0101.
410 Vgl. HVSVT 29. und 30.9.1999, 32-51.1/99 Rj/Mm.
411 Vgl. VwGH 1.6.1960, 1322/56.
412 Vgl. BMAS 21.1.1996, 121.144/3-7/95.

4.141. Vorstände

Vorstände einer Aktiengesellschaft sind in aller Regel wegen der entsprechenden organisatorischen Eingliederung und des mangelnden Unternehmerrisikos lohnsteuerlich als Dienstnehmer i.S.d. § 47 EStG aufzufassen. Dies ungeachtet Ihrer durch § 70 AktG gegebenen Weisungsfreiheit, die arbeitsrechtlich ein Dienstverhältnis ausschließt. Aufgrund der Lohnsteuerpflicht besteht wegen des Querverweises in § 4 Abs. 2 ASVG bei Vorständen seit dem 2. Sozialrechtsänderungsgesetz 2009 **Pflichtversicherung gemäß § 4 Abs. 2 ASVG**.[413] In Folge der Pflichtversicherung gemäß § 4 Abs. 2 ASVG ist auch Arbeitslosenversicherung gegeben. Die anzuwendende Beitragsgruppe ist D1P (lohnsteuerpflichtige Personen, die nicht dem AngG unterliegen). Pflichtversicherung gemäß **§ 4 Abs. 1 Z 6 ASVG ist bei Vorständen seit dem 1.8.2009 nur noch dann** gegeben, wenn keine steuerliche Dienstnehmereigenschaft vorliegt.[414]

Arbeitsrechtlich gilt der Vorstand nicht als Arbeitnehmer. Die arbeitsrechtlichen „Spezialgesetze", v.a. AngG, UrlG, gelten daher grundsätzlich nicht – es sei denn, deren Geltung wird vertraglich vereinbart. Allerdings unterliegen Vorstände als freie Dienstnehmer seit 1.1.2008 grundsätzlich dem System Abfertigung „Neu", wobei jedoch die Übergangsregelung des § 73 Abs. 7 BMSVG zu beachten ist.[415]

4.142. Vortragende

Vortragende können prinzipiell auf Basis eines echten Dienstvertrages, eines freien Dienstvertrags oder aber eines Werkvertrages tätig werden. Die konkrete

---

413 Gilt ab 1.8.2009.
414 Etwa weil keine organisatorische Eingliederung gegeben ist oder eine Beteiligung von mehr als 25 % vorliegt.
415 Demnach finden die Bestimmungen über die betriebliche Vorsorge für freie Dienstverträge, die zum 31.12.2007 bestehen, keine Anwendung, wenn es sich um freie Dienstverhältnisse mit vertraglich festgelegten Abfertigungsansprüchen handelt. Dies sind in aller Regel Vorstandsverträge. Die Ausnahme von der Integration in das BMSVG gilt auch für unmittelbar nachfolgende mit demselben Dienstgeber oder einem Dienstgeber im Konzern abgeschlossene freie Dienstverträge (Vorstandsverträge) mit solchen Abfertigungsansprüchen. Zeitliches Naheverhältnis bedeutet, dass der neue freie Dienstvertrag ohne zeitliche Unterbrechung an den bisherigen freien Dienstvertrag anschließt. Ein solches zeitliches Naheverhältnis liegt aber auch dann vor, wenn zwischen den beiden freien Dienstverträgen eine zeitliche Unterbrechung liegt, aber schon i.Z.m. der Beendigung des vorangehenden freien Dienstvertrages die bisherigen Vertragspartner davon ausgehen, dass ein freier Dienstvertrag entweder mit demselben Dienstgeber oder mit einem anderen Dienstgeber innerhalb des Konzerns abgeschlossen wird. Der in diesen Fallgestaltungen mögliche Beibehalt des Systems Abfertigung ‚Alt' hat wesentliche lohnsteuerliche Konsequenzen, da diesfalls die steuerliche Begünstigung für vertragliche Abfertigungen (vgl. § 67 Abs. 6 EStG) nach wie vor voll genutzt werden kann. Im System Abfertigung „Neu" hingegen wird die Anwendung des § 67 Abs. 6 EStG seitens der Finanzverwaltung derzeit nicht anerkannt (vgl. LStR, Rz. 1087a). Diese in LStR, Rz. 1087a seitens der Finanzverwaltung vertretene Ansicht ist in der Literatur mit treffenden Argumenten kritisiert worden (vgl. *Höfle*, Besteuerung einer freiwilligen Abfertigung für MVK-Zeiten, ASoK 2006, 74; *Shubshizky*, Ist § 67 Abs. 6 EStG für Dienstverhältnisse ab 2003 wirklich zur Gänze nicht mehr anwendbar?, SWK 2006, S 383).

Einstufung hängt von der vertraglichen Ausgestaltung und der praktischen Umsetzung des Sachverhalts ab.[416]

In einer kürzlich ergangenen VwGH-Entscheidung hat dieser einen Vortragenden als freien Dienstnehmer gem. § 4 Abs. 4 ASVG beurteilt und die Ansicht der Behörde, es liege ein echtes Dienstverhältnis gem. § 4 Abs. 2 ASVG vor, nicht geteilt. Begründet wurde dies vom VwGH insbesondere mit der in diesem Fall nicht vorliegenden organisatorischen Eingliederung des Vortragenden. Betont hat der VwGH dabei, dass kein Weisungsrecht des Auftraggebers im Hinblick auf Inhalt und Umsetzung des Vortrags gegeben war und es weder Richtlinien noch Bewertungen (für Zwecke einer entsprechenden Qualitätskontrolle) gab. Darüber hinaus kam der VwGH in einer kürzlich ergangenen Entscheidung ebenso zum Schluss, dass bei Vortragenden dann nicht von einem echten, sondern von einem freien Dienstverhältnis auszugehen ist, wenn die Merkmale der persönlichen und wirtschaftlichen Abhängigkeit gegenüber den Merkmalen selbstständiger Ausübung der Erwerbstätigkeit nicht überwiegen. Der VwGH hat jedoch auch klargestellt, dass die Erteilung von Unterricht über einen gewissen Zeitraum hinweg nur in seltenen Fällen als „Werk" aufgefasst werden kann, da laut VwGH es diesfalls an der Konkretisierung des Werks mangle.[417]

4.143. Weinbewerter

Weinbewerter, welche ehrenamtlich als Sachverständige tätig sind und für die Verkostung lediglich ein geringes Sachverständigenhonorar und Kilometergeld erhalten, sind nach Ansicht des HVSVT als Neue Selbstständige Erwerbstätige i.S.d. § 2 Abs. 1 Z 4 GSVG zu werten. Sollten diese Weinbewerter hauptberuflich dem BSVG unterliegen, so unterliegen sie diesem auch mit der Tätigkeit als Sachverständiger. Angestellte der Landwirtschaftskammern, die als Weinbewerter fungieren, gelten als dienstbeauftragt. Das daraus erzielte Entgelt erhöht die Beitragsgrundlage aus der Beschäftigung.[418]

4.144. Wachorgane

An die Tätigkeit von Wachorganen werden in der Praxis strenge Anforderungen gestellt. In der Regel bestehen Weisungen und Kontrollrechte des Auftraggebers. Es werden zudem regelmäßig gewichtige Anforderungen an das Personenprofil eines Wachorgans gestellt (Leumundszeugnis, allfällige sonstige persönliche Voraussetzungen etc.). Da die Ausgestaltung der Tätigkeit in der Regel solcherart sein wird, dass Freiheitsrechte, wie z.B. Vertretungsrecht, ausgeschlossen sind, wird in aller Regel von dem Bestehen **echter Dienstverhältnisse** i.S.d. § 4 Abs. 2 ASVG auszugehen sein.

---

416 Vgl. VwGH 27.4.2011, 2009/08/0123.
417 Vgl. VwGH 21.9.2015, 2015/08/0045.
418 Vgl. Hauptverband 20.4.2004, Zl. FO-MVB/51.1/04Rv/Mm.

4.145. Wahlkommissionsmitglieder

Entschädigungen, die an Mitglieder der Wahlkommission für die Arbeiterkammer gewährt werden, sind Einkünfte aus nichtselbstständiger Arbeit i.S.d. § 25 Abs. 1 Z 1 lit. a EStG bzw. § 47 Abs. 1 ASVG, sofern die Wahlkommissionsmitglieder Dienstnehmer der Arbeiterkammer sind. Sofern die Wahlkommissionsmitglieder sonstige Personen sind, ist i.d.R. von Einkünften i.S.d. § 29 EStG auszugehen. Diese Einkünfte unterliegen nicht der Sozialversicherungspflicht. Handelt es sich bei den Wahlkommissionsmitgliedern um Beamte (z.B. betreffend den Wahlleiter und dessen Stellvertreter der Zweigwahlkommissionen), ist gemäß § 19 Abs. 1 Z 1 lit. f B-KUVG zu beachten, dass auch Vergütungen für andere Tätigkeiten, zu denen der Versicherte durch den Dienstgeber oder dessen Beauftragten herangezogen wird, der Bemessung der SV-Beiträge zugrundezulegen ist. Die gewährten Entschädigungen würden diesfalls der Sozialversicherung nach Maßgabe der Bestimmungen des B-KUVG unterliegen.

4.146. Wald- und Holzarbeiter

Vorliegend waren Wald- und Holzarbeiter ausschließlich für einen Dienstgeber für ein zeitabhängiges Entgelt tätig und in dessen Betriebsorganisation eingebunden. Es bestand persönliche Arbeitspflicht, der Dienstgeber erteilte ihnen Arbeitsanweisungen, legte ihre Dienstzeiten fest und kontrollierte diese. Die Wald- und Holzarbeiter verfügten weder über nennenswerte Betriebsmittel noch über eine eigene betriebliche Organisation, hatten kein unternehmerisches Risiko zu tragen und keine Gewährleistungsverpflichtung zu übernehmen. Nach Ansicht des VwGH war daher von echten Dienstverträgen nach Maßgabe des § 4 Abs. 2 ASVG auszugehen.[419]

4.147. WC-Reinigung

Eine Wartefrau in den Toiletteanlagen eines Bahnhofes, die die Toiletteanlagen von den österreichischen Bundesbahnen gepachtet hat, unterliegt, weil in eigener Betriebsstätte beschäftigt, nach einer bereits etwas älteren Ansicht des damals zuständigen Bundesministeriums **nicht der Pflichtversicherung i.S.d. § 4 Abs. 2 ASVG**.[420] Eine ähnliche Ansicht hat das Bundesministerium auch Mitte der 90er-Jahre hinsichtlich einer Toilettenfrau positioniert, die sich jederzeit vertreten lassen konnte. Aufgrund des generellen Vertretungsrechtes war keine Pflichtversicherung i.S.d. § 4 Abs. 2 ASVG anzunehmen.[421]

Anders beurteilte der VwGH die Tätigkeit einer WC-Reinigungskraft auf einer Autobahnraststätte. In dieser Entscheidung kam der VwGH zu dem Schluss, dass

---

419   Vgl. VwGH 18.1.2012, 2009/08/145.
420   Vgl. BMfsV 12.10.1960, II-78.401-10.
421   Vgl. BmfAuS 20.4.1994, 122.798/5-7/93.

wegen der Eingliederung des Dienstnehmers in die Ablauforganisation des Dienstgebers und wegen der Ausschaltung der Bestimmungsfreiheit ein **echtes Dienstverhältnis** nach § 4 Abs. 2 ASVG gegeben war.[422]

4.148. Wartungstechniker

Steht es den für die Reparatur der vom Arbeitgeber vermieteten Hard- und Software auf Rennbahnen vorgesehenen Technikern frei, vom Arbeitgeber angebotene Termine ohne nachteilige Konsequenzen abzulehnen und auch nach Übernahme der Arbeiten an einem bestimmten Renntag den Termin noch mit Kollegen zu tauschen oder sich vertreten zu lassen, ist wegen dieses Fehlens einer Arbeitspflicht vom Vorliegen **freier Dienstverträge** auszugehen. Der Umstand, dass die Techniker die im Bedarfsfall nötigen Wartungs- und Reparaturarbeiten nur während der Renntage und an der Rennbahn verrichten konnten, ändert als sachliche, in der Natur der zu erbringenden Leistungen liegende Vorgabe nichts an dieser Einschätzung.[423]

4.149. Weinbewerter

Weinbewerter, die ehrenamtlich als Sachverständige tätig sind und für die Verkostung lediglich ein geringes Sachverständigenhonorar und Kilometergeld erhalten, sind als **Neue Selbstständige Erwerbstätige** i.S.d. § 2 Abs. 1 Z 4 GSVG zu qualifizieren. Sollten diese Weinbewerter hauptberuflich dem BSVG unterliegen, so unterliegen sie diesem auch mit der Tätigkeit als Sachverständiger. Angestellte der Landwirtschaftskammern, die als Weinbewerter fungieren, gelten als dienstbeauftragt. Das daraus erzielte Entgelt erhöht die Beitragsgrundlage aus der Beschäftigung.[424]

4.150. Warenpräsentatoren

Warenpräsentatoren im Direktbetrieb benötigen grundsätzlich eine Gewerbeberechtigung. Bei Bestehen einer Gewerbeberechtigung wird in aller Regel von Pflichtversicherung i.S.d. **§ 2 Abs. 1 Z 1 GSVG** auszugehen sein.[425] Liegt keine Gewerbeberechtigung vor, kann bei entsprechender Ausgestaltung des Sachverhalts Pflichtversicherung i.S.d. § 2 Abs. 1 Z 4 GSVG denkbar sein. Dies hat auch der Hauptverband vor einigen Jahren bestätigt.[426] Der VwGH hat hingegen unlängst im Falle einer Warenpräsentatorin für Geschirr die Ansicht vertreten, es liege ein freies Dienstverhältnis i.S.d. § 4 Abs. 4 ASVG vor.[427]

---

422 Vgl. VwGH 11.7.2012, 2012/08/0137.
423 Vgl. OLG Wien, 15.12.2004, 8 Ra 158/04z.
424 Vgl. HVSVT 20.4.2004, FO-MVB/51.1/04 Rv/Mm.
425 Vgl. OGH 28.10.1997, 4 Ob 316/97.
426 Vgl. HVSVT 10.6.1998, 22-51.12/98 Ru/Le.
427 Vgl. VwGH 25.4.2007, 2005/08/0082.

Freilich muss an dieser Stelle angemerkt werden, dass bei Erfüllen aller Tatbestandsmerkmale des § 4 Abs. 2 ASVG das Bestehen eines Gewerbescheins die Pflichtversicherung gemäß § 4 Abs. 2 ASVG aufgrund der hierarchischen Über-Unterordnung der geschilderten Tatbestände nicht zu verhindern vermag. Bei Vorliegen persönlicher und wirtschaftlicher Abhängigkeit sowie insbesondere bei organisatorischer Eingliederung und Kontrollunterworfenheit wäre daher von dem Bestehen eines echten Dienstvertrags auszugehen.

4.151. Werbemaßnahmen im Supermarkt

Personen, die Waren im Supermarkt präsentieren, sind nach Ansicht von Finanzverwaltung und Hauptverband der Sozialversicherungsträger grundsätzlich lohnsteuerpflichtig und gemäß § 4 Abs. 2 ASVG als **echte Dienstnehmer** pflichtversichert.[128] Wenn die Kriterien eines echten Dienstvertrags erfüllt sind, ändert auch die Tatsache, dass eine entsprechende Gewerbeberechtigung gegeben ist, nichts an der Pflichtversicherung gemäß § 4 Abs. 2 ASVG.[429] Wenn die Kriterien der persönlichen Abhängigkeit jedoch nicht gegeben sind, besteht Pflichtversicherung i.S.d. § 2 Abs. 1 Z 1 GSVG bzw. bei Nichtbestehen einer aufrechten Gewerbeberechtigung auch Pflichtversicherung gem. § 2 Abs. 1 Z 4 GSVG.

4.152. Werbematerialverteiler

Nach Ansicht des BMAGS sind diese Personen im Regelfall dem Bereich der **Selbstständigen** zuzuordnen, weil sie sich grundsätzlich vertreten lassen können, meistens für mehrere Auftraggeber tätig werden und zumeist über eigene Betriebsmittel verfügen.[430] Auch der VwGH hat zum Ausdruck gebracht, dass nicht von persönlicher und wirtschaftlicher Abhängigkeit auszugehen ist. Die wirtschaftliche Abhängigkeit würde demnach nicht einmal dadurch indiziert werden, dass der Auftragnehmer das KfZ des Auftraggebers benützen darf. Auch eine etwaig vorgegebene Fahrtroute wäre unschädlich. Die Vorgabe einer Fahrtroute liegt vielmehr in der Natur der Sache, da anderenfalls eine flächendeckende Verteilung von Werbe- bzw. Prospektmaterial gar nicht möglich sei. Des Weiteren hat der VwGH ausgesprochen, dass die Tatsache, dass eine persönliche Arbeitspflicht besteht, für sich allein betrachtet noch nicht besagt, dass ein freier Dienstvertrag nicht möglich wäre.[431]

4.153. Werbemittelverteiler

Auch der OGH hat diesbezüglich ausgesprochen, dass ein Werbemittelverteiler, der sich nicht zur regelmäßigen Arbeit verpflichtet hat und sich durch andere

---

428   Vgl. E-MVB 004-ABC-W-003.
429   Vgl. HVSVT 29. und 30.9.1999, 32-51.1/99 Rj/Mm.
430   Vgl. E-MVB 004-ABC-W-004; vgl. HVSVT 2. und 3.12.1997, 31-51.1/97 Sm/Mm.
431   Vgl. VwGH 21.9.1993, 92/08/0186.

vertreten lassen darf, **nicht persönlich abhängig** und somit kein Arbeitnehmer ist. Ebenso ist ein Kontrolleur, der die Tage, an denen er tätig werden will, grundsätzlich frei wählen kann und auch bezüglich der Einteilung der Arbeitszeit frei ist, persönlich unabhängig. Daran ändert auch die lose Verpflichtung, wie die kurzfristige Anwesenheit (etwa 30 Minuten) eines von 4 bis 6 Kontrolleuren bei der morgendlichen Ausgabe von Werbematerial nichts, die sich in der Abstimmung mit den übrigen Kontrolleuren erschöpft.[432] Auch in dieser Entscheidung bringt der OGH – für die Praxis bedeutsam – zum Ausdruck, dass geringfügige Indizien für ein echtes Dienstverhältnis, wie z.B. eine kurze und insgesamt vernachlässigbare Anwesenheitspflicht irrelevant sind, wenn die übrigen Elemente der persönlichen Unabhängigkeit im Vordergrund stehen.

Bei einer faktischen Eingliederung in den betrieblichen Organismus müsste hingegen auch bei einem Werbemittelverteiler von einem **echten Dienstverhältnis** ausgegangen werden. Zu diesem Schluss kam vor einiger Zeit auch der VwGH.[433] In dem der Entscheidung zugrunde liegenden Sachverhalt hatte sich ein Werbemittelverteiler an den vom Auftraggeber festgelegten Arbeitstagen zu einer bestimmten Zeit bei ihm einzufinden, um danach gemeinsam mit weiteren Werbemittelverteilern in einem Firmenbus in die jeweiligen Dörfer geführt zu werden, wo die Webemittelverteiler ihr Prospektmaterial verteilt hatten und in der Folge gemeinsam in das nächste Dorf geführt worden waren. Der VwGH kam zu dem Schluss, dass in diesem Sachverhalt trotz der von den Parteien gewählten Bezeichnung „Rahmenwerkvertrag" von einem echten Dienstverhältnis auszugehen war.

4.154. Wissenschaftliche Projektbetreuung

Wird die Begutachtung der von der Gesellschaft durchgeführten Forschungsaufträge nach wissenschaftlichen Gesichtspunkten vereinbart, wobei die Vereinbarung nicht auf einen bestimmten abgrenzbaren und gewährleistungstauglichen Erfolg abstellt und keinen Maßstab für eine Beurteilung von Projekten als ordnungsgemäß vorsieht, ist wegen Verneinung persönlicher und wirtschaftlicher Abhängigkeit nicht vom Bestehen eines echten Dienstverhältnisses, sondern in diesem Fall vom Vorliegen eines freien Dienstverhältnisses nach Maßgabe des § 4 Abs. 4 ASVG auszugehen.[434]

4.155. Wohnungseigentumsgemeinschaften

Werden von einer Wohnungseigentumsgemeinschaft Personen in einem freien Dienstvertrag beschäftigt (z.B. Raumpfleger, Buchhalter, Schneeschaufler), so ist nach Ansicht des Hauptverbandes bei Vorliegen der übrigen Voraussetzungen

---

432 Vgl. OGH 26.2.1998, 8 ObA 46/98t.
433 Vgl. VwGH 26.5.2004, 2001/08/0026.
434 Vgl. VwGH 7.8.2015, 2013/08/0159.

eine Pflichtversicherung i.S.d. § 4 Abs. 4 ASVG möglich, weil die Wohnungs-eigentumsgemeinschaft den in § 4 Abs. 4 ASVG enthaltenen Dienstgeberbegriff in aller Regel erfüllen wird.[435]

4.156. Zählorgane bei Volkszählungen

Die Tätigkeit von Zählorganen ist nach Ansicht der Verwaltungsbehörden aus-gehend von der steuerrechtlichen Beurteilung, wonach diese Tätigkeit zu den gewerblichen Einkünften i.S.d. § 23 EStG zu zählen ist, aus sozialversicherungs-rechtlicher Sicht als selbstständige Erwerbstätigkeit i.S.d. § 2 Abs. 1 Z 4 GSVG aufzufassen.[436] Für diese Beurteilung sprechen insbesondere der – als Werk defi-nierte – geschuldete Erfolg, konkret die zeitgerechte Abgabe der ordnungsgemäß ausgefüllten Zählpapiere und die erfolgsabhängige, vom Zeitaufwand unabhängige Entlohnung sowie Durchführung auf eigenes Risiko und mit eigenen Betriebs-mitteln. Auch ein Unternehmerwagnis ist gegeben, da kein Fahrtkosten- bzw. Spesenersatz gewährt wird. ME zeigt diese Auffassung der Verwaltungsbehörden, die sich auf vergleichbare Sachverhalte wohl per analogiam übertragen lassen müsste, deutlich die Differenzierung zwischen (freiem) Dienstvertrag und Werk-vertrag. So nicht auf den Faktor Zeit abgestellt wird (keine nach zeitlichen Para-metern definierte Entlohnung vorliegt), sondern das Honorar nur bei vollstän-diger und korrekter Vollendung des Werks gebührt, ist von einem Zielschuld-verhältnis und damit i.d.R. von Pflichtversicherung nach § 2 Abs. 1 Z 4 GSVG auszugehen.

Die Tätigkeit von Zählorganen, die in einem öffentlich-rechtlichen Dienstverhält-nis zur Gemeinde bzw. der Stadt stehen, ist als Nebentätigkeit zu qualifizieren. Deren Entgelt ist gemäß § 19 Abs. 1 Z 1 lit. f B-KUVG der Beitragsgrundlage nach dem B-KUVG hinzuzuschlagen. Üben Vertragsbedienstete diese Tätigkeit aus, so stellt diese einen Ausfluss aus dem Dienstverhältnis zur Gemeinde bzw. Stadt dar; das daraus resultierende Entgelt ist lohnsteuerpflichtig und Bestandteil der Beitragsgrundlage gemäß § 49 Abs. 1 ASVG.[437]

4.157. Zeitungszusteller

Nach Ansicht des BMAGS sind diese Personen im Regelfall dem **Bereich der Selbst-ständigen** zuzuordnen, da sie sich grundsätzlich vertreten lassen können, das Recht haben, Hilfspersonen beizuziehen und auch für mehrerer Auftraggeber agieren können.[438]

---

435 Vgl. HVSVT 15.1.1998, 32-51.1/98 Sm/Mm.
436 Vgl. E-MVB 004-ABC-Z-001.
437 Vgl. E-MVB 004-ABC-Z-001; HVSVT 28.12.2000, 32-51.1/00 Ch/Mm, BMSG 12.12. 2000, 21.105/155-2/00.
438 Vgl. ARD 4915/5/98.

Der OGH kommt betreffend Zeitungszusteller jedoch zum Schluss, dass ein echtes Dienstverhältnis gem. § 4 Abs 2 ASVG gegeben sei. Im vorliegenden Sachverhalt hat die Dienstnehmerin in einem 4-jährigen Zeitraum das Vertretungsrecht niemals faktisch ausgenützt (zudem bestand hiezu auf Grund der wirtschaftlichen Abhängigkeit vom Arbeitgeber bei objektiver Betrachtung auch keine realistische Möglichkeit).[439]

Festgehalten kann jedoch werden, dass aus der Rechtsprechung keine allgemeinen Schlussfolgerungen, was Zeitungszusteller betrifft, abgeleitet werden können, da in einigen Gerichtsurteilen ein echtes Dienstverhältnis gem. § 4 Abs. 2 ASVG verneint wurde.[440]

4.158. Zustelldienste (Pizzaservice)

Bei einer Person, die die Hauszustellung von Pizzeria-Produkten vornimmt, ist nach Ansicht der Verwaltungsbehörden in aller Regel von dem Bestehen eines Dauerschuldverhältnisses auszugehen. Bei Integration in die betrieblichen Strukturen des Auftraggebers wird von einem echten Dienstverhältnis auszugehen sein. Die Eigenschaft eines **Neuen Selbstständigen Erwerbstätigen** wäre nach Ansicht des Hauptverbandes dann vorstellbar, wenn wesentliche eigene Betriebsmittel gegeben wären. Dies wäre allenfalls dann der Fall, wenn der Zustelldienst von der Pizzeria organisatorisch getrennt wäre, ein eigener PKW benützt wird und zudem auf eigene Kosten eine spezifische technische Ausrüstung, z.B. eine Warmhalteausrüstung, erworben worden ist.[441]

4.159. Zustellung von Bankkoffern

Sofern die Verpflichtung eines zur Geheimhaltung angehaltenen Zustellers von Bankkoffern darin besteht, diese Koffer bei Tankstellen zu übernehmen und bei Banken in einer versperrbaren Box zu deponieren, ist dieser dabei an die Vorgaben des Auftraggebers hinsichtlich der Route und Arbeitszeit gebunden und liegt außerdem kein generelles Vertretungsrecht vor, ist von der Integration des Zustellers in die Organisation des Dienstgebers und vom Bestehen eines echten Dienstverhältnisses gem. § 4 Abs. 2 ASVG auszugehen.[442]

---

439 Vgl. OGH 22.3.2011, 8 ObA 49/10d.
440 Vgl. z.B. VwGH 16.10.2014, Ro 2014/08/0074.
441 Vgl. HVSVT 2.12.1999, 32-51.1/99 Ch/Bc.
442 Vgl. BVwG 14.7.2015, L504 2005638-1.

5. Arbeitsrechtliche Aspekte des freien Dienstvertrags

5.1. Allgemeines

Freie Dienstnehmer sind nach herrschender Auffassung keine Arbeitnehmer im Sinne des Arbeitsrechtes. Die für die Einstufung als Arbeitnehmer charakteristischen Merkmale liegen im Allgemeinen nicht vor. Insbesondere die **persönliche Abhängigkeit** ist **nicht gegeben,** weil der freie Dienstnehmer an keine persönlichen Weisungen gebunden ist, keine fixen Arbeitszeiten einzuhalten hat sowie die Möglichkeit der freien Wahl des Arbeitsplatzes besitzt etc.

5.2. Arbeitsrechtliche Spezialgesetze

In Ermangelung der Eigenschaft eines Dienstnehmers finden die meisten **arbeitsrechtlichen Spezialgesetze** somit auf freie Dienstnehmer grundsätzlich keine Anwendung. Grund hierfür ist, dass die arbeitsrechtlichen Spezialgesetze, wie z.B. Angestelltengesetz (AngG), Urlaubsgesetz (UrlG), Arbeitszeitgesetz (AZG), auf die Schutzbedürftigkeit des Dienstnehmers abstellen. Da der freie Dienstnehmer seinem Verständnis zufolge jedoch gleichsam wie ein Unternehmer auftritt und nicht von dem „Über-Unterordnungs-Verhältnis" beeinträchtigt und damit auch nicht der wirtschaftlich Schwächere der vertraglichen Beziehung ist, besteht **keine Schutzwürdigkeit des freien Dienstnehmers,** weswegen dieser nicht in den Anwendungsbereich der genannten Gesetze fällt.

Insbesondere folgende arbeitsrechtliche Spezialgesetze finden auf den freien Dienstnehmer daher **keine Anwendung**:

- Angestelltengesetz **(AngG)**[443]
- Arbeitsplatzsicherungsgesetz **(APSG)**[444]

---

443 Das AngG gilt nur für Arbeitnehmer i.S.d. § 1151 ABGB, nicht aber für andere Beschäftigungsformen, wie z.B. solche auf Basis eines freien Dienstvertrags (vgl. *Drs,* Zeller Kommentar zum Arbeitsrecht, 2006, 7; *Martinek/M. Schwarz/W. Schwarz*[7] 43 ff.; *Mazal/Engelbrecht,* Angestelltendienstvertrag[2] 11; *Schrammel* in *Marhold/G. Burgstaller/Preyer* § 1 Rz. 2).

444 Das APSG gilt gemäß § 1 Abs. 1 Z 1 leg.cit. u.a. für Arbeitnehmer, deren Arbeitsverhältnis auf einem privatrechtlichen Vertrag beruht. Es gilt nicht für arbeitnehmerähnliche Vertragsverhältnisse, sodass freie Dienstnehmer nicht in den Anwendungsbereich des APSG fallen.
Vom AVRAG, insbesondere von den Regelungen der §§ 3 ff. AVRAG betreffend die Rechtsfolgen eines Betriebsübergangs nicht erfasst sind vom Arbeitsverhältnis zu unterscheidende Rechtsverhältnisse, auf deren Basis in einem weiteren Sinn gearbeitet wird. Auf freie Dienstverträge gelangen diese Bestimmungen daher nicht zur Anwendung; vgl. *Reissner* in Zeller Kommentar zum Arbeitsrecht, 2006, AVRAG, Rz. 8; *Binder,* AVRAG § 1 Rz. 5; *Krejci,* Betriebsübergang, 73; auch die Betriebsübergangsrichtlinie 77/187/ EWR soll nach Ansicht von Judikatur und Lehre nicht auf freie Dienstnehmer analog angewendet.

- Arbeitsvertragsrechtsanpassungsgesetz (**AVRAG**)[445]
- Arbeitszeitgesetz (AZG)[446]
- Arbeitsruhegesetz (ARG)[447]
- Behinderteneinstellungsgesetz (BEinstG)[448]
- Betriebliches Pensionsgesetz (BPG)[449]
- Entgeltfortzahlungsgesetz (EFZG)[450]
- Mutterschutzgesetz (MSchG)[451]
- Väterkarenzgesetz (VKG)[452]
- Patentgesetz (PatG)[453]
- Urlaubsgesetz (UrlG)[454]
- Arbeitsverfassungsgesetz (ArbVG)[455]

Die aus diesen genannten arbeitsrechtlichen Spezialgesetzen ableitbaren arbeitsrechtlichen Ansprüche, wie z.B. Anspruch auf gesetzliche Abfertigung i.S.d. §§ 23 ff. AngG bzw. des § 2 Abs. 1 ArbAbfG, Anspruch auf Entgeltfortzahlung im Krankenstand stehen dem freien Dienstnehmer daher nicht zu. Es besteht kein Anspruch auf bezahlten Urlaub bzw. auf Urlaubsersatzleistung i.S.d. § 10 Abs. 1 UrlG.[456] Es besteht kein Anspruch auf Karenz i.S.d. § 15 MSchG.[457] Dies muss demzufolge auch für das Recht auf Elternteilzeit i.S.d. § 15k MSchG gelten. Im Sinne eines

---

445 Vom AVRAG, insbesondere von den Regelungen der §§ 3 ff. AVRAG betreffend die Rechtsfolgen eines Betriebsübergangs nicht erfasst sind vom Arbeitsverhältnis zu unterscheidende Rechtsverhältnisse, auf deren Basis in einem weiteren Sinn gearbeitet wird. Auf freie Dienstverträge gelangen diese Bestimmungen nicht zur Anwendung; vgl. *Reissner* in Zeller Kommentar zum Arbeitsrecht, 2006, AVRAG, Rz. 8; *Binder*, AVRAG § 1 Rz. 5; *Krejci*, Betriebsübergang, 73; auch die Betriebsübergangsrichtlinie 77/187/EWR soll nach Ansicht von Judikatur und Lehre nicht auf freie Dienstnehmer analog angewendet.

446 So OGH 9 ObA 46/97y, DRdA 1998/2, 36.

447 Wie das AZG ist auch das ARG nicht auf Personen anzuwenden, die im Rahmen eines Werkvertrags oder eines freien Dienstvertrags tätig werden; vgl. *B. Schwarz/Lutz*, ARG[4] 51 f.; OGH 9 ObA 46/97y, DRdA 1998/2, 36.

448 Insbesondere werden freie Dienstnehmer nicht bei der Berechnung der sog. „Pflichtzahl" i.S.d. BEinstG mitgezählt; vgl. *K. Mayr* in Zeller Kommentar zum Arbeitsrecht, BEinstG § 5, Rz. 2.

449 Das BPG erfasst Leistungszusagen an Arbeitnehmer, wobei auf den Arbeitnehmerbegriff des § 1151 ABGB abzustellen ist; vgl. *Gruber*, Freier Dienstvertrag und Arbeitsrecht, ASoK 2000, 306.

450 Auch das EFZG stellt auf den Arbeitnehmerbegriff i.S.d. § 1151 ABGB ab.

451 Nicht vom Geltungsbereich des MSchG umfasst sind freie Dienstnehmer; vgl. *Wolfsgruber* in Zeller Kommentar zum Arbeitsrecht, 2006, MSchG, § 2, Rz. 6; die Vorschriften betreffend Karenz sind daher auf freie Dienstnehmer nicht anzuwenden, vgl. *Uher*, Ein Kind kommt, 2006, 21.

452 Vgl. *Wolfsgruber* in Zeller Kommentar zum Arbeitsrecht, 2006, VKG, § 1, Rz 4

453 Freie Dienstverhältnisse sind von dem Anwendungsbereich des Patentgesetzes ausgenommen; vgl. OGH 5.2.1985, 4 Ob 5/85: Die Bestimmungen der §§ 6 bis 17 PatG sind auf Vorstandsmitglieder einer AG – auch wenn sie mit der Gesellschaft einen üblichen Anstellungsvertrag abgeschlossen habe – nicht anzuwenden; a.A. *Reitböck*, Dienstfindung 74 ff.

454 Das Urlaubsgesetz findet auf freie Dienstnehmer keine Anwendung; vgl. *Reissner* in Zeller Kommentar zum Arbeitsrecht[2], 2011, UrlG, § 1, Rz. 6.

455 Weder der I. Teil (Kollektive Rechtsgestaltung) noch der II. Teil (Betriebsverfassung) des ArbVG finden auf freie Dienstverhältnisse Anwendung; vgl. OGH 9 ObA 165/87; *Strasser* in *Strasser/Jabornegg/Resch*, ArbVG, § 1, Rz. 12; OGH 9 ObA 43/89, 8 ObA 2359/96m.

456 Vgl. OGH 8 ObA 46/98t, RdW 1999, 99.

457 Vgl. *Uher*, Ein Kind kommt, 2006, 21.

Schutzes von freien Dienstnehmerinnen wurde mit dem BGBl I 2015/149 normiert, dass für freie Dienstnehmerinnen – genauso wie für echte Dienstnehmerinnen – der Freistellungsanspruch gem. § 3 bzw. § 5 Abs. 1 bzw. 3 MSchG zur Anwendung gelangt. Dies bedeutet, dass freie Dienstnehmerinnen sowohl während des generellen und allenfalls individuellen Beschäftigungsverbots vor der Geburt als auch während des generellen Beschäftigungsverbots nach der Geburt nicht beschäftigt werden dürfen. Kündigungen, welche gegenüber einer freien Dienstnehmerin im Zusammenhang mit der Schwangerschaft ausgesprochen werden, sind seit 1.1.2016 gem. § 10 Abs. 8 MSchG ebenso wegen eines verpönten Motivs anfechtbar.[458] Der freie Dienstnehmer kann weiters in Ermangelung der Geltung des AZG bzw. der Anwendung von Normen der kollektiven Rechtsgestaltung grundsätzlich keine Vergütung für Überstundenzuschläge begehren.[459] Der besondere Kündigungsschutz nach den diesbezuglichen speziellen Normen, wie z.B. gemäß dem BEinstG steht nicht zu. Eine Kündigung eines freien Dienstnehmers kann demzufolge ohne vorherige Zustimmung des Behindertenausschusses und ohne Vorliegen spezieller Gründe erfolgen.[460] Weiters gelangen in Ermangelung der Geltung des ArbVG insbesondere auch die Normen des allgemeinen Kündigungsschutzes (sog. Vorverfahren gemäß § 105 ArbVG) nicht zur Anwendung. Vor der geplanten Kündigung des freien Dienstnehmers hat daher keine Verständigung des Betriebsrats i.S.d. § 105 Abs. 1 ArbVG zu erfolgen; es besteht weiters keine Anfechtungsmöglichkeit wegen Motivwidrigkeit i.S.d. § 105 Abs. 3 Z 1 ArbVG bzw. wegen Sozialwidrigkeit i.S.d. § 105 Abs. 3 Z 2 ArbVG.

Ist gewollt, dass der freie Dienstnehmer auf diese arbeitsrechtlichen Ansprüche zugreifen soll, ist die Anwendung der genannten Gesetze individuell zwischen Dienstgeber und freiem Dienstnehmer zu vereinbaren.[461] Fraglich erscheint diesfalls jedoch, ob bei einer auf diesem Wege vorgenommenen individuell vereinbarten „rechtlichen Angleichung" des freien an den echten Dienstnehmer nicht die Eigenschaft als freier Dienstnehmer an sich eingebüßt werden kann. Risken einer potentiellen Umqualifizierung in einen echten Dienstvertrag im Rahmen einer künftigen GPLA oder aber auch im Rahmen eines arbeitsrechtlichen Verfahrens erscheinen diesfalls nicht ausgeschlossen.

5.3. Anwendbare Teile des Individualarbeitsrechts

Hingegen wurde von der Judikatur bereits mehrfach zum Ausdruck gebracht, dass auf den freien Dienstnehmer jene arbeitsrechtlichen Normen analog anzuwenden sind, die nicht vom persönlichen Abhängigkeitsverhältnis des Arbeitnehmers

---

458 Das Kündigungsverfahren ist diesbezüglich dem Anfechtungsverfahren gem. 105 Abs. 5 und 7 ArbVG nachgebildet.
459 Vgl. OGH 9 ObA 54/97z, DRdA 1998/3, 36.
460 Vgl. OGH 4 Ob 38/83, Arb 10.248.
461 Vgl. OGH 4 Ob 69/76, Arb 9538; Rz 219.

ausgehen und nicht den sozial Schwächeren schützen sollen.[462] Je arbeitnehmer-ähnlicher daher ein freier Dienstnehmer ist, desto eher kommt nach Ansicht des OGH über die einschlägigen Bestimmungen des ABGB hinaus auch sonstiges Arbeitsrecht zur Anwendung.[463] Durch Lehre und Judikatur wurde daher heraus-gearbeitet, dass Teile des Arbeitsrechts auf freie Dienstnehmer Anwendung fin-den. Dies wurde entweder damit begründet, dass diese Teile des Arbeitsrechts nach den entsprechenden gesetzlichen Bestimmungen nicht nur für Arbeitnehmer i.S.d. § 1151 ABGB, sondern auch für arbeitnehmerähnliche Personen[464] gelten, oder aber aufgrund eines Analogieschlusses hergeleitet.

Eine weitere Ausnahme bildet das Betriebliche Mitarbeiter- und Selbständigen-vorsorgegesetz (BMSVG), das die freien Dienstnehmer ab 1.1.2008 obligatorisch in das System der Betrieblichen Vorsorge miteinbezieht. Die nunmehrige Geltung des Systems Abfertigung „Neu" auch für freie Dienstnehmer ist jedoch mehr eine Konsequenz einer generellen Neuausrichtung des BMSVG, das nunmehr als ein das Spektrum der unselbständig Tätigen weit überspannendes generelles Vor-sorgemodell konzipiert wurde. Dieser Schritt des Gesetzgebers ist im Übrigen in Anbetracht der Entwicklung des gesetzlichen Pensionssystems sehr zu begrüßen.

Vor dem Hintergrund der obigen Überlegungen sind für den freien Dienstvertrag daher in der Regel folgende arbeitsrechtlichen Normen anwendbar:

• Arbeitnehmerschutzgesetz (ASchG)[465]
• Arbeitskräfteüberlassungsgesetz (AÜG)[466]
• Ausländerbeschäftigungsgesetz (AuslBG)[467]
• Betriebliches Mitarbeiter- und Selbständigenvorsorgegesetz (BMSVG)[468]

---

462 Vgl. OGH 20.9.1983, 4 Ob 93/83; 26.3.1997, 9 ObA 54/97z.
463 Vgl. OGH 14.9.1995, 8 Ob 240/95.
464 Als **arbeitnehmerähnliche Personen** gelten in aller Regel freie Dienstnehmer, aber ebenso Personen, die in arbeitnehmerähnlichen Werkverträgen tätig sind, somit bei Herstellung des Erfolgs unter Bedin-gungen agieren, die einem Arbeitnehmer ähnlich sind (z.B. Integration in die betriebliche Struktur des Auftraggebers).
465 Vgl. Erlass des BMAGS (Zentralarbeitsinspektorat) vom 8.11.1998, 60.010/20-3/98: Demnach sollen auf den freien Dienstnehmer i.S.d. § 4 Abs. 4 ASVG aufgrund des Schutzgedankens die technischen und arbeitshygienischen Arbeitnehmerschutzvorschriften Anwendung finden; vgl. *Steiger*, Der freie Dienstnehmer im Arbeitsrecht, Finanzjournal 2000, 25.
466 Das AÜG umfasst gemäß § 2 Abs. 4 leg.cit. nicht nur echte Dienstnehmer, sondern auch arbeitnehmer-ähnliche Personen. Freie Dienstnehmer können daher, wenn sie als arbeitnehmerähnliche Personen zu qualifizieren sind, unter den Anwendungsbereich des AÜG fallen.
467 Das AuslBG ist gemäß § 2 Abs. 2 lit. b AuslBG auch auf arbeitnehmerähnliche Personen anwendbar.
468 Das BMSVG gilt ab 1.1.2008 für alle auch zu diesem Zeitpunkt schon bestehenden freien Dienstver-träge. Ausgenommen sind lediglich die zu diesem Zeitpunkt bereits existierenden freien Dienstver-träge mit vertraglich vereinbarten Abfertigungsansprüchen (de facto daher die Verträge von Vorstän-den von Aktiengesellschaften). Diese sind ebenso wie im zeitlichen Nahbereich an sie anschließende (Folge-)Vorstandsverträge zur selben Aktiengesellschaft bzw. zu einer anderen Aktiengesellschaft innerhalb des Konzerns gemäß § 73 Abs. 7 BMSVG vom System Abfertigung „Neu" nach wie vor aus-geschlossen; dies mit gutem Grund, wird doch dadurch die nach Ansicht der Finanzverwaltung in Zeiträumen der Abfertigung „Neu" nicht mögliche steuerliche Begünstigung für freiwillige/vertrag-liche Abfertigungen gemäß § 67 Abs. 6 EStG dadurch nach wie vor aufrechterhalten und sichergestellt (vgl. *Freudhofmeier* in *Schuster/Gröhs/Havranek*, Executive Compensation, 2008, 115).

- Dienstnehmerhaftpflichtgesetz (DHG)[469]
- Exekutionsordnung (EO)[470]
- Dienstzettel bei Beschäftigungsbeginn (§ 1164a Abs. 1 ABGB)[471]
- Europäisches Schuldvertragsübereinkommen (EVÜ)[472]
- Gleichbehandlungsgesetz (GlBG)[473]
- Kautionsschutzgesetz (KautSchG)[474]
- Kinder- und Jugendlichen-Beschäftigungsgesetz (KJBG)[475]
- Zuständigkeit des Arbeits- und Sozialgerichtes (ASGG)[476]
- Arbeiterkammergesetz (AKG)[477]
- Insolvenz-Entgeltsicherungsgesetz (IESG)[478]
- §§ 1152, 1159, 1159a und 1159b, 1162 bis 1162d ABGB[479]
  (hierbei handelt es sich vorwiegend um die Bestimmungen betreffend den Entgeltanspruch, Kündigung und Kündigungsentschädigung sowie über die Auflösung aus wichtigem Grund)
- Bestimmungen zum Beschäftigungsverbot für werdende Mütter gem. §§ 3 und 5 MSchG

Die meisten der eben genannten gesetzlichen Bestimmungen kommen auch dann zur Anwendung, wenn Arbeitnehmerähnlichkeit vorliegt. Diese wird sich meist darin manifestieren, dass der freie Dienstnehmer keine eigene Betriebsstätte hat, keine wesentlichen eigenen Betriebsmittel verwendet, im Wesentlichen persönliche Leistungserbringung schuldet, die Tätigkeit nur für einen Auftraggeber bzw.

---

469 Das DHG findet gemäß § 1 Abs. 1 DHG auch auf arbeitnehmerähnliche Personen Anwendung. Freie Dienstnehmer fallen daher regelmäßig als arbeitnehmerähnliche Personen in den Anwendungsbereich des DHG; vgl. *Kerschner*, DHG², § 1, Rz. 12; vgl. *Steiger*, Der freie Dienstnehmer im Arbeitsrecht, Finanzjournal 2000, 25.

470 Vgl. *Schrenk*, Der freie Dienstnehmer im Arbeitsrecht, taxlex 2005, 119.

471 Liegt ein freies Dienstverhältnis i.S.d. § 4 Abs. 4 ASVG vor, so hat der Dienstgeber dem freien Dienstnehmer unverzüglich nach dessen Beginn eine schriftliche Aufzeichnung über die wesentlichen Rechte und Pflichten aus dem freien Dienstvertrag auszuhändigen (Dienstzettel).

472 Art. 6 EVÜ findet grundsätzlich Anwendung auf Arbeitsverträge und Arbeitsverhältnisse von Einzelpersonen. Auch arbeitnehmerähnliche Personen sowie Scheinselbständige fallen nach Ansicht der Literatur auf Grund der de facto vorhandenen persönlichen und wirtschaftlichen Abhängigkeit von ihrem Vetragspartner unter Art. 6 EVÜ; vgl. *Mankowski*, Betriebsberater 1997, 465.

473 Durch die Novelle 2004 wurde der Geltungsbereich des GlBG auf arbeitnehmerähnliche Personen ausgedehnt; vgl. *Windisch-Graetz*, Zeller Kommentar zum Arbeitsrecht², 2011, GlBG, § 1, Rz. 8.

474 Vgl. OGH 7.4.1987, 14 ObA 10/87.

475 Vgl. § 1 Abs. 1 KJBG; VwGH 12.4.1996, 96/02/0137.

476 Vgl. OGH 9 ObA 239/89.

477 Die Arbeiterkammerzugehörigkeit der freien Dienstnehmer gilt ab 1.1.2008; ab diesem Zeitpunkt besteht daher insbesondere auch die Möglichkeit, durch die Ausübung des aktiven und passiven Wahlrechts an der Gestaltung der interessenpolitischen Positionen der Arbeiterkammern mitzuwirken.

478 Ab 1.1.2008 haben freie Dienstnehmer, die als solche der Pflichtversicherung nach den Bestimmungen des ASVG unterliegen, ebenso wie Arbeitnehmer Anspruch auf Insolvenz-Ausfallgeld. Der hierfür fällige Beitrag in der Höhe von 0,55 % ist vom Arbeitgeber zu tragen (vgl. *Schrenk/Steiger*, Der freie Dienstnehmer im Arbeits- und Sozialversicherungsrecht 2008, taxlex 2008, 165).

479 Vgl. OGH 8 ObA 95/01f; OGH 9 ObA 54/97z; OGH 8 ObA 563/89 zur Vertrauensunwürdigkeit; OGH 8 ObA 204/95 zum Austritt.

eine begrenzte Anzahl von Auftraggebern erbringt sowie regelmäßig beschäftigt und bezahlt wird.

Auf konkrete Fälle soll nachstehend anhand von in den vergangenen Jahren ergangener Judikatur eingegangen werden.

§ 1152 ABGB, wonach – wenn vertraglich kein Entgelt bestimmt und auch nicht Unentgeltlichkeit vereinbart ist – ein angemessenes Entgelt als bedungen gilt, ist auf arbeitnehmerähnliche Personen, somit unter den obig aufgezeigten Umständen auch auf freie Dienstnehmer, anwendbar.[480] Daraus ist abzuleiten, dass ein freier Dienstnehmer, mit welchem eine Entgeltregelung getroffen wurde, auch dann keinen darüber hinausgehenden Anspruch aus § 1152 ABGB ableiten kann, selbst wenn das vereinbarte Entgelt nicht angemessen ist. Grund hierfür ist, dass § 1152 ABGB dann anzuwenden ist, wenn kein Entgelt vereinbart ist. Ist hingegen ein von den Vertragsparteien definiertes Entgelt vereinbart, kann darüber hinaus aus § 1152 ABGB kein (höheres) Mindestentgelt abgeleitet werden.[481]

Wie eben angeführt, ist hinsichtlich der Beendigung des freien Dienstvertrages darauf hinzuweisen, dass nach Ansicht von Lehre und Judikatur die Bestimmungen des ABGB über die Beendigung des Arbeitsverhältnisses auf freie Dienstverhältnisse analog anzuwenden sind. Gemäß §§ 1159 ff. ABGB ist daher bei Diensten höherer Art nach dreimonatiger Dauer des Dienstverhältnisses eine Kündigungsfrist von 4 Wochen einzuhalten.[482] Im Übrigen kann das freie Dienstverhältnis nach § 1159b ABGB unter Einhaltung einer mindestens 14-tägigen Kündigungsfrist beendet werden. Wichtig ist, dass die Bestimmungen betreffend die Kündigungsmodalitäten des ABGB abdingbares Recht darstellen und durch Vereinbarung auch zum Nachteil des freien Dienstnehmers modifiziert werden können. So ist es z.B. zulässig, eine Kündigungsfrist von einer Woche oder auch nur einigen Tagen zu vereinbaren. Ein freies Dienstverhältnis kann auch vorzeitig aufgelöst werden. Dienstunfähigkeit und gleichwertige Hindernisse der Dienstverrichtung stellen beispielsweise wichtige Gründe für die vorzeitige Auflösung des freien Dienstvertrags dar.[483] Gemäß § 1162b ABGB gebührt im Falle einer fristwidrigen Kündigung bzw. einer vorzeitigen Auflösung ohne Vorliegen eines entsprechenden Grundes Kündigungsentschädigung.[484] Die Befristung eines freien Dienstvertrags und die gleichzeitige Einräumung von Kündigungsmöglichkeiten ist auch bei einem freien Dienstvertrag zulässig.[485] Wenn trotz Mahnungen und Urgenzen immer wieder beträchtliche Zahlungsrückstände des Dienstgebers auftreten und die offenen Beträge trotz Androhung des vorzeitigen Austritts nicht rechtzeitig

---

480   Vgl. OGH 26.5.1995, 9 ObA 48.
481   Vgl. *Gruber*, Freier Dienstvertrag und Arbeitsrecht II, ASoK 2000, 345.
482   Vgl. § 1159a ABGB; vgl. *Rauch*, Besonderheiten bei Kündigungsfristen und -terminen, ASoK 2003, 41; OGH 9 ObA 55/00d, 9 ObA 89/00d.
483   Vgl. *Gruber*, Freier Dienstvertrag und Arbeitsrecht, ASoK 2000, 348.
484   Vgl. OGH 8 ObA 46/98t, RdW 1999, 99.
485   Vgl. OGH 24.10.1995, 8 ObA 261/95.

beglichen wurden, kann der freie Dienstnehmer seinen vorzeitigen Austritt aus dem Vertrag ohne Einhaltung von Kündigungsfristen erklären und unter dem Titel des Schadenersatzes das entgangene durchschnittliche Entgelt für jene Zeit begehren, in welcher er ohne Arbeit war.[486]

Eine weitere arbeitsrechtliche Bestimmung, die per analogiam anzuwenden ist, ist die Entgeltfortzahlung bei Nichtzustandekommen der Dienstleistung wegen Umständen, die auf Seiten des Dienstgebers liegen. § 1155 ABGB bestimmt, dass diesfalls das Entgelt unter den Prämissen des Entgeltfortzahlungsprinzips fortzuzahlen ist. Nach Ansicht der herrschenden Lehre beinhaltet diese Regelung eine allgemein gültige Gefahrtragungsregelung, die nichts mit dem Schutz des sozial schwächeren Dienstnehmers zu tun hat und daher auf freie Dienstnehmer analog anzuwenden ist.[487] Im Übrigen existiert mit § 1168 ABGB eine analoge Bestimmung für Werkverträge. Auch dies spricht für die Anwendung von § 1155 ABGB auch auf freie Dienstverträge. Eine Entgeltfortzahlung im Krankenstand, die sich aus §§ 2 ff. EFZG bzw. aus §§ 8 ff. AngG ableitet, ist hingegen auf freie Dienstnehmer nicht analog anwendbar. Hingegen besitzt der freie Dienstnehmer seit 1.1.2008 Anspruch auf Krankengeld gegenüber der Gebietskrankenkasse. In Ermangelung eines arbeitsrechtlichen Anspruchs auf Entgeltfortzahlung gegenüber seinem Dienstgeber wird dem freien Dienstnehmer der Anspruch auf Krankengeld bereits ab dem 4. Tag der Arbeitsunfähigkeit zustehen.

Die von Lehre und Judikatur herausgearbeiteten Überlegungen zur Betriebsübung und zu der durch ein wiederkehrendes und ohne Vorbehalt erfolgendes Verhalten in der Belegschaft erzeugtes Vertrauen, dass dieses unverändert beibehalten wird, sind nach Ansicht der Lehre generell auf freie Dienstnehmer übertragbar.[488] Grund hierfür ist, dass die herrschenden dogmatischen Erklärungsversuche betreffend die betriebliche Übung nicht in spezifisch arbeitsrechtlichen Normen begründet sind, sondern letztlich in allgemeinen zivilrechtlichen Bestimmungen bzw. Überlegungen.[489]

Ebenfalls für per analogiam auf freie Dienstverhältnisse anwendbar erklärt wurde die Bestimmung des § 2c AVRAG hinsichtlich der für eine gültige Konkurrenzklausel maßgeblichen Rahmenbedingungen. Obzwar die Bestimmungen des § 2c AVRAG nach dem Wortlaut des Gesetzes[490] nur für Dienstverhältnisse und nicht auch für freie Dienstverhältnisse anwendbar sind, kann dennoch nicht von der Hand gewiesen werden, dass jene arbeitsrechtlichen Normen, die nicht vom persönlichen Abhängigkeitsverhältnis des Arbeitnehmers ausgehen und den sozial Schwächeren schützen sollen, auf den freien Dienstvertrag (analog) anwendbar

---

486 Vgl. OGH 14.9.1995, 8 ObA 204/95.
487 Vgl. *Gruber*, Freier Dienstvertrag und Arbeitsrecht II, ASoK 2000, 344.
488 Z.B. vorbehaltlose Prämienzahlungen und dergleichen.
489 Vgl. *Gruber*, Freier Dienstvertrag und Arbeitsrecht II, ASoK 2000, 344.
490 Vgl. § 1 Abs. 1 AVRAG.

sind. Daher sind auch Konkurrenzklauseln in freien Dienstverträgen im Hinblick auf die Feststellung einer ihnen anhaftenden potentiellen Sittenwidrigkeit am Maßstab des § 2c AVRAG zu messen und für rechtsunwirksam zu erklären, wenn das Honorar die für die Wirksamkeit von Konkurrenzklauseln vorausgesetzte Höhe des 20-Fachen der täglichen Höchstbeitragsgrundlage (im Kalenderjahr 2017: € 166,00) nicht erreicht (der maßgeblich Wert für 2017 beträgt daher € 3.320,00 p.m.).[491]

Anders hat der Oberste Gerichtshof hingegen bei der Beurteilung des Phänomens der „Kettendienstverträge" entschieden.[492] Bei echten Dienstnehmern sind nach herrschender Lehre „Kettenarbeitsverträge" ohne sachliche Begründung nicht zulässig und daher teilnichtig. Als Folge werden ohne sachliche Begründung aneinandergereihte befristete Dienstverhältnisse in ein zusammenhängendes unbefristetes Arbeitsverhältnis umqualifiziert. Die Schutzwürdigkeit im Bereich des allgemeinen Arbeitsrechts liegt darin, dass durch den Abschluss mehrerer befristeter Dienstverhältnisse und das damit intendierte Nichtentstehenlassen eines unbefristeten Dienstverhältnisses diverse arbeitsrechtliche Ansprüche, die dem Grunde und/oder der Höhe nach von der Dauer des Dienstverhältnisses abhängig sind,[493] hintangehalten werden könnten. Exakt diese Schutzwürdigkeit ist bei freien Dienstnehmern jedoch nicht erkennbar. Der OGH hat daher den Abschluss von Kettendienstverträgen bei freien Dienstnehmern für zulässig erachtet.[494]

Die Bestimmungen des Dienstnehmerhaftpflichtgesetzes (DHG) sind für freie Dienstnehmer hingegen anwendbar. Grund hierfür ist, dass gemäß § 1 Abs. 1 DHG vom Anwendungsbereich dieses Gesetzes auch Personen erfasst sind, die, ohne in einem echten Dienstverhältnis zu stehen, im Auftrag und für Rechnung bestimmter anderer Personen Arbeit leisten und wegen wirtschaftlicher Unselbstständigkeit als arbeitnehmerähnlich anzusehen sind.[495]

Auch die Normen des Arbeitskräfteüberlassungsgesetzes (AÜG) sind für freie Dienstnehmer gültig, da § 3 Abs. 4 AÜG explizit normiert, dass unter Arbeitskräften im Sinne dieses Gesetzes Arbeitnehmer und arbeitnehmerähnliche Personen zu verstehen sind. Arbeitnehmerähnliche Personen sind Personen, die, ohne in einem Arbeitsverhältnis zu stehen, im Auftrag und für Rechnung bestimmter Personen Arbeit leisten und wirtschaftlich unselbstständig sind.

Seit 1.8.2004 besteht gemäß § 1164a ABGB eine explizite gesetzliche Verpflichtung für den Dienstgeber, unverzüglich nach Beginn des freien Dienstverhältnisses eine

---

491   Vgl. ASG Wien 7.11.2007, 21 Cga 36/07b, rechtskräftig.
492   Vgl. *Freudhofmeier*, Das Phänomen der Kettendienstverträge, taxlex 2005, 535.
493   Z.B. Kündigungsfristen, Entgeltfortzahlung im Krankenstand, Abfertigung „Alt".
494   Vgl. OGH 21.4.2004, 9 ObA 127/03x.
495   Vgl. *Gruber*, Freier Dienstvertrag und Arbeitsrecht II, ASoK 2000, 347.

schriftliche Aufzeichnung über die wesentlichen Rechte und Pflichten aus dem freien Dienstvertrag in Form eines Dienstzettels auszuhändigen. Der Dienstzettel des freien Dienstnehmers hat gemäß § 1164a Abs. 1 ABGB folgende Angaben zu enthalten:

- Name und Anschrift des Dienstgebers
- Name und Anschrift des freien Dienstnehmers
- Beginn des freien Dienstverhältnisses
- Bei freien Dienstverhältnissen auf bestimmte Zeit das Ende des freien Dienstverhältnisses
- Dauer der Kündigungsfrist, Kündigungstermin
- Vorgesehene Tätigkeit
- Entgelt, Fälligkeit des Entgelts

Für die Praxis erscheint es in Anbetracht dieser ohnedies gegebenen formalen Verpflichtung zur Aushändigung eines schriftlichen Dokuments empfehlenswert, aufgrund der höheren Bestand- und Beweiskraft einen schriftlichen freien Dienstvertrag auszuarbeiten und zu vereinbaren.[496]

Während – wie eben ausgeführt – gemäß § 1164a ABGB die Verpflichtung zur Ausstellung (zumindest) eines Dienstzettels besteht, vertritt die Rechtsprechung die Ansicht, dass die Vorschriften betreffend die Ausstellung eines Dienstzeugnisses explizit auf echte Dienstnehmer bezogen sind. Ein freier Dienstnehmer hat daher keinen Anspruch auf Ausstellung eines Dienstzeugnisses.[497]

5.4. Kollektives Arbeitsrecht

Die Normen der kollektiven Rechtsgestaltung, insbesondere Kollektivverträge und Betriebsvereinbarungen, sind auf freie Dienstnehmer grundsätzlich nicht anwendbar. Freie Dienstnehmer unterliegen weder dem I. Teil des ArbVG (Kollektive Rechtsgestaltung) noch dem II. Teil des ArbVG (Betriebsverfassung).[498] Um sich auf eine Betriebsvereinbarung oder einen Kollektivvertrag berufen zu können, müssen freie Dienstnehmer daher die Anwendung der Betriebsvereinbarung bzw. des Kollektivvertrags für Vertragsverhältnisse eigens vereinbaren.[499]

Freie Dienstnehmer sind somit nicht als Arbeitnehmer im Sinne der Betriebsverfassung anzusehen.[500] Daher sind freie Dienstnehmer auch nicht vom Betriebsrat vertreten, sie sind weder aktiv noch passiv wahlberechtigt.

---

496 Vgl. *Schrenk*, Der freie Dienstvertrag im Arbeitsrecht, taxlex 2005, 119.
497 Vgl. ASG Wien 19.11.2001, 30 Cga 77/01i.
498 Vgl. OGH 9 ObA 165/87; *Strasser* in *Strasser/Jabornegg/Resch*, ArbVG, § 1, Rz. 12; OGH 9 ObA 43/89, 8 ObA 2359/96m.
499 Vgl. OGH 11.5.1988, 9 ObA 165/87.
500 Vgl. OGH 12.2.1997, 9 ObA 2260/96k.

Freie Dienstnehmer unterliegen weiters nicht dem allgemeinen Kündigungsschutz gemäß §§ 105 ff. ArbVG. Der Betriebsrat braucht vor der Kündigung des freien Dienstnehmers nicht i.S.d. § 105 Abs. 1 ArbVG verständigt zu werden; eine ohne diese Verständigung erfolgte Kündigung eines freien Dienstnehmers wäre daher nicht mit dem Makel der Rechtsunwirksamkeit behaftet. Der freie Dienstnehmer hat grundsätzlich des Weiteren keine Möglichkeit, die Kündigung wegen Motivwidrigkeit[501] i.S.d. § 105 Abs. 3 Z 1 ArbVG oder wegen Sozialwidrigkeit i.S.d. § 105 Abs. 3 Z 2 ArbVG anzufechten. Sehr wohl bestehen aber die entsprechenden Möglichkeiten nach dem GlBG, der freie Dienstnehmer könnte daher z.B. die Beendigung des Dienstverhältnisses etwa gemäß § 12 Abs. 7 GlBG anfechten, wenn er dartut, dass er z.B. wegen seines Geschlechts oder wegen Zugehörigkeit zu einer Rasse oder Religion bei Beendigung des Dienstverhältnisses diskriminiert worden sei.

Da der Kollektivvertrag in aller Regel aufgrund seines persönlichen Anwendungsbereichs auf freie Dienstnehmer keine Anwendung findet, besteht kein Anspruch auf kollektivvertragliche Sonderzahlungen, wie Weihnachtsremuneration und Urlaubszuschuss. Auch weitere kollektivvertraglich definierte Ansprüche, wie z.B. Anspruch auf Jubiläumsgeld, Anspruch auf Überstundenzuschläge (bzw. spezielle Überstundenteiler), kollektivvertraglich definierte Reisekosten- und Reiseaufwandsentschädigungen, können von freien Dienstnehmern nicht geltend gemacht werden.

Vorstandsmitglieder einer Aktiengesellschaft sind nach herrschender Ansicht keine Arbeitnehmer im arbeitsrechtlichen Sinn. Sie stehen daher in keinem abhängigen Arbeitsverhältnis. Aus arbeitsrechtlicher Sicht besteht – entgegen der lohnabgabenrechtlichen Qualifizierung – nach herrschender Ansicht ein freier Dienstvertrag[502] Ansprüche wie Abfertigung bei Beendigung des Vertrags, bezahlter Urlaub, Entgeltfortzahlung im Krankenstand, Kündigungsmodalitäten etc. wären daher entsprechend vertraglich zu regeln. So die Übergangsregelung des § 73 Abs. 7 BMSVG nicht anwendbar ist, partizipieren Vorstände von Aktiengesellschaften ab 1.1.2008 an dem System der Betrieblichen Vorsorge. Als Konsequenz sind BMSVG-Beiträge im Ausmaß von 1,53 % des Entgelts zu entrichten. Lohnsteuerrechtlich sind Vorstandsmitglieder hingegen Dienstnehmer im Sinne des § 47 EStG. Sozialversicherungsrechtlich wird in der Regel Pflichtversicherung gemäß § 4 Abs. 2 ASVG gegeben sein.

---

501 Eine Ausnahme bildet jedoch eine Anfechtung wegen verpönten Motivs gem. § 10 Abs. 8 MSchG.
502 Vgl. zur arbeitsrechtlichen Beurteilung: OGH 24.5.1996, 9 ObA 2003/96s.

6. Möglichkeit der Riskenminimierung in der Praxis

6.1. Allgemeines

Bevor Möglichkeiten aufgezeigt werden sollen, wie in der Praxis bereits im Vorfeld verhindert werden kann, dass eventuelle Risken im Zusammenhang mit der Abgrenzung Dienstvertrag – freier Dienstvertrag – Werkvertrag auftreten, soll anhand einiger Beispiele aus der Praxis dargestellt werden, welche Konsequenzen die Anwendung des „falschen" Vertrags in der Praxis haben kann.

6.2. Potentielle Risken in der Praxis

Da die Beurteilung und Verantwortung, ob ein echtes Dienstverhältnis, ein freies Dienstverhältnis oder aber ein Werkvertrag vorliegt, zunächst in erster Linie dem Dienstgeber obliegt, besteht in der Praxis immer wieder die Gefahr, dass im Falle einer falschen Einstufung zum einen der Beschäftigte nachträglich arbeitsrechtliche Ansprüche beim Arbeits- und Sozialgericht einklagt und andererseits, dass in Folge einer Gemeinsamen Prüfung lohnabhängiger Abgaben (GPLA) seitens der Gebietskrankenkasse, des Finanzamts bzw. der Gemeinde die entsprechenden lohnabhängigen Abgaben nachgefordert werden bzw. in einem Worst-case-Szenario auch eine Bestrafung wegen Verstoßes gegen die Bestimmungen des LSD-BG erfolgen kann.

Die Risken, die in diesem Zusammenhang schlagend werden können, können anhand der folgenden Beispiele beschrieben werden:

Beispiel 1

Sachverhalt

Ein Unternehmen beschäftigt eine Person auf Basis eines „Werkvertrags" mit wöchentlich anfallenden Reinigungsarbeiten. Dafür wird ein monatlicher „Werklohn" von € 1.200,00 vereinbart. Der kollektivvertragliche Mindestlohn würde € 1.250,00 monatlich betragen. Es wird keine Personalverrechnung geführt. Der „Werkvertrags-Auftragnehmer" meldet sich aber auch nicht bei der Sozialversicherungsanstalt der gewerblichen Wirtschaft. Auch eine Einkommensteuererklärung wird nicht vorgenommen. Nach eineinhalb Jahren wird der „Werkvertrag" gelöst. Der ehemalige „Werkvertrags-Auftragnehmer" klagt beim Arbeits- und Sozialgericht auf Sonderzahlungen, Überstunden und Urlaubsersatzleistung. Das Arbeits- und Sozialgericht stellt ein Arbeitsverhältnis fest und spricht in dem ergehenden Urteil die geltend gemachten Ansprüche zu. Der Umstand der gerichtlichen Umqualifizierung ist auch Thema bei der einige Monate später im Unternehmen stattfindenden GPLA.

Lösung

Das Unternehmen ist mit dem Risiko konfrontiert, dass es im Rahmen der GPLA zur Vorschreibung unterschiedlicher lohnabhängiger Abgaben kommt.[503] Seitens des Finanzamts wird – in Ermangelung einer erfolgten Einkommensteuererklärung des vermeintlichen Werkvertrag-Auftragnehmers – im Haftungsweg Lohnsteuer vorgeschrieben werden. Weiters wird der Dienstgeberbeitrag zum Familienlastenausgleichsfonds (DB) i.h.v. 4,1 % sowie der Zuschlag zum Dienstgeberbeitrag (DZ), rd. 0,40 % sowie seitens der zuständigen Gemeinde Kommunalsteuer i.H.v. 3 % vorgeschrieben werden. Wegen der nicht erfolgten Meldungen besteht das Risiko der Annahme einer Nettolohnfiktion (vgl. § 62a EStG). Seitens der Gebietskrankenkasse werden voraussichtlich Dienstgeber- und Dienstnehmeranteile zur Sozialversicherung vorgeschrieben werden. Aufgrund des Anspruchslohnprinzips i.S.d. § 49 Abs. 1 ASVG werden die Sozialversicherungsbeiträge nicht auf Basis des ursprünglich gewährten Entgelts, sondern auf Basis des arbeitsrechtlich gebührenden Entgelts vorgeschrieben. Parameter dabei wird der Mindestlohn laut Kollektivvertrag sein. Es besteht zudem das Risiko der Verhängung von Verwaltungsstrafen nach dem Lohn- und Sozialdumping-Bekämpfungsgesetz (LSD-BG), da eine unterkollektivvertragliche Entlohnung vorliegt. Auch Beiträge zur Abfertigung „Neu" in der Höhe von 1,53 % werden fällig.

Welche Möglichkeiten bestehen nun für den Dienstgeber, sich ob dieser GPLA-Nachforderungen gegenüber dem seinerzeitigen Werkvertrags-Auftragnehmer nachträglich schadlos zu halten?

Keine Regressmöglichkeiten bestehen hinsichtlich der Lohnnebenkosten DB zum FLAF, Zuschlag zum DB (DZ), KommSt sowie BV-Beiträgen, da diese vom Dienstgeber selbst zu tragen sind.[504]

Betreffend die Lohnsteuer ist der Arbeitgeber berechtigt, gegenüber dem Arbeitnehmer den zivilrechtlichen Regressweg zu beschreiten. Dies resultiert aus dem Umstand, dass der Dienstnehmer Schuldner der Lohnsteuer ist und der Arbeitgeber lediglich für die nicht korrekte Abfuhr der Lohnsteuer haftet. Da der Arbeitgeber im Rahmen der GPLA im Haftungsweg von der Republik Österreich in Anspruch genommen wurde, tritt er im Sinne einer Legalzession in die Rechtsposition des ursprünglichen Gläubigers, der Republik Österreich, ein und kann sich gemäß § 1358 ABGB gegen den Dienstnehmer regressieren.[505] Der Regress ist zivilrechtlich auch dann möglich, wenn der Arbeitgeber die Lohnsteuer irrtümlich unrichtig oder auf Grund einer falschen Rechtsauffassung unrichtig berechnet hat.[506] In der Praxis ist auf die in diesem Zusammenhang relevanten Einbringungsrisiken hinzuweisen.[507]

---

503   Anzumerken ist, dass gemäß § 81 ASGG je eine Ausfertigung der Entscheidung, mit der eine Sozialrechtssache für die erste Instanz vollständig erledigt wird, auch dem Bundesministerium für soziale Verwaltung und dem Hauptverband der österreichischen Sozialversicherungsträger unmittelbar zu übersenden ist.

504   Vgl. *Ortner/Ortner*, Personalverrechnung in der Praxis[23], 2012, 1307.

505   Vgl. OGH 17.6.1987, 14 ObA 80/87.

506   Vgl. OGH 20.2.1973, 4 Ob 12/73.

507   Faktische Einbringungsrisiken können sich insbesondere dadurch ergeben, dass der vermeintliche Werkvertrags-Auftragnehmer mittlerweile das Unternehmen verlassen hat, ins Ausland gezogen ist,

Betreffend die Sozialversicherung gilt, dass der Dienstgeber nicht nur Schuldner der Dienstgeber-Beiträge, sondern auch Schuldner der Dienstnehmer-Beiträge ist. Der Dienstgeber ist gemäß 58 Abs. 2 ASVG als Schuldner der Dienstnehmer-Beiträge berechtigt, diese – bei sonstigem Verlust dieses Rechts – spätestens bei der auf die Fälligkeit des Beitrags nächstfolgenden Entgeltzahlung abzuziehen. Das Recht zum Abzug der Dienstnehmer-Sozialversicherungsbeiträge von dessen Entgelt ist daher bereits in der Personalverrechnung auszuüben. Zum Zeitpunkt der GPLA-Feststellung ist es hingegen schon verloren.[508] Dies hat auch der OGH entsprechend klargestellt.[509] Lediglich dann, wenn den Dienstgeber am Nichtein-behalt der SV-Beiträge kein Verschulden trifft, kann der Dienstgeber die gegen-über der Behörde nachzuzahlenden Dienstnehmer-SV-Beiträge auch für weiter zurückliegende Zeiträume gegenüber dem Dienstnehmer einbehalten, wobei bei einer Entgeltzahlung nicht mehr Beiträge abgezogen werden dürfen, als auf zwei Lohnzahlungszeiträume entfallen.[510] Leichte Fahrlässigkeit würde hingegen bereits als Verschulden des Dienstgebers ausgelegt werden. Leichte Fahrlässigkeit wird von herrschender Lehre und Judikatur aber bereits in der durch den Dienstgeber vorgenommenen fehlerhaften Interpretation eines Gesetzes oder eines Kollektiv-vertrags erblickt.[511] Der Dienstgeber hat als Folge der GPLA-Feststellung daher in aller Regel sowohl Dienstgeber- als auch Dienstnehmer-Sozialversicherungsbeiträge zu bezahlen. Ein im Lohnsteuerbereich rechtlich zulässiger, wenngleich faktisch oft schwieriger Regress des Dienstgebers gegen den Dienstnehmer ist im Bereich der Sozialversicherung daher bereits rechtlich in aller Regel nicht möglich. An dieser Stelle sei jedoch auf die seit 1.7.2017 in Kraft getretenen Regelungen des Sozialversicherungs-Zuordnungsgesetzes hingewiesen.

Anders verhält es sich aber hinsichtlich der aufgrund des Gerichtsentscheids nach-zuzahlenden Entgelte. Betreffend die nachzuzahlenden Entgelte, hier v.a. Sonder-zahlungen, Überstunden, Ersatzleistung für nicht konsumierten Urlaub i.S.d. § 10 UrlG, nachträglich geltend gemachte Entgeltfortzahlung im Krankenstand, darf der Dienstnehmer-Anteil zur Sozialversicherung im Zuge der Nachzahlung an den Dienstnehmer sehr wohl abgezogen werden.[512]

---

in Privatkonkurs gegangen ist oder dgl. Seitens der Rechtsprechung wird auch der Aspekt betont, dass der vom Dienstgeber im Regressweg in Anspruch genommene Dienstnehmer (hier: vormals Werkvertrags-Auftragnehmer) dem Dienstgeber im Zuge des Regresses all jene Einwände entgegen-halten könne, die er im Rahmen der Prüfung lohnabhängiger Abgaben einbringen hätte können, aber in Ermangelung einer diesbezüglichen Kontaktaufnahme bzw. eingeräumten Möglichkeit der Beteiligung an der Prüfungshandlung de facto nicht vorbringen konnte. Es wäre dem Dienstgeber bei einer drohenden Inanspruchnahme im Haftungsweg daher anzuraten, dem Dienstnehmer bereits im Rahmen der laufenden Prüfungshandlung die Möglichkeit zu geben, etwaige Vorbringen gegen-über der prüfenden Behörde geltend zu machen.

508   Vgl. § 60 ASVG.
509   Vgl. OGH 11.6.1997, 9 ObA 185/97i.
510   Vgl. *Ortner/Ortner*, Personalverrechnung in der Praxis[23], 2012, 1302.
511   Vgl. *Ortner/Ortner*, a.a.O.
512   Vgl. OGH 15.11.2001, 8 ObA 63/01z.

Beispiel 2

Vorbemerkung

Fraglich ist, ob bei der Umqualifizierung in einen echten Dienstvertrag der vormalige Auftragnehmer eines Werkvertrags bzw. eines freien Dienstvertrags überhaupt arbeitsrechtlich berechtigt ist, die obig angesprochenen Entgeltbestandteile (wie z.B. Überstundenvergütung, Urlaubsersatzleistung, Entgeltfortzahlung im Krankenstand) zu fordern oder ob es nicht vielmehr aus Sicht des Dienstgebers vertretbar ist, zu argumentieren, dass das dem Auftragnehmer bisher eingeräumte Honorar über dem Gehalt eines Dienstnehmers liegt und daher bei arbeitsrechtlicher Geltendmachung der Umqualifizierung in einen echten Dienstvertrag auch eine Herabsetzung des Bezuges gerechtfertigt erscheint und damit letztlich eine Gegenrechnung mit den seitens des nunmehrigen Dienstnehmers geltend gemachten Ansprüchen argumentierbar ist. Dies soll anhand des folgenden Beispiels gezeigt werden.

Sachverhalt

Die Muster GmbH hat am 1.1.2002 mit Herrn Müller einen freien Dienstvertrag geschlossen. Beide Vertragsparteien gingen zum damaligen Zeitpunkt davon aus, dass eine diesbezügliche Vertragswahl korrekt ist. Herr Müller wurde in weiterer Folge auch gemäß § 4 Abs. 4 ASVG bei der Gebietskrankenkasse angemeldet. Das Honorar Herrn Müllers wurde mit € 3.000,00 monatlich (12 × p.a.) festgelegt und lag damit deutlich über dem Entgelt, das ein echter Dienstnehmer für diese Position erhalten hätte; das dem echten Dienstnehmer gebührende Entgelt hätte laut anwendbarem Kollektivvertrag nur € 2.500,00 monatlich betragen. Zum 31.12.2012 kündigt Herr Müller das Vertragsverhältnis und macht in weiterer Folge geltend, dass er eigentlich echter Dienstnehmer gewesen sei. Aus diesem Grund begehrt er für die Vergangenheit u.a. ihm bis dato nicht gewährte kollektivvertragliche Sonderzahlungen in der Höhe von insg. € 3.000,00. Bei Gericht wird dem Standpunkt Herrn Müllers, er sei eigentlich echter Dienstnehmer gewesen, dem Grunde nach Folge gegeben. Die Muster GmbH stellt sich jedoch auf den Standpunkt, dass eine Vergütung für kollektivvertragliche Sonderzahlungen nicht gebührt, da dem damaligen freien Dienstnehmer Herrn Müller ein Honorar gewährt wurde, das deutlich über dem Entgelt des vergleichbaren fiktiven Dienstnehmers gelegen sei, und somit aufgrund der deshalb durchzuführenden Aufrechnung keine Nachzahlung notwendig wäre.

Lösung

ME ist der Standpunkt der Muster GmbH korrekt. Zunächst ist festzuhalten, dass sich der vermeintliche freie Dienstnehmer arbeitsrechtlich grundsätzlich auch nachträglich auf seine Arbeitnehmereigenschaft berufen und verlangen kann, dementsprechend behandelt zu werden.

Anzumerken ist jedoch, dass im Fall eines treuwidrigen Verhaltens bereits dieses Begehr des Arbeitnehmers zu verneinen sein wird.[513] Abgesehen von diesem treuwidrigen Verhalten wird das Begehr des nachträglichen Geltendmachens der Dienstnehmereigenschaft

---

513 So treffend *Schauer*, RdW 1997, 733; demnach wird von einem treuwidrigen Verhalten des vormaligen freien Dienstnehmers dann auszugehen sein, wenn der Empfänger seiner Leistung, d.i. der Dienstgeber, grundsätzlich bereit war, einen echten Dienstvertrag abzuschließen und der Leistende, d.i. der freie Dienstnehmer, dennoch auf die Behandlung als z.B. freier Dienstvertrag bestanden hat. Für die Praxis sei angemerkt, dass aus Sicht des Dienstgebers dieses allfällige Begehren des freien Dienstnehmers zwecks Beweisbarkeit entsprechend dokumentiert werden sollte (beispielsweise in einer Präambel zum freien Dienstvertrag oder dgl.). Anderer Ansicht zu gegenständlicher Frage: *Resch*, RdW 1997, 735.

aber wohl zulässig sein. Aus meiner Sicht kann der vormalige freie Dienstnehmer bei Geltendmachung des Status eines echten Dienstnehmers aber nun nicht einerseits bisher nicht gewährte Ansprüche, wie z.b. kollektivvertragliche Sonderzahlungen geltend machen, andererseits aber vertreten, dass das ihm gewährte Honorar, das verglichen mit dem Entgelt eines Dienstnehmers höher vereinbart ist, unverändert bleibt. Es ist vielmehr in den Vordergrund zu rücken, dass das Honorar des freien Dienstnehmers ursprünglich ja unter Berücksichtigung des Umstands der Nichtgeltung des Arbeitsrechts bewusst höher angesetzt wurde. Durch die nachträgliche Geltendmachung des Status eines echten Dienstnehmers kommt es aber nun für den Arbeitgeber zu Mehrkosten, die von beiden Vertragsparteien bei Festsetzung des seinerzeitigen Entgelts im freien Dienstvertrag nicht kalkuliert wurden. Eine nachträgliche Berücksichtigung der geltend gemachten arbeitsrechtlichen Ansprüche ohne Gegenrechnung des höher vereinbarten Honorars des freien Dienstnehmers wäre daher eine Äquivalenzstörung, die nicht gerechtfertigt erscheint.[514] Das Ergebnis muss daher lauten: Die Geltendmachung der kollektivvertraglichen Sonderzahlungen darf zu keinen nachträglichen finanziellen Belastungen des Arbeitgebers führen, da der Arbeitgeber diesen Ansprüchen eine nachträgliche Entgeltanpassung auf das Entgelt, das ein echter Dienstnehmer erhalten hätte, entgegenhalten kann. Auch der OGH ist in der Vergangenheit dieser Ansicht bereits gefolgt.[515] Leider ist die Rechtsprechung in diesem Punkt jedoch teilweise uneinheitlich.[516]

Wiederum eine andere Frage ist, ob das obige Argument der Gegenrechnung auch auf die nachträgliche Geltendmachung von Ersatzleistung für nicht konsumierten Urlaub und Entgeltfortzahlung im Krankenstand angewendet werden kann, was mE zu bejahen ist. Das von der Arbeitnehmerseite in diesem Zusammenhang in der Regel vertretene Argument, dass das Entgeltausfallsprinzip i.S.d. UrlG bzw. des AngG/EFZG ob des zwingenden Charakters nicht (nachträglich) durch Entgelt abgegolten werden kann, geht bei genauer Betrachtung eigentlich ins Leere, beruft sich der vormalige freie Dienstnehmer zum Zeitpunkt der Geltendmachung des echten Dienstvertrags ja gar nicht auf den Urlaub und Entgeltfortzahlung im Krankenstand selbst, sondern lediglich die nachträgliche diesbezügliche finanzielle Vergütung. Zum Zeitpunkt der Aufrechnung (hier: nach Ende des Vertragsverhältnisses) geht es daher gar nicht mehr um den Erholungswert des Urlaubs bzw. den Schutz der Entgeltfortzahlung im Krankenstand, sondern lediglich um die diesbezügliche nachträgliche finanzielle Vergütung. Warum hier eine Aufrechnung mit dem dem freien Dienstnehmer bisher höher gewährten Entgelt nicht zulässig sein soll, ist unverständlich, zumal das Entgelt des freien Dienstnehmers ja deshalb höher vereinbart wurde, da ihm der arbeitsrechtliche Status des echten Dienstnehmers bis dato nicht zukam.[517] Hinzu-

---

514 Vgl. in diesem Zusammenhang im Detail *Kietaibl*, Arbeitsvertragliche Rückabwicklung bei aufgedeckter Scheinselbständigkeit, Juristische Blätter 2006, 207.

515 Vgl. OGH 4 Ob 104/80, RdA 1982, 199; 4 Ob 51/81, ZAS 1983, 134; 4 Ob 8, 9/81, RdA 1985, 395; 8 ObA 20/04f, wbl 2005, 478.

516 Vgl. OGH 9 ObA 185/97i, RdA 1998/20 mit kritischer Anmerkung von *Gerlach*.

517 So auch *Kietaibl*, a.a.O.; dieser allerdings einschränkend, da er die Aufrechnung davon abhängig macht, dass das dem Dienstnehmer aufgrund des freien Dienstvertrags zustehende Mehrentgeltspezifisch für den vereinbarten Verlust der Ansprüche auf Entgeltfortzahlung vereinbart sein muss und zu Recht darauf hinweist, dass exakt dieser Vertragsinhalt in der Praxis nur selten bewiesen werden kann.

weisen ist darauf, dass jedoch selbst der Gesetzgeber eine finanzielle Abgeltung des Urlaubs bereits bei Entgeltfestsetzung für zulässig hält und dies konkret im Dienstleistungsscheckgesetz (DLSG) bewusst vorgesehen hat.[518] Allerdings vertritt der OGH betreffend der Abgeltung des Entgeltausfallsprinzips mit überkollektivvertraglichen Löhnen in ähnlich gelagerten Fällen eine sehr restriktive Linie.[519]

Beispiel 3

Vorbemerkung

Ein anders gelagertes Problem könnte sich im Rahmen des Umsatzsteuerrechts stellen. Dies soll anhand des folgenden Beispiels erläutert werden:

Sachverhalt

Die X-GmbH kooperiert mit einem freien Dienstnehmer i.S.d. § 4 Abs. 4 ASVG. Dieser legt im Kalenderjahr 2007 Honorarnoten in der Höhe von € 40.000,00 mit Umsatzsteuer (20 %, d.s. € 8.000,00 Umsatzsteuer), da er sich zu Recht als Unternehmer i.S.d. § 2 Abs. 1 UStG betrachtet. Im Zuge einer GPLA kommt es zu einer Umqualifizierung des freien Dienstverhältnisses in ein echtes Dienstverhältnis i.S.d. § 4 Abs. 2 ASVG. Der GPLA-Prüfer bemisst die nachzuverrechnenden SV-Beiträge nicht auf Basis des Entgelts von € 40.000,00, sondern vertritt die Ansicht, dass das Entgelt – wegen Wegfall der Unternehmereigenschaft des vormaligen freien Dienstnehmers – tatsächlich € 48.000,00 betrage. Ist diese Vorgangsweise korrekt?

Lösung

Diese Vorgangsweise ist grundsätzlich bzw. auf den ersten Blick in sich schlüssig, ihr kann aber und sollte unbedingt jedoch wie folgt begegnet werden: Nach der Konstruktion des UStG schuldet jeder Unternehmer, der in einer Rechnung Umsatzsteuer gesondert ausweist, die er nach dem UStG nicht schuldet, diesen Betrag gemäß § 11 Abs. 12 UStG auf Grund der Rechnungslegung. Dies gilt jedoch dann nicht, wenn er die Rechnung dem Abnehmer (in gegenständlichem Fall dem Dienstgeber X-GmbH) gegenüber entsprechend berichtigt. Die Berichtigung erfolgt dergestalt, dass die Rechnungen neu und ohne Ausweis der Umsatzsteuer gelegt werden. Der (vorsteuerabzugsberechtigte) Dienstgeber X-GmbH hat seines Zeichens den Vorsteuerabzug entsprechend zu berichtigen. Als nun entscheidenden Schritt hat der vormalige freie, nunmehr echte Dienstnehmer auf Basis der berichtigten Rechnungen die an die X-GmbH rückzuüberweisen. Wird dieses Prozedere durchgeführt und damit der eigentliche Charakter der Umsatzsteuer – nämlich der eines „Durchlaufpostens" – in den Vordergrund gerückt, ist deutlich, dass die Umsatzsteuer nicht Entgeltbestandteil ist und damit auch – entgegen der in gegenständlichem Beispiel vertretenen Ansicht des GPLA-Prüfers – nicht Bestandteil der Berechnungsgrundlage für die nachzuentrichtenden Sozialversicherungsbeiträge. Richtigerweise bleibt die Beitragsgrundlage daher – egal ob es sich um einen echten Dienstvertrag i.S.d. § 4 Abs. 2 ASVG oder um einen freien Dienstvertrag i.S.d. § 4 Abs. 4 ASVG handelt – das Entgelt i.S.d. § 49 Abs. 1 EStG in der Höhe von hier € 40.000,00.[520]

---

518 Vgl. § 1 Abs. 4 DLSG; vgl. die Ausführungen in den Erläuternden Bemerkungen zur Regierungsvorlage, vgl. *Freudhofmeier/Steiger*, a.a.O.

519 Vgl. *Reissner*, Zeller Kommentar zum Arbeitsrecht[2], UrlG, § 6, Rz 6.

520 Vgl. *Sedlacek/Höfle*, Sozialversicherung – Gehört die Umsatzsteuer zur Beitragsgrundlage?, RdW 6/2000, 360; *Gerlach*, DRdA 3/1998, 198 ff. Vgl. auch VwGH 28.3.2012, 2011/08/0383.

6.3. Lohnsteuerauskunft

Aus den obigen Ausführungen und insbesondere veranschaulicht durch die massiven finanziellen Folgen, die die „falsche Wahl der Vertragsform" und die dadurch im Endeffekt bewirkte Umqualifizierung für den Dienstgeber nach sich ziehen kann, ist es naturgemäß im Interesse der Beteiligten, insbesondere des Dienstgebers, die korrekte Vorgangsweise bereits im Vorfeld abzuklären. Die Lohnsteuerauskunft gemäß § 90 EStG kann hierbei eine wichtige Unterstützung bieten.

Zur Riskenvermeidung ist es aus lohnsteuerrechtlicher Sicht möglich, gemäß § 90 EStG ein Ansuchen an das zuständige Finanzamt zu richten, im Rahmen einer Lohnsteuerauskunft die rechtliche Beurteilung eines bestimmten Sachverhalts vorzunehmen. Das Finanzamt der Betriebsstätte hat in diesem Zusammenhang auf konkrete Anfrage eines Beteiligten tunlichst innerhalb von 14 Tagen darüber Auskunft zu geben, ob und inwieweit im einzelnen Fall die Vorschriften über die Lohnsteuer anzuwenden sind. Eine derartige Anfrage kann sowohl vom Arbeitgeber als auch vom Arbeitnehmer gestellt werden. Gegenstand einer Lohnsteuerauskunft können unterschiedliche Fragen des Lohnsteuerrechts sein, z.B. auch die Frage, ob in einem bestimmten Sachverhalt ein lohnsteuerpflichtiges Dienstverhältnis oder aber eine andere Vertragsform, die nicht zum Lohnsteuerabzug führt, z.B. ein Werkvertrag, vorliegt.

Vorweg muss festgehalten werden, dass die §-90-EStG-Auskunft keinen Bescheidcharakter hat. Sie ist lediglich eine Wissenserklärung des Finanzamts. In Ermangelung der Qualität eines Bescheids bietet sie daher auch nur eingeschränkten Rechtsschutz. Allerdings ist nach herrschender Lehre und Judikatur des Verwaltungsgerichtshofs diesfalls der Grundsatz von Treu und Glauben anzuwenden. Der Grundsatz von Treu und Glauben besagt im Endeffekt, dass, wenn dem Abgabepflichtigen durch die Lohnsteuerauskunft eine bestimmte Rechtsansicht erteilt oder bestätigt wird, er sich darauf verlassen kann, dass im Zuge der GPLA durch die Abgabenbehörden lohnsteuerlich keine andere Meinung vertreten wird. Dieser Grundsatz von Treu und Glauben wird von der Judikatur des VwGH jedoch sehr eng ausgelegt. Konkret kann sich der Empfänger einer Lohnsteuerauskunft nur bei Vorliegen der folgenden vier Kriterien auf den Grundsatz von Treu und Glauben stützen.

- Auf eine konkrete Anfrage ergeht eine ausdrücklich als solche bezeichnete Auskunft. Der Aktenvermerk eines Lohnsteuerprüfers wäre daher nicht zureichend.[521]
- Die Auskunft wird durch die zuständige Behörde, d.i. das Betriebsstättenfinanzamt des Arbeitgebers, erteilt.

---

521 Vgl. VwGH 26.7.2000, 97/14/0040.

- Die erteilte Auskunft verstößt nicht offenkundig gegen gesetzliche Bestimmungen.[522]
- Der Empfänger der Auskunft hat sein steuerliches Verhalten auf der Grundlage der ihm erteilten Auskünfte eingerichtet. Dies impliziert insbesondere, dass der Finanzverwaltung vor Erteilung der Lohnsteuerauskunft der gesamte Sachverhalt richtig und lückenlos geschildert und danach naturgemäß auch unverändert beibehalten werden muss.

Sollten all diese Bedingungen erfüllt sein, bietet die Lohnsteuerauskunft gemäß § 90 EStG daher vor dem Hintergrund des Grundsatzes von Treu und Glauben eine dem Rechtsschutz des Bescheids nahekommende Rechtssicherheit.

6.4. §-43a-ASVG-Auskunft

Ähnlich der Lohnsteuerauskunft gemäß § 90 EStG hat der zuständige Krankenversicherungsträger (die zuständige Gebietskrankenkasse) gemäß § 43a ASVG auf Anfrage der Beteiligten schriftlich darüber Auskunft zu geben, ob und inwieweit im konkreten Fall die Vorschriften über das Melde-, Versicherungs- und Beitragswesen anzuwenden sind. Die Auskunft hat tunlichst innerhalb von 14 Tagen zu erfolgen. Entgegen der Aussage mancher Gebietskrankenkasse[523] hat die §-43a-ASVG-Auskunft schriftlich zu ergehen und besteht seitens des Rechtsanwenders gegenüber der Gebietskrankenkasse Anspruch auf schriftliche Ausfertigung.

Der wesentliche Unterschied zur Lohnsteuerauskunft besteht jedoch darin, dass eine Auskunft gem. § 43a ASVG die Behörde nicht nach dem Grundsatz von Treu und Glauben bindet.

6.5. §-194a-GSVG-Bescheid

Die Sozialversicherungsanstalt der gewerblichen Wirtschaft hat auf Antrag mit Bescheid gemäß § 194a GSVG festzustellen, ob eine Versicherungspflicht als Neuer Selbstständiger Erwerbstätiger besteht. Wenn daher bei Beginn der Kooperation mit einem Neuen Selbstständigen Erwerbstätigen unsicher erscheint, ob dieser tatsächlich die Kriterien des § 2 Abs. 1 Z 4 GSVG erfüllt, kann die Beantragung eines diesbezüglichen Bescheids sinnvoll werden.

Dabei darf seitens der Sozialversicherungsanstalt der gewerblichen Wirtschaft allerdings zunächst nicht selbst beurteilt werden, ob (anstelle eines Neuen Selbstständigen Erwerbstätigen i.S.d. § 2 Abs. 1 Z 4 GSVG) ein freier Dienstvertrag i.S.d. § 4 Abs. 4 ASVG gegeben ist. Diese Frage ist vielmehr zunächst der Gebietskrankenkasse zur Beantwortung vorzulegen.

---

522   Vgl. VwGH 5.10.1993, 93/14/0101.
523   Vgl. VwGH 25.4.2007, 2005/08/0082.

Die Gebietskrankenkasse hat sodann über diese Frage binnen eines Monats zu entscheiden. Entscheidet sie innerhalb dieses einen Monats nicht, dann kann die Sozialversicherungsanstalt der gewerblichen Wirtschaft selbst über diese Vorfrage entscheiden.

Ein Bescheid gemäß § 194a GSVG, in welchem die Eigenschaft als Neuer Selbstständiger Erwerbstätiger gemäß § 2 Abs. 1 Z 4 GSVG bestätigt wird, bietet den Beteiligten den Rückwirkungsschutz gemäß § 10 Abs. 1a und § 410 Abs. 1 Z 8 ASVG. Sollte die Gebietskrankenkasse im Zuge einer späteren GPLA feststellen, dass entgegen der ursprünglichen Annahme der Sozialversicherunganstalt der gewerblichen Wirtschaft und entgegen der bereits bestehenden Pflichtversicherung gemäß § 2 Abs. 1 Z 4 GSVG Pflichtversicherung gemäß § 4 Abs. 4 ASVG gegeben ist, beginnt diese ASVG-Pflichtversicherung erst mit dem Tag der Bescheiderlassung durch die Gebietskrankenkasse. Die Umqualifizierung von § 2 Abs. 1 Z 4 GSVG in § 4 Abs. 4 ASVG kann daher nur pro futuro vorgenommen werden. Es kommt daher zu keiner rückwirkenden Beitragsbelastung.

Bemerkenswert ist nun aber, dass dieser für die Praxis immanent bedeutsame Schutz vor einer rückwirkenden Umqualifizierung auch auf eine andere Weise erreicht werden kann. In einem Erlass des Bundesministeriums für Soziale Sicherheit und Generationen vom 27. 11. 1998 hat das zuständige Bundesministerium die Ansicht vertreten, dass die Anmeldung als Neuer Selbstständiger Erwerbstätiger gemäß § 2 Abs. 1 Z 4 GSVG und die Beitragsentrichtung im Falle der Meldung als „vermeintlicher" Neuer Selbstständiger Erwerbstätiger einer Bescheiderlassung gemäß § 194a GSVG gleichzuhalten ist.[524] Die Anmeldung des Auftragnehmers bei der Sozialversicherungsanstalt der gewerblichen Wirtschaft und die daran anschließende Beitragsentrichtung ist daher zur Erreichung dieses „Rückwirkungsschutzes" von großer Relevanz.[525] Leider hat der VwGH diese für die Praxis maßgebliche Schutzfunktion der GSVG-Anmeldung in der Vergangenheit zum Teil eingeschränkt.[526] In dem der Entscheidung zugrunde liegenden Sachverhalt hat sich eine Warenpräsentatorin bei der Sozialversicherungsanstalt der gewerblichen Wirtschaft als Neue Selbständige Erwerbstätige nach Maßgabe des § 2 Abs. 1 Z 4 GSVG angemeldet. Die SVA leitete ihrerseits diese Anmeldung mit dem Ersuchen um Feststellung, ob im vorliegenden Fall nicht Pflichtversicherung nach § 4 Abs. 4 ASVG oder gar § 4 Abs. 2 ASVG gegeben sei, an die zuständige Gebietskrankenkasse weiter. Nach einer mehrjährigen Verfahrensdauer entschied zunächst die Gebietskrankenkasse, dass ein freies Dienstverhältnis i.S.d. § 4 Abs. 4 ASVG gegeben sei –

---

524 Vgl. BMSG 27.11.1998, 23.002/99-2/98.
525 Der Rückwirkungsschutz besteht nach der Verwaltungspraxis auch dann, wenn zwar die Anmeldung des Versicherten gemäß § 2 Abs. 1 Z 4 GSVG erfolgt ist, dieser aber in der Kranken- und/oder Pensionsversicherung aufgrund eines Antrags auf Differenzvorschreibung de facto gar keine GSVG-Beiträge entrichtet (abgesehen von dem auch im Falle einer Mehrfachversicherungskonstellation nicht vermeidbaren Beitrag zur Unfallversicherung von € 9,33 p.m. im Kalenderjahr 2017).
526 Vgl. in diesem Zusammenhang auch *Kurzböck*, Personalverrechnung für die Praxis 9/2007, 250.

und dies rückwirkend ab Aufnahme der Tätigkeit. Der VwGH bestätigte diese Ansicht und verwies darauf, dass der Rückwirkungsschutz bzw. das Gebot, nur „pro futuro" umzuqualifizieren, nach dem Gesetzeswortlaut einen Bescheid nach § 194a GSVG voraussetze. Die bloße Anmeldung und Beitragsabfuhr bei der Sozialversicherung der gewerblichen Wirtschaft sei deshalb zu wenig. Dennoch: Nach den Erfahrungen der Praxis wird diesem VwGH-Erkenntnis in der Regel nicht gefolgt. Es ist davon auszugehen, dass der durch den Erlass des Bundesministeriums für Soziale Sicherheit und Generationen vom 27.11.1998 vorgesehene Rückwirkungsschutz auch weiterhin Gültigkeit besitzen wird.

Letztlich kommt es daher in diesen beiden Fällen (Bescheiderlassung gemäß § 194a GSVG oder aber faktische Anmeldung bei der SVA und Beitragsentrichtung) im Falle einer nachträglichen Umqualifizierung von § 2 Abs. 1 Z 4 GSVG in § 4 Abs. 4 ASVG zu keiner rückwirkenden Beitragsbelastung.

Sollte von der Gebietskrankenkasse jedoch im Rahmen einer nachträglichen GPLA festgestellt werden, dass bei der konkreten Kooperationsform nicht einmal die Kriterien eines freien Dienstvertrags, sondern tatsächlich sogar die Kriterien eines echten Dienstverhältnisses gemäß § 4 Abs. 2 ASVG vorliegen, hilft gegen das dann schlagend werdende Risiko der rückwirkenden Beitragsvorschreibung jedoch weder eine Bescheiderlassung gemäß § 194a GSVG noch eine erfolgte Versicherung als Neuer Selbstständiger Erwerbstätiger gemäß § 2 Abs. 1 Z 4 GSVG. Auch das Vorliegen eines Gewerbescheins des Beschäftigten wäre in diesem Zusammenhang wertlos.[527]

An dieser Stelle sei auf das bereits an anderer Stelle geschilderte Verfahren zur Feststellung der Versicherungspflicht im Vorfeld der Tätigkeitsaufnahme gem. den Bestimmungen des Sozialversicherungs-Zuordnungsgesetzes, welches mit 1.7.2017 in Kraft getreten ist, hinzuweisen.

6.6. Absicherung gegenüber dem Auftragnehmer

Grundsätzlich trifft den freien Dienstnehmer im Rahmen eines freien Dienstvertrags gegenüber dem Dienstgeber eine Auskunftspflicht. Er ist verpflichtet, dem Dienstgeber Auskunft über das Bestehen einer die Pflichtversicherung als freier Dienstnehmer i.S.d. § 4 Abs. 4 ASVG ausschließenden anderen Pflichtversicherung aufgrund ein und derselben Tätigkeit zu erteilen.

Dies betrifft vor allem die Auskunftsverpflichtung hinsichtlich des allfälligen Bestehens oder aber Wegfalls einer facheinschlägigen Gewerbeberechtigung, die gemäß § 2 Abs. 1 Z 1 GSVG zur Pflichtversicherung führt. Verstößt der freie Dienstnehmer gegen diese Auskunftsverpflichtung, schuldet der Dienstgeber im Rahmen der

---

527   Neben dem Grundsatz: „*Gewerbeschein schützt vor Dienstverhältnis nicht*" gilt also weiters: „*Eine Anmeldung als Neuer Selbstständiger Erwerbstätiger schützt vor Dienstverhältnis nicht.*"

GPLA lediglich die auf ihn entfallenden Dienstgeber-SV-Beitragsteile (vgl. § 58 Abs. 3 ASVG).

Allerdings ist der Gebietskrankenkasse durch den Dienstgeber die Verletzung der den Dienstgeber treffenden Auskunftsverpflichtung nachzuweisen. Um diesen Nachweis zu ermöglichen, empfiehlt es sich für den Auftraggeber eines freien Dienstnehmers zumindest vertraglich festzuhalten, dass der freie Dienstnehmer im Falle des Wegfalls der Gewerbeberechtigung zur Information gegenüber dem Dienstgeber verpflichtet ist. Zu empfehlen ist weiters, diese vertraglich festgelegte Verpflichtung auch faktisch einer (wiederkehrenden) Überprüfung zu unterziehen.[528]

Beispiel

Sachverhalt

Herr Muller ist freier Dienstnehmer bei der M-GmbH. Er wird gemäß § 4 Abs. 4 ASVG bei der Gebietskrankenkasse angemeldet. Ab Jänner 2016 hat Herr Müller die Gewerbeberechtigung „Unternehmensberater" bei dem zuständigen Fachverband der Wirtschaftskammer erlangt. Ab diesem Zeitpunkt führt die M-GmbH keine Beiträge an die Gebietskrankenkasse mehr ab, da davon ausgegangen wird, dass Pflichtversicherung i.S.d. § 2 Abs. 1 Z 1 GSVG besteht. Es wird vereinbart, dass Herr Müller Ende Juni eines jeden Jahres den Gewerbeschein vorlegt, um den Status quo (insb. den Entfall der Pflichtversicherung i.S.d. § 4 Abs. 4 ASVG) darzutun. Am 1.9.2016 legt Herr Müller den Gewerbeschein zurück, ohne dies – entgegen der Vereinbarung – der M-GmbH zu melden. Bei der GPLA, die im darauf folgenden Jahr stattfindet, wird seitens der Gebietskrankenkasse ab 1.9.2016 ein freies Dienstverhältnis i.S.d. § 4 Abs. 4 ASVG angenommen.

Lösung

Im Rahmen der GPLA kann ab 1.9.2016 zwar Pflichtversicherung i.S.d. § 4 Abs. 4 ASVG angenommen werden. Der Dienstgeber M-GmbH schuldet i.d.Z. jedoch nur die Dienstgeber-SV-Beiträge i.H.v. 20,98 %. Da der freie Dienstnehmer Herr Müller den Umstand des Wegfalls der Gewerbeberechtigung vereinbarungswidrig nicht gemeldet hat, schuldet Herr Müller die Dienstnehmer-SV-Beiträge i.H.v. 17,62 % selbst. Der Dienstgeber darf im Rahmen der GPLA seitens der prüfenden Behörde damit jedoch gemäß § 58 Abs. 3 ASVG nicht belastet werden.

Keine Option zur Absicherung des Unternehmens gegenüber dem freien Dienstnehmer stellt hingegen die Vereinbarung dar, dass der freie Dienstnehmer die Dienstgeberbeiträge zur Sozialversicherung zu tragen hat. Eine Vereinbarung dieser Art widerspricht klar der zwingenden gesetzlichen Norm des § 539 ASVG. Demnach ist es unwirksam, durch vertragliche Vereinbarung von den im ASVG vorgegebenen Verpflichtungen des Dienstgebers zur Tragung von Beitragsanteilen abzugehen. Dies entspricht auch der Rechtsprechung des OGH.[529] Vor dem Hintergrund dieser Rechtsprechung müssen daher wohl auch Vereinbarungen, die für den Fall der Umqualifizierung z.B. eines Werkvertrags in einen freien Dienstvertrag vorsehen, dass diesfalls der freie Dienstnehmer die SV-Anteile des Dienstgebers zu tragen hat, als kritisch aufgefasst werden.

---

528 Beispielsweise, indem sich der Auftraggeber vom freien Dienstnehmer wiederkehrend, z.B. quartalsweise oder halbjährlich das Bestehen der aufrechten und aktiven Gewerbeberechtigung nachweisen lässt.

529 Vgl. OGH 31.1.2007, 8 ObA 112/06p.

6.7. Wirtschaftliche Betrachtungsweise

Abschließend ist festzuhalten, dass für die Frage der Abgrenzung echter Dienstvertrag – freier Dienstvertrag – Werkvertrag immer die wirtschaftliche Betrachtungsweise von Relevanz ist. Gemäß § 539a Abs. 1 ASVG und § 21 Abs. 1 BAO haben Abgabenbehörden bei der Beurteilung eines Sachverhalts immer von dem wahren wirtschaftlichen Gehalt und insbesondere nicht von der äußeren Erscheinungsform des Sachverhalts (insbesondere auch nicht von der Bezeichnung eines Vertrags als z.B. „Werkvertrag" oder „freier Dienstvertrag") auszugehen.

So hat z.B. der UFS Linz ausgeführt,[530] dass für die Beurteilung einer Kooperation als unselbstständiges Beschäftigungsverhältnis die de facto maßgeblichen und in der Realität vorhandenen Kriterien des (nicht bestehenden) Unternehmerwagnisses, der Weisungsgebundenheit, der Eingliederung in den geschäftlichen Organismus eines Betriebs, der Vertretungsbefugnis, der Gewährung von Sozialzahlungen, wie z.B. bezahlter Urlaub oder Entgeltfortzahlung im Krankheitsfall, entscheidend sind. Dabei wurde die Auffassung der erstinstanzlichen Abgabenbehörde geteilt und der Bescheid des Finanzamts, durch den dieses mit dem Hinweis auf Scheinselbstständigkeit die Zuteilung einer Steuernummer an eine von polnischen Staatsbürgern gegründete – in der Baubranche aktive – OEG verweigert hat, bestätigt.[531]

In einem ähnlich gelagerten Fall wurde von der Rechtsprechung vertreten, dass bei einer Tätigkeit wie dem Verspachteln von Gipskartonplatten von einem echten Dienstverhältnis auszugehen ist, wenn die Bezahlung nach absolvierter m^2-Anzahl erfolgt, der Auftragnehmer kein konkretes Werk schuldet und dem Auftragnehmer lediglich seine Arbeitskraft zur Verfügung stellt. Die in der Praxis gewählte Handhabe in Form eines Werkvertrags wurde daher mit dem Argument der Scheinselbständigkeit verworfen.[532] Auch die auf Basis eines Gewerbescheins tätigen polnischen Staatsangehörigen, die mit der Absolvierung von Montagetätigkeiten betraut waren und vom Auftraggeber zu einem Stundenlohn von € 10,00 im Ausmaß von 169 Monatsstunden beschäftigt wurden, waren laut Ansicht des UFS Graz als unselbständige Dienstnehmer anzusehen.[533]

Allerdings kann der vertraglichen Ausgestaltung im Rahmen einer GPLA zumindest Indizwirkung hinsichtlich der ursprünglichen Intention der Vertragsparteien zukommen, weshalb eine vertragliche Dokumentation des Parteienwillens aus Sicht der Praxis unbedingt zu empfehlen ist. Die Grenze findet die vertragliche Dokumentation freilich dann, wenn die vertragliche Regelung von den faktischen

---

530 Vgl. UFS Linz 6.10.2006, RV/0055-L/06.
531 Vgl. im Detail *Fischerlehner*, Dienstverhältnis oder Subunternehmer?, taxlex 2007, 19, der sich eingehend mit der obig genannten Entscheidung des UFS Linz auseinandersetzt.
532 Vgl. UFS Wien 7.5.2008, RV/3660-W/07. Vgl. VwGH 21.12.2011, 2010/08/0129.
533 Vgl. UFS Graz 13.5.2008, RV/0081-G/07.

Gegebenheiten massiv abweicht. Die Abgabenbehörden fassen damit die vertragliche Grundlage einer Kooperation letztlich als „Hülle" auf, die nur dann maßgeblich ist, wenn auch die tatsächlichen Verhältnisse des die Arbeit Leistenden dieser vertraglichen Stellung entsprechen.[534]

---

534 Vgl. E-MVB 04-01-01-001; in diesen Ausführungen der „Empfehlungen zur einheitlichen Vollzugspraxis der Versicherungsträger im Bereich des Melde-, Versicherungs- und Beitragswesens" wird klar zum Ausdruck gebracht, dass – wenn die tatsächlichen Verhältnisse, insbesondere die Abhängigkeitsverhältnisse, von der Vertragsgestaltung abweichen – in der Sozialversicherung den tatsächlichen Verhältnissen der Vorrang vor dem Vertragswerk zu geben ist.

7. Ausblick

Die vergangenen Jahre brachten eine erhebliche Veränderung der Rechtsposition des freien Dienstnehmers sowie des Werkvertrag-Auftragnehmers. Die Integration des freien Dienstnehmers in die Arbeitslosenversicherung, seine Einbeziehung in Arbeiterkammergesetz und Insolvenzausfallsgeldabsicherung sowie insbesondere auch die Umwandlung des Systems Abfertigung „Neu" von einem bloßen Dienstnehmergesetz zu einem globalen gesetzlichen Vorsorgesystem und die damit einhergehende Erfassung von – nebst freien Dienstnehmern – auch Auftragnehmern eines Werkvertrags[535] seien hier erwähnt. Auch kam es in jüngster Zeit zu einer Erweiterung arbeitsrechtlicher Vorschriften, welche auf das freie Dienstverhältnis Anwendung finden (bspw. Beschäftigungsverbote i.S.d. MSchG).

Zudem wurde mit dem seit dem 1.7.2017 geltenden Sozialversicherungs-Zuordnungsgesetz ein weiterer Baustein zur Erlangung der Rechtssicherheit bei der Abgrenzung zwischen den einzelnen Vertragstypen geschaffen. Leider wird dieses Gesetz – wie ich bei jüngsten Lohnabgabenprüfungen feststellen musste – von Seiten der Behörde teilweise sehr restriktiv ausgelegt und sind viele Details zum Zeitpunkt der Veröffentlichung dieses Buches noch nicht restlos geklärt.

Wenngleich diese gesetzlichen Veränderungen für die Auftraggeberseite eine Erhöhung der Lohnnebenkosten sowie Verschlechterung diverser arbeitsrechtlicher Rahmenbedingungen mit sich brachten und daher zum Teil auch nicht nur auf Zustimmung stießen, sind sie mE dennoch zu begrüßen. Insbesondere die Ausweitung des BMSVG auf freie Dienstnehmer und Werkvertragsauftragnehmer und die damit einhergehende Etablierung einer globalen zweiten Pensionssäule macht in Anbetracht der nachhaltigen negativen Entwicklung des staatlichen Pensionssystems (erste Säule) mit Sicherheit Sinn.

Kritisch sei noch angemerkt, dass die aus Sicht der Praxis nach wie vor hohe Lohnnebenkostenbelastung im Zuge der Reformen der vergangenen Jahre erneut nicht entsprechend berücksichtigt wurde. Nach wie vor wird mE der Faktor Arbeit in Österreich mit zu hohen Belastungen für den Dienstgeber belegt. Dies wird auch immer wieder durch diverse Rankings der Abgabenbelastung in den OECD-Ländern eindrucksvoll bestätigt, wonach Österreich stets im absoluten Spitzenfeld zu finden ist. Es kann nicht verleugnet werden, dass in diesem Zusammenhang

---

535 Diese sind im Falle einer Pflichtversicherung in der GSVG-Krankenversicherung obligatorisch in das BMSVG einbezogen.

zukünftig weiterer Handlungsbedarf des Gesetzgebers besteht. Vor diesem Hintergrund mag es daher nach wie vor verständlich sein, dass seitens einiger Dienstgeber versucht wird, die „vergleichsweise teuren" Dienstverhältnisse zumindest teilweise zu vermeiden und auf alternative Kooperationsformen, wie insbesondere den Werkvertrag, auszuweichen.

Selbst wenn diese Vorgehensweise vor dem Hintergrund der in diesem Buch dargelegten Überlegungen und rechtlichen Rahmenbedingungen sicher kritisch zu beurteilen ist und nicht zuletzt seitens der Abgabenbehörden im Rahmen von Lohnabgabenprüfungen zu korrigieren ist, bedeutet dies noch nicht, dass die in der Praxis zum Teil bei manchen Gebietskrankenkassen anzutreffende generell restriktive Prüfungshaltung gegenüber freien Dienstverträgen und Werkverträgen gerechtfertigt erscheint. Zu selten wird dabei mE auf Basis des Gesamtbilds des Sachverhalts i.S.d. § 539a Abs. 1 ASVG entschieden; zu oft werden Details, die bei einer Gesamtbetrachtung unbeachtlich erscheinen und für die tatsächlich gegebene persönliche Unabhängigkeit des freien Dienstnehmers bzw. Werkvertragauftragnehmers unschädlich sind, in den Vordergrund gerückt und als Entscheidungsgrundlage herangezogen.

Ich hoffe somit, mit gegenständlichem Buch dazu beigetragen zu haben, dass die Abgrenzung Dienstvertrag – freier Dienstvertrag – Werkvertrag hinkünftig bei arbeitsrechtlichen Auseinandersetzungen und v.a. auch bei Prüfungen lohnabhängiger Abgaben auf einer fundierten rechtlichen Grundlage und unter Abwägung aller in diesem Buch geschilderten Argumente geschehen kann.

8. Muster

8.1. Angestellten-Dienstvertrag

Angestellten-Dienstvertrag

abgeschlossen zwischen

....

(im Folgenden Dienstgeber genannt)

und

Herrn/Frau

(Adresse)

(im Folgenden Dienstnehmer genannt) lautend wie folgt:

1. Anstellung

Der Dienstnehmer tritt mit .... in die Dienste des Dienstgebers ein.

2. Dienstverwendung

Der Dienstnehmer wird vornehmlich zur Verrichtung folgender Arbeiten aufgenommen:

Es gilt als vereinbart, dass es dem Dienstgeber vorbehalten ist, dem Dienstnehmer auch andere Angestelltentätigkeiten, die seiner Qualifikation entsprechen, vorübergehend oder dauernd zuzuweisen.

3. Vertragsdauer

Im Sinne des § 19 Abs. 2 AngG wird eine Probezeit für die Dauer eines Monats vereinbart, während welcher das Dienstverhältnis jederzeit ohne Angabe eines Grundes gelöst werden kann. Wird das Dienstverhältnis über die Probezeit hinaus fortgesetzt, geht es in ein unbefristetes Dienstverhältnis über.

4. Dienstort

Der Dienstort ist ....

Es gilt als vereinbart, dass der Dienstnehmer im Auftrag des Dienstgebers Dienstreisen durchführen wird.

5. Einstufung und Entgelt

Der Dienstnehmer wird in die Verwendungsgruppe .... im .... Verwendungsgruppenjahr des Kollektivvertrags für .... eingestuft.

Der Dienstnehmer erklärt ausdrücklich, dass er richtig eingestuft ist.

Der Dienstnehmer erhält ein monatliches Bruttogehalt von € .... Das monatliche Bruttogehalt gelangt 14x jährlich zur Auszahlung. Es gebührt jeweils am Monatsletzten sowie das 13. Monatsgehalt am 30. Juni bzw. das 14. Monatsgehalt am 30. November eines jeden Jahres.

6. Arbeitszeit

Die wöchentliche Normalarbeitszeit beträgt – ausschließlich der Pausen – .... Stunden ....

7. Mehr- und Überstunden

Die Leistung von Mehr- und Überstunden ist nur nach ausdrücklicher Anordnung des zuständigen Vorgesetzten im Beschäftigungsbetrieb gestattet. Derart angeordnete Überstunden sind zu leisten und dem Arbeitgeber spätestens bis zum Monatsende zu melden.

8. Urlaub

Dem Dienstnehmer gebührt ein Urlaubsanspruch gemäß den Bestimmungen des Urlaubsgesetzes. Die Konsumation des Urlaubs ist mit dem Dienstgeber zu vereinbaren.

9. Dienstverhinderung

Jegliche Dienstverhinderung ist dem Dienstgeber unverzüglich mitzuteilen. Bei krankheitsbedingten Dienstverhinderungen, die über 3 Tage dauern, hat der Dienstnehmer dem Dienstgeber ohne weitere Aufforderung eine ärztliche Bestätigung über Ursache und Dauer der Dienstverhinderung vorzulegen. Dem Dienstgeber steht es jedoch frei, eine Bestätigung in diesem Sinne auch bei kürzeren Erkrankungen zu verlangen.

Kommt der Dienstnehmer seinen Meldungs- und Nachweispflichten nicht nach, so verliert er für die Dauer der Säumnis den Anspruch auf Entgelt.

10. Arbeits- und Verschwiegenheitspflicht

Der Dienstnehmer verpflichtet sich zur Verschwiegenheit über die betrieblichen und geschäftlichen Angelegenheiten des Arbeitgebers für die Dauer des Dienstverhältnisses und auch darüber hinaus. Die Weitergabe von vertraglichen Mitteilungen bzw. Informationen kann einen Entlassungsgrund darstellen und zur Schadenersatzleistung verpflichten.

Der Dienstnehmer verpflichtet sich außerdem, die ihm übertragenen Arbeiten gewissenhaft zu erfüllen, die Interessen des Dienstgebers jederzeit zu wahren und bei Beendigung des Dienstverhältnisses das ihm übergebene Dienstgebereigentum unaufgefordert zurückzustellen.

11. Nebenbeschäftigung

Der Dienstnehmer verpflichtet sich, seine volle Arbeitskraft in den Dienst des Dienstgebers zu stellen. Nebenbeschäftigungen jeder Art bedürfen daher der vorherigen schriftlichen Zustimmung des Dienstgebers.

12. Kündigung

Das Dienstverhältnis kann vom Dienstgeber unter Einhaltung der gesetzlichen Kündigungsfrist zum 15. oder Letzten eines jeden Kalendermonats gelöst werden.

Vom Dienstnehmer kann das Dienstverhältnis unter Einhaltung einer einmonatigen Kündigungsfrist zu jedem Monatsletzten gelöst werden.

13. Rechtsquellen

Auf dieses Dienstverhältnis findet neben den einschlägigen gesetzlichen Bestimmungen der Kollektivvertrag für Anwendung. Dieser sowie die anzuwendenden Betriebsvereinbarungen liegen im Personalbüro zur Einsichtnahme auf.

14. Anschriftsänderung

Der Dienstnehmer ist dazu verpflichtet, jede Änderung seiner Anschrift und sonstige wesentliche Änderungen in seiner Person dem Dienstgeber unverzüglich mitzuteilen. Unterbleibt die Bekanntgabe von Änderungen der Wohnanschrift, so trägt das Zugangsrisiko der Dienstnehmer. Mitteilungen und sonstige Erklärungen des Dienstgebers an die letzte vom Dienstnehmer bekannt zu gebende Anschrift gelten somit jedenfalls als ordnungsgemäß zugegangen.

15. Betriebliche Vorsorgekasse

Die gem. §§ 9, 10 BMSVG ausgewählte Betriebliche Vorsorgekasse ist ......

16. Schlussbestimmungen

Abänderungen des vorliegenden Vertrags sind nur insoweit rechtswirksam, als sie schriftlich vorgenommen werden. Mangels Schriftform einer anders lautenden Vereinbarung gilt unverändert der Inhalt dieses Vertrags.

Der vorliegende Dienstvertrag ersetzt alle bisher schriftlich oder mündlich getroffenen Vereinbarungen.

Bei Unwirksamkeit oder Unmöglichkeit eines Vertragspunkts wird die Wirksamkeit der restlichen Vertragspunkte nicht berührt. Die Vertragspartner verpflichten sich vielmehr, derartige Bestimmungen so auszulegen, dass dem wirtschaftlichen Zweck der einzelnen Vertragspunkte entsprochen wird bzw. wirksame oder durchführbare Bestimmungen an die Stelle der unwirksamen oder undurchführbaren Bestimmung zu setzen, wodurch den wirtschaftlichen oder ideellen Vorstellungen der Vertragsparteien entsprochen wird.

Der Dienstnehmer bestätigt durch seine Unterschrift, eine Ausfertigung dieses Vertrags, die mit dem Original gleichlautend ist, erhalten zu haben und erklärt diesen Vertrag nebst Anhängen genau gelesen zu haben und mit seinem Inhalt in allen Teilen einverstanden zu sein.

Gerichtsstand ist....

........., am ....

Dienstgeber	Dienstnehmer

8.2. Freier Dienstvertrag

Freier Dienstvertrag

abgeschlossen zwischen

....

(im Folgenden Auftraggeber genannt)

und

Herrn/Frau (Adresse)

(im Folgenden freier Dienstnehmer genannt) lautend wie folgt:

1. Anstellung

Der freie Dienstnehmer tritt mit .... in die Dienste des Auftraggebers ein. Das gegenständliche freie Dienstverhältnis wird unbefristet abgeschlossen.

2. Kündigung

Das unbefristete freie Dienstverhältnis kann während des ersten Monats im Sinne einer Probezeit von beiden Vertragspartnern jederzeit ohne Einhaltung einer Frist aufgelöst werden.

Wird das freie Dienstverhältnis über die Probezeit hinaus fortgesetzt, so kann es vom Auftraggeber unter Einhaltung einer Kündigungsfrist von ... Wochen zum Ende des .... gekündigt werden. Der freie Dienstnehmer kann das freie Dienstverhältnis unter Einhaltung einer Kündigungsfrist von .... jeweils zum .... aufkündigen.

Bei Vorliegen eines wichtigen Grundes (i.S.d. ABGB) bleibt bei den Vertragspartnern das Recht zur sofortigen Auflösung des freien Dienstverhältnisses gewahrt.

3. Dienstverwendung

Der freie Dienstnehmer verpflichtet sich zur Verrichtung folgender Tätigkeiten:

....

Aufgrund seiner Eigenschaft als freier Dienstnehmer wird ausdrücklich klargestellt, dass der freie Dienstnehmer keinen konkreten Erfolg schuldet. Er ist vielmehr zu einem gewissenhaften Bemühen verpflichtet.

Grundsätzlich ist der freie Dienstnehmer bei Erbringung seiner Leistungen nicht weisungsgebunden, wobei jedoch klargestellt wird, dass der Auftraggeber sich das Recht zur Erteilung von Rahmenweisungen vorbehält.

Grundsätzlich ist der freie Dienstnehmer zur persönlichen Erbringung der geschuldeten Leistung verpflichtet. Festgehalten wird, dass der freie Dienstnehmer nach bestem Wissen und Gewissen entscheidet, wo und wann der Einsatz seiner Person für die Erbringung der von ihm geschuldeten Leistung erforderlich und notwendig ist.

Zudem ist der freie Dienstnehmer berechtigt, sich zur Erfüllung seiner Leistungen von einer von ihm für geeignet befundenen Person vertreten zu lassen. Allfällige Vertretungen sind dem Auftraggeber jedoch bekannt zu geben. Weiters gilt als vereinbart, dass der freie Dienstnehmer ihm im Einzelfall erteilte Aufträge sanktionslos ablehnen kann.

4. Dienstort

Der freie Dienstnehmer ist an keinen Dienstort gebunden.

5. Dienstzeit

Der freie Dienstnehmer ist nicht an die Einhaltung einer spezifischen Arbeitszeit gebunden, sondern hinsichtlich der konkreten Ausgestaltung seiner Arbeitsleistung weisungsfrei.

6. Arbeitsmittel

Zur Erfüllung seiner Verpflichtungen werden dem freien Dienstnehmer folgende Arbeitsmittel zur Verfügung gestellt: ....

Der freie Dienstnehmer verpflichtet sich dazu, die weiteren notwendigen Arbeitsmittel selbst bereitzustellen.

7. Honorar

Der freie Dienstnehmer erhält als Gegenleistung ein Honorar in der Höhe von € .... brutto monatlich. Die Entgeltzahlung erfolgt jeweils am Monatsletzten durch Überweisung auf das Konto .... bei der BLZ ....

8. Sozialversicherung

Der Auftraggeber meldet den freien Dienstnehmer ab Beginn der Tätigkeit gem. § 4 Abs. 4 ASVG zur Sozialversicherung an.

Der freie Dienstnehmer ist verpflichtet, sämtliche diesbezügliche Änderungen – insbesondere betreffend den Wegfall der für die genannte Pflichtversicherung maßgeblichen Voraussetzungen – dem Auftraggeber unverzüglich mitzuteilen.

9. Schlussbestimmung

Als Gerichtsstand für etwaige Streitigkeiten aus diesem Vertrag wird das Gericht in .... vereinbart.

Der freie Dienstnehmer ist sich bewusst und ausdrücklich damit einverstanden, dass er als freier Dienstnehmer weder einem Kollektivvertrag unterliegt noch arbeitsrechtliche Normen auf das gegenständliche Vertragsverhältnis Anwendung finden.

........., am ....

_____   _____
           Auftraggeber   freier Dienstnehmer

8.3. Werkvertrag

Werkvertrag

abgeschlossen zwischen

....

(im Folgenden Auftraggeber genannt)

und

Herrn/Frau

(Adresse)

(im Folgenden Auftragnehmer genannt) lautend wie folgt:

1. Anstellung

Der Auftragnehmer erbringt für den Auftraggeber nachfolgend angeführte Leistung:

....

2. Gegenseitige Rechte und Pflichten

Der Auftragnehmer unterliegt hinsichtlich Arbeitszeit, Arbeitsort und konkreter Durchführung der Tätigkeit keinen Weisungen des Auftraggebers. Er entscheidet vielmehr nach eigenem Dafürhalten und nach bestem Wissen und Gewissen, wo und wann der Einsatz seiner Person für die bestmögliche Erstellung des geschuldeten Werks sinnvoll ist.

Er kann sich bei der Erfüllung des Auftrags von anderen – von ihm für geeignet befundenen – Personen vertreten lassen.

Der Auftragnehmer erbringt die vereinbarte Tätigkeit als selbstständig Erwerbstätiger mit eigenen Betriebsmitteln. Es gilt daher als vereinbart, dass seitens des Auftraggebers keine Betriebsmittel zur Verfügung gestellt werden.

Der Auftragnehmer haftet dafür, dass der Auftrag entsprechend obiger Beschreibung ordnungsgemäß und zum vereinbarten Termin erbracht wird.

Der Auftragnehmer unterliegt hinsichtlich weiterer Tätigkeiten für andere Unternehmen keiner Beschränkung, soweit die Erfüllung dieses Vertrags nicht beeinträchtigt wird.

Allfällig erforderliche behördliche Berechtigungen sind vom Auftragnehmer selbst zu erwerben.

3. Honorar

Das Honorar beträgt exklusive Umsatzsteuer € .... Das Honorar steht dem Auftragnehmer nach erfolgreicher Erfüllung des vereinbarten Auftrags zu.

Sämtliche Aufwendungen, insbesondere Materialkosten, Spesen, Reisekosten, etc. sind mit diesem Honorar vollständig abgedeckt und abgegolten. Es erfolgt kein separater Ersatz dieser Spesen.

Das Honorar ist binnen ...... Tagen nach erfolgreicher Erfüllung des Auftrags auf das Konto Nr. ...... bei der .... BLZ ...... zu überweisen.

4. Abgaben

Die ordnungsgemäße Versteuerung des Honorars obliegt dem Auftragnehmer. Der Auftragnehmer hat für seinen Versicherungsschutz selbst Sorge zu tragen. Der Auftragnehmer seine Anmeldung bei der zuständigen Sozialversicherungsanstalt der gewerblichen Wirtschaft dem Auftraggeber unverzüglich vorzulegen.

5. Gerichtsstand

Gerichtsstand für Streitigkeiten aus diesem Vertrag ist ....

Alle Änderungen und Ergänzungen dieses Vertrags bedürfen der Schriftform.

............, am ....

_____   _____
   Auftraggeber   Auftragnehmer

Stichwortverzeichnis

Geiger, Dienstvertrag – freier Dienstvertrag – Werkvertrag[4]